JN325518

ナゴヤ・ピース・ストーリーズ

ほんとうの平和を地域から

平田雅己・菊地夏野 編

Nagoya Peace Stories

風媒社

はじめに　―「平和都市・名古屋」という夢想

平田　雅己

　おそらく本書を手にされた方の多くは、もともと平和の問題に関心がある方か、正直、平和の問題にはそれほど関心はないが、「ナゴヤ」と「ピース」という言葉の取り合わせの意外性に興味を示された方かのいずれかであろう。後者に関して言えば、「広島や長崎ならまだしも、名古屋ってそんなに平和を意識するような街?」と首を傾げる人が多いかもしれない。筆者自身、一九八〇年代後半に大学生として初めて名古屋に住み始めた頃はこの地域に平和を重ね合わせるイメージなどまったくなかった。当時持っていた名古屋イメージといえば、友人に勧められて笑いながら読んだ名古屋出身の作家・清水義範さんの傑作短編集『蕎麦ときしめん』(一九八六年)の次の一節のようなものである。

　名古屋は日本の中にあって信じられないほど閉鎖的な特別な村落的都会なのである。名古屋人は同じ日本人であっても他の地方の人間とは決してなじもうとせず、自分たちだけで社会を作り、優越感と劣等感の両方を他の地方の人に対して持っている。

大学卒業後、しばし名古屋を離れることになるが、今から一五年前に縁があって再びこの地に住み始め、さまざまな出会いと観察を繰り返しているうちに、「名古屋ってピースフルな雰囲気があって素敵な街だな」とうっすらと感じるようになった。本稿を準備するにあたって、久しぶりに先述した清水さんの作品を読み直してみた。すると不思議なことに、彼がかつて風刺した名古屋人気質が、人のあるべき生き方の模範のように思えてきたのである。いわく「閉鎖的」や「他の地方の人間とは決してなじもうとせず」は周囲の変化に左右されずに自分の立場を貫くことができる姿勢を指す。いわく「優越感と劣等感の両方を他の地方の人に対して持っている」は自己を絶対視しない謙虚な性格を指す……などなど。この地域特有の個人主義が反映してか、他の都市よりも、異なる考え方や価値観を許容する空気が存在しているようにも感じられる。果たしてこの感覚は外様の名古屋人の錯覚に過ぎないのだろうか。

一般的にあまり知られていない事実であるが、日本のいわゆる政令指定都市（＝人口五十万人以上を抱える都市のこと）の中で戦後初めて「平和都市宣言」を布告したのが名古屋市である。一九六三年九月一八日、名古屋市会は全会一致で次の宣言を採択した。

世界恒久の平和を希求し、子孫に恵沢を確保するのは、全人類の悲願であり、われらが戦争を永遠に放棄したのも、この人類普遍の原理に由来する。名古屋市は原水爆の脅威から逃れ、全人類の平和と幸福を熱望する全世界の人々と相《あい》より相扶《あいか》けて、人類永遠の平和確立のため努力する。

このとき、提案者の小出善三郎議員（自民党）は、日本が世界で唯一の戦争被爆国であること、そして「名古屋市民も戦争で生命、財産を奪われ、焦土の中から立ち上がって都市の再建に精魂を傾けて」きたことから、戦争の悲劇を二度と繰り返さない願いがこの宣言に込められている、と説明した。

アジア太平洋戦争中に数多くの軍需生産拠点を抱え、日本政府の侵略戦争政策を後方支援した「軍都」としての反省がないこと、また他の自治体による宣言内容と比較し、核実験禁止や核兵器廃絶など踏む込んだ政策目標が盛られなかったことなど今日的視点から見れば物足りなさは否めない。しかし、米ソによる全面核戦争の危機が現実味を増していた当時の厳しい国際環境を背景に、戦後まもなく公布された日本国憲法の平和理念を支持する市民の気持ちをしっかりと受け止め、名古屋市会が恒久平和を外に向けて発信した意義は大きいといえる。（この宣言から半世紀後の二〇一三年、河村たかし市長の判断で名古屋市は二〇二〇年までの核廃絶を目指すグローバルなNGO組織である平和首長会議の加盟自治体となった。）

この自治体発の理念は、名古屋という街が戦後七十年間、主として愛知の住民による様々な平和運動や平和活動の中心的な場となり続けたことにより、徐々に実体を伴うようになってきたといえよう。特に一九九〇年前後の米ソ冷戦時代の終焉を契機に、特定の政治思想や既成政党にとらわれずに、平和のために自由に活動する市民のネットワークが様々な形で形成されていった点は特筆すべきであろう。今年（二〇一五年）で二四回目の開催となる「あいち・平和のための戦争展」をはじめ、真宗大谷派名古屋別院（東別院）の「平和展」、「アースデイ」、「あいち平和映画祭」、「ワールド・コラボ・フェスタ」、数多存在する「九条の会」主催企画など、市民主体あるいは官民一体型の様々な平和行事が年間を通じて名古屋で定期開催されるようになった。

さらにこの地域は近年、「愛・地球博」（二〇〇五年）、「生物多様性条約第一〇回締結国会議（COP10）」（二〇一〇年）、「持続可能な開発のための教育（ESD）に関するユネスコ世界会議」（二〇一四年）といった自然と人間の共生を考える大きな国際的な行事や会議の開催地となった。これらをきっかけに「地域」と「地球」を結びつける感覚を持ちながら、国籍・民族・性別・信条の違いに関係なく、人の命や心に寄り添う具体的な活動に身を投じる市民の輪が確実に広がりつつある。

平和な街こそ、住みたい街。

本書はこのキャッチコピーを念頭に、この地域で戦後地道に育まれてきた平和の文化を内外に発信し、いわば物ではなく人の魅力で地域の活性化を促す新感覚のまちおこし・まちづくり本である。

とはいえ本書のキーワードは人の生死に関係する「平和」。ちまたの名古屋本とは異なり、陰鬱で捉え方によっては不愉快な事実が盛り込まれているかもしれない。しかし考えてみれば、人はそれぞれが個性的で複雑かつ不可解な面を持っており、その一生も光と影、清と濁、情と理が交錯する多面体である。そういう数多の人生を抱える街にも同じように多様な顔やドラマが存在すると考えることは当然であろう。この地域に愛着を感じるからこそ時には耳の痛いことも言わざるを得ない。その意味で本書はいいとこ取りではない、本音の名古屋本といえるのかもしれない。

本書は広義の平和概念に基づいて、名古屋地域にゆかりのある出来事、人物、活動、課題を選択し、それらについてわかりやすく解説したものである。それぞれに読み切りなのでどこから読んで頂いても構わない。選ばれたトピックは、地域に留意しつつも決して地域だけに収まらない広がりのあるものばかりである。「平和の尊さは理解できるが、具体的に何をすればよいかわからない」という声をよくきく。本書に収録されたすべての文章に平和のために行動するヒントが込められている。

作家・村上春樹は近作の中で、名古屋を色のないイメージで捉えた。色がないというのは決して否定的なものではなく、これから色をつける余地があることを意味している。本書に集った執筆者全員が立場の違いを超えて、少数者に優しい、人の多様性を尊重する非暴力・共生社会の実現を理想と考えている。そのように考えれば、名古屋にふさわしい色は虹色といえるかもしれない。街を虹色に染めるための画材はもう充分に用意されている。求められているのは、この地域に住む我々と共に絵筆をとる人たち、つまりあなたたちなのである。

NAGOYA Peace Stories

i

戦争の現実、戦争の反省

第1部では、名古屋の戦争体験とその教訓について考えてみます。名古屋空襲において「模擬原爆」が投下された事実を知る人は少ないのでは？　次に、日本が戦争に突き進む中で、権力に抵抗し続けた名古屋にゆかりのあるジャーナリストを紹介します。また、強制連行された朝鮮人が名古屋の工場でも多数働かされていた事実について考えてみます。そして、戦後の日中和解を後押しすることになった名古屋を舞台とする「ピンポン外交」について学びます。さらに、憲法第九条を守る運動が日本に広がるきっかけをつくったアメリカ人の言葉に耳を傾けてください。

名古屋空襲と模擬原爆パンプキン

金子　力
Kaneko Tsutomu

名古屋市中心部には大都市の中でも珍しい久屋大通や若宮大通という通称「百メートル道路」があり、ビル街の中の憩いの場となっている。また、千種区東部には全国有数の平和公園（墓地公園）が広がっている。これらは戦災復興都市計画がすすめられた結果出来上がったものである。言いかえれば名古屋大空襲の証人である。

一九四五年八月、名古屋市内は焼け野原だった。『新修名古屋市史』によると焼失面積は三八・六平方キロメートルで、当時の名古屋市域の約二四％に及んだ。東・中・栄・熱田区はそのほとんどが焼失した。罹災家屋一三万五〇〇〇戸以上、死者七八〇二人、負傷者九九一一人、罹災者五二万一一八七人を数えているが、戦後直後の政府の調査では死者は八二四〇人、負傷者は一万七七〇一人とも言われ、正確な被害は確定していない。毎年夏に開かれる「あいち平和のための戦争展」では、犠牲者の名前を一人一人明らかにする調査が、今も粘り強く続けられている。

東京、大阪とならぶ名古屋大空襲

一九四五年一二月米国戦略爆撃調査団は日本第三の大都市名古屋の詳細な爆撃調査を完了した。調査の目的は、空襲が名古屋の経済生活にどんな影響を与えたか、名古屋の武器供給能力をどの程度低下できたかを調査することだった。その調査結果は『名古屋市爆撃の効果』というレポートにまとめられた。名古屋市鶴舞中央図書館は一九六四年、全国に先駆けてこのレポートを翻訳しており、現在も同図書館で閲覧することができる。

報告書によると、マリアナに基地を置く第二〇航空軍（対日爆撃部隊で超空の要塞と呼ばれたB29爆撃機の部隊）は名古屋に対して軍需工場を目標とする爆撃を十五回、名古屋市街地を目標とする爆撃を五回、合計二十回の爆撃を行い、一万四〇五四トンの爆弾・焼夷弾を投下したという。

米軍が攻撃目標とした名古屋市内の軍需工場は北部（北区・東区）と南部（熱田区・港区・南区）にある四十五の工場だった。米軍は十五回の軍需工場爆撃で四〇五三トンの爆弾を投下し、名古屋地区の航空機と兵器の生産を止めた。さらに、名古屋市街地の攻撃は五回で、のべ一六四七機が出撃して、一万一トンの焼夷弾および爆弾を投下している。名古屋市街地への焼夷弾攻撃の規模は、東京（一六九九機、一万一四七二トン）、大阪（一六二七機、一万四一七トン）と並ぶものであった。原爆を投下された広島・長崎、地上戦の行われた沖縄を除くと、東京・名古屋・大阪の三都市は都市空襲最大の目標であったため、投下された爆弾の量も多く被害も大きかったのである。

航空機工場を破壊せよ―名古屋空襲の当初の目標

名古屋の初空襲は一九四二年四月一八日のことである。米国は真珠湾攻撃への反撃として日本本土への爆撃を実行した。それは、米国内の戦意高揚を図るためと言われている。日本本土に接近した海軍空母から陸軍B25中型爆撃機一六機を発進させ、東京など日本の都市に爆弾・焼夷弾を投下、攻撃後中国に着陸するという大胆な作戦であった。そのうちの二機が名古屋を攻撃、五人の犠牲者と中村区百船町の民家三五戸、名古屋陸軍病院、笹島貨物駅、東邦ガスなどに被害が出た。空襲の規模は小さかったが、名古屋上空への敵機の侵入を阻止できなかったことは日本にとって大きな衝撃であった。この日は愛知一中（現・旭丘高校）はじめ名古屋市内の男子中学校二八校の生徒が食糧増産のため港区土古町の田畑で鍬入れ式を行っていた。軍も市民も予期することができなかった空襲であった。

名古屋で本格的な空襲が始まるのは一九四四年十二月からである。日本本土攻撃を行うため米軍は、一九四四年七月にサイパン島、八月にグアム島とテニアン島を占領し、B29の飛行場を作った。戦争末期には五つの航空団の巨大な基地ができた。一航空団が一八〇機編成となるので、最終的に九〇〇機を超えるB29がマリアナに揃うことになった。このB29が日本各地への空襲を実行していたのである。部隊の編成とともに米軍は日本本土の空爆目標のリストを作成している。日本本土が三九の地区に分けられ、その一つの名古屋地区の空爆目標が八六登録された。十一月になるとF13という写真偵察機が上空から空中写真を撮り、米軍の情報量は飛躍的に向上する。

軍需工場、飛行場、高射砲陣地はじめ、港湾、鉄道、発電所、水道などのライフラインまで分析することが可能になった。一九四五年七月には名古屋の空爆目標は一一九になっている。これらの目標を分析、攻撃の優先順位が決められていった。

米軍が名古屋地区で重要視したのは航空機生産である。軍用機の登場は第一次世界大戦のことであるが、日本でも早くから軍用機生産のための準備が進められた。陸軍は一九一七年（大正六）に東京砲兵工廠熱田兵器製造所の中に航空機の機体を生産する工場を開設、一九二〇年（大正九）千種に航空機の発動機（エンジン）を生産するための機器製造所を開設している。同年、三菱内燃機製造が設立され、大江に航空機生産工場を設立している。一九二四年（大正十三）には、愛知時計電機が船方に航空機組立工場を設立、一九三八年（昭和十三）大幸町に三菱が名古屋発動機製作所を完成、一九四一年（昭和十六）愛知航空機の永徳工場完成と続き、名古屋は軍用機生産の一大拠点となっていった。

米軍は日本本土への空襲を三期に分けて行ったという。第一期は一九四四年十一月二十四日から一九四五年三月四日までの間で、昼間に高高度から軍需工場を精密爆撃するものであった。最初に目標となったのは、東京の中島飛行機武蔵製作所、名古屋の三菱重工業、兵庫の川崎航空機明石工場など航空機の発動機（エンジン）工場であった。名古屋では三菱発動機製作所（東区大幸町）と三菱航空機製作所（港区大江町）が狙われた。名古屋ドームの西チケット売り場の近くには「ナゴヤドームが建つこの地は、かつて三菱重工業名古屋発動機製作所大幸工場があり、第二次世界大戦下の一九四四年（昭和十九）十二月十三日に米空軍B29爆撃機七〇機の空襲を受け、工場で働く人たち、挺身隊の女性たち、学徒動員の生徒ら三〇〇余人の尊い命が奪われました。（後略）」と書かれたプレートが埋め込まれ、この地で従業員はじめ女子挺身隊、動員学徒など若者の命が奪われたことを後世に伝えている。平和公園に隣接する東邦高校（名東区）の玄関前にも「平和の碑」が建てられている。勤労動員中に犠牲になった学徒十八人と教師二人を慰霊するとともに平和を誓う学校行事が毎年続けられている。

米軍は三菱発動機を第一目標とする攻撃を、十二月十三日、二十二日、一月二十三日、二月十五日、と四回実行、目的を達成できなかったので、三月二十四日、三月三十一日、四月七日と合計七回の空襲を行った。その結果、破壊し尽くしたとして三菱発動機を目標からはずした。三菱航空機を第一目標とする攻撃は十二月十八日、一月十四日の二回の空襲で目的を達成した。こうした「軍需工場の破壊が目的」とされた空襲によって五九六四人以上の犠牲者が出ている。米軍が「工場の生産を止めるため」とした攻撃は、工場で働く人々や周辺地域住民の命を多数奪っていたのである。

名古屋市街地を焼き払え～人口密集地への焼夷作戦

三月十日から始まる第二期の空襲は、これまでの結果に満足しなかった米軍が作戦を大きく変更した。昼間高高度から特定の軍需工場に爆弾を投下する作戦から夜間低空で市街地（人口密集

米軍の2段構えの目標設定

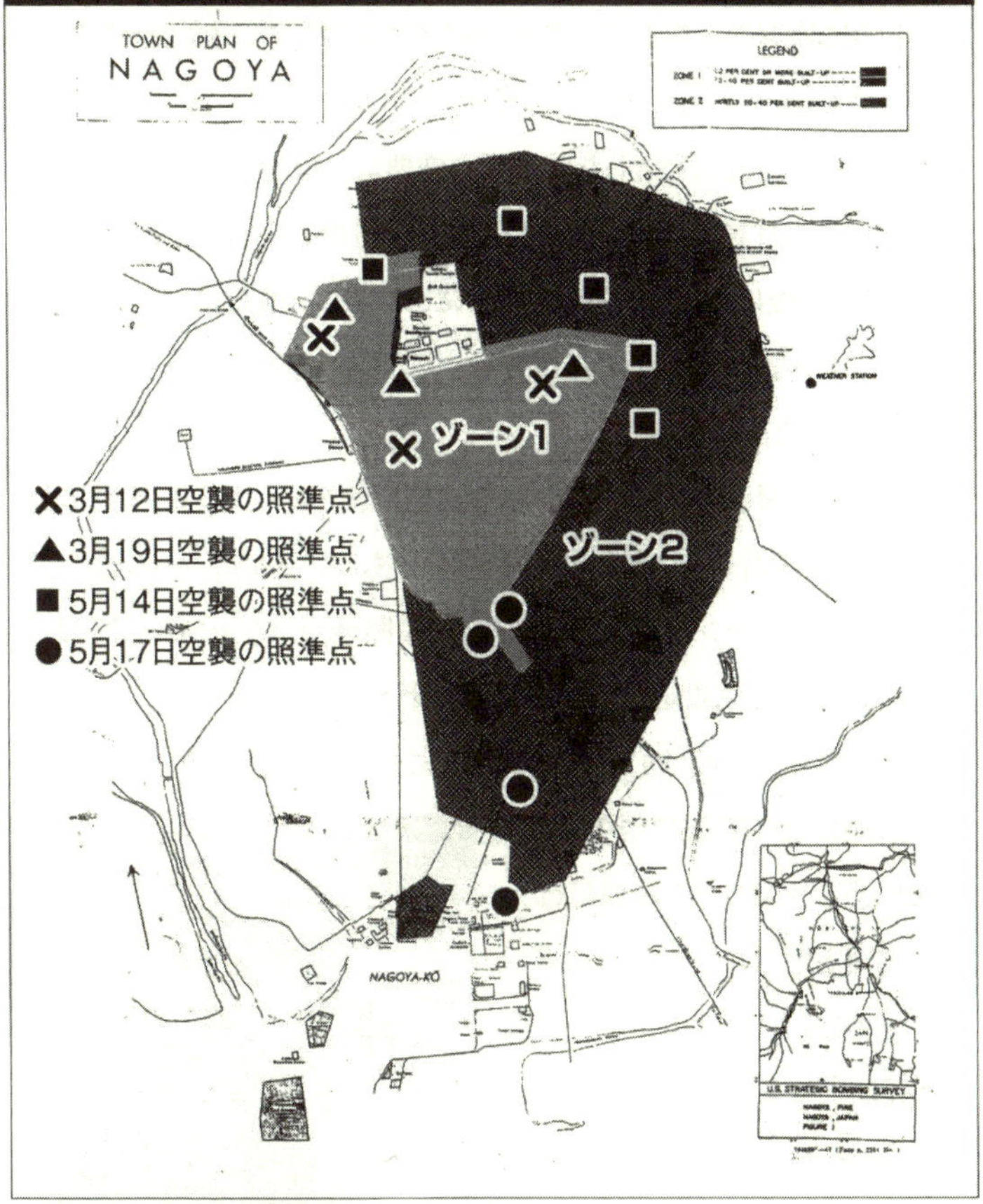

米軍は建物の立て込みの程度を基準に、密度の最も高い区域を「ゾーン1」、それに次ぐ密度の区域を「ゾーン2」としました。「ゾーン1」は、北を名古屋城の外堀、東を中央線、西を東海道線で区切られた区域で、これは旧城下町とほぼ一致します。米軍は、「ゾーン1」から優先的に焼き払っていきました。

作図　西形久司

ピースあいちブックレットNo.1『名古屋空襲と空爆の歴史』より

地）に大量の焼夷弾を投下して市街地を焼き払う作戦となっていった。全国的には三月十日の東京大空襲からはじまり、同月十二日名古屋、十三日大阪、十七日神戸、十九日再び名古屋と続いた。一般市民の生活の場である市街地が毎回三百機以上のＢ29によって焼夷弾を投下され、大都市の市街地が無差別に焼き払われていったのである。

近年の研究では米軍は事前に名古屋市街地の最も人口密度の高い区域をゾーン１と位置付け最大の被害が出るよう攻撃目標を設定していたことがわかってきた。それは名古屋城の外堀を北として、東を中央線、西を東海道線で区切られたＶ字型の区域であった。そして江戸時代から形成されてきた城下町名古屋そのものであった。さらにそれを北、東、南と取り巻くように市街化した区域をゾーン２と位置付け、ゾーン１に次いで被害が見込める焼夷弾攻撃地域を設定した。三月十二日と十九日の市街地空襲ではゾーン１に爆撃中心点をそれぞれ三ヶ所設定している。この爆撃中心点から半径四千フィート（約一・二㎞）で画いた円の中に投下した焼夷弾の五〇％を命中させること目指していた。十二日の空襲で一七四〇トンの焼夷弾・爆弾が投下され、死者五八六人、負傷者一一二八人の被害が出た。十九日の空襲では一八五八トンの焼夷弾・爆弾が投下され、死者八二六人、負傷者二七二八人の被害が出ている。

五月十四日名古屋北部と五月十七日名古屋南部の市街地空襲ではゾーン２に爆撃中心点をそれぞれ四～五ヶ所設定して、両日とも五〇〇機を超えるＢ29が出撃している。五月十四日は名古屋市内北部と周辺町村で死者が三四九人、十七日は名古屋市内を中心に死者五二〇人を数えた。これらの市街地空襲により、名古屋の市街地は焼け野原となり、被災家屋は五万戸を超え、被災者は四三万四〇三二人に上った。空襲直後に偵察機が撮影した写真から焼失面積や破壊の成果を確認した米軍は、大都市の中で名古屋を最も早く市街地攻撃の目標からはずした。

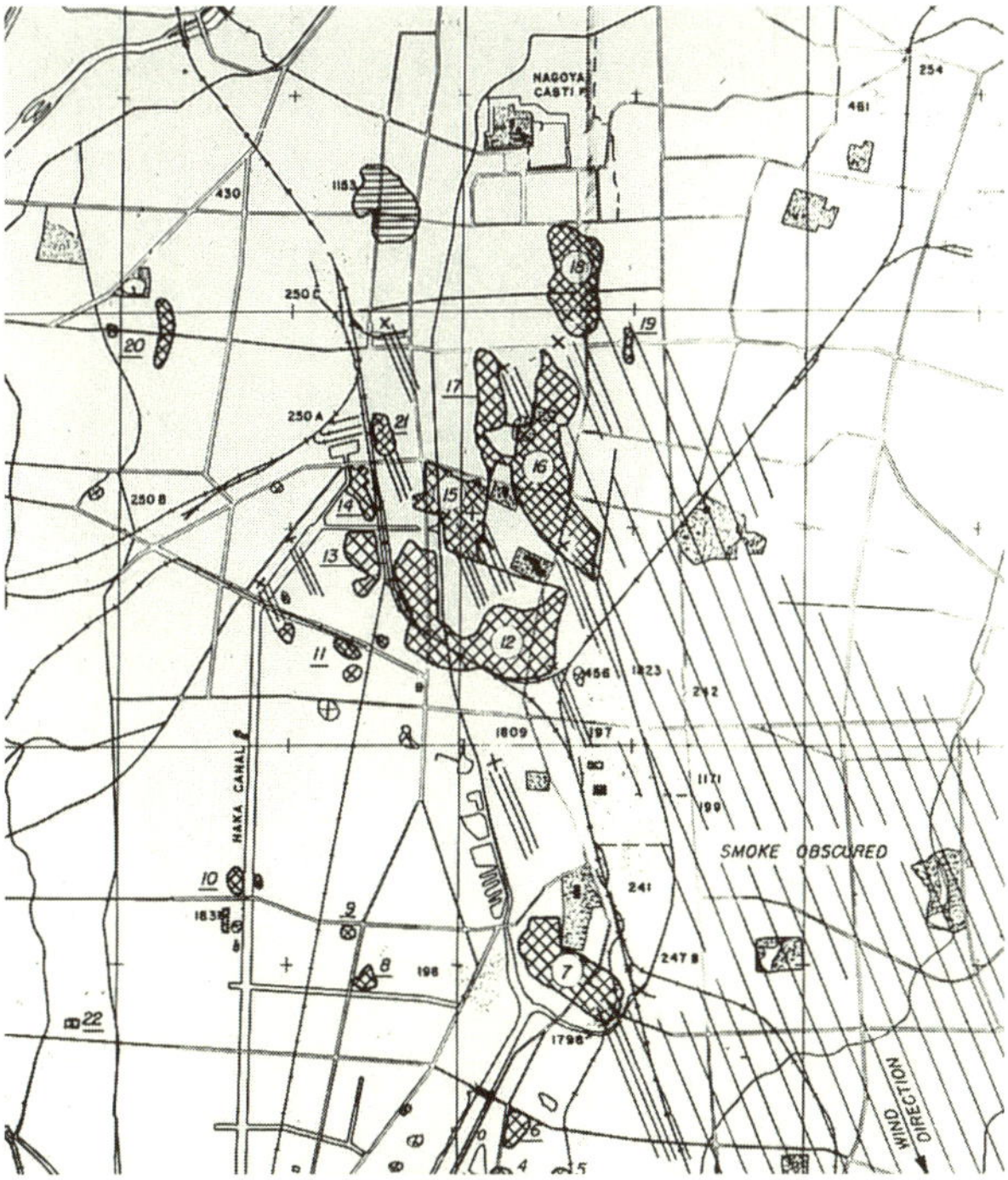

1945年3月12日の名古屋市街地空襲により被害が出た地区（米軍作成）「防火地帯が多く、東京のような火災にならなかった」と分析、19日の空襲では成果が上がるようにしたという。米軍資料『損害評価報告書』より

戦後の米国の調査では、一九四四年七月から一九四五年二月までの間に名古屋市から市外への疎開者数は二八万七六〇〇人であったが、三月の市街地焼夷攻撃が始まってからは五六万一七〇〇人が疎開している。合計八四万九三〇〇人が名古屋市を離れている。空襲による疎開者の激増（人口減少）を名古屋市の人口統

計（二〇一三年十月二一日更新）で確認すると、一九四三年十二月の一三六万五二〇九人から一九四五年十一月の五九万七九四一人となっている。米軍は名古屋空襲の二つの目標であった航空機と兵器の生産を止めることと、市民の戦意をくじくことの両方が達成できたと報告している。

エンパイア計画から中小都市空襲へ

これ以降の名古屋への空襲は、六月九日愛知時計電機、六月二六日四工場（陸軍造兵廠千種製造所、同熱田製造所、愛知航空機永徳工場、住友軽金属）、七月二四日愛知航空機永徳工場への空襲などまだ破壊し尽くされていない軍需工場が目標となっていく。これらは夜間の市街地焼夷作戦とは異なり、昼間に複数の精密爆撃を行なったもので、米軍はエンパイア計画と名付けていた。複数のB29部隊がそれぞれの目標を攻撃するため、日本の防空警報に混乱も出てきた。六月九日名古屋に空襲警報が出され、従業員や勤労動員学徒は工場外に避難した。警報が解除されたので工場へ戻ってきた時、頭上にはB29が攻撃態勢に入っていた。新型の二トン爆弾など二七一トンが投下され、名古屋空襲最大の犠牲者（二二〇〇人以上）が出た。兵庫県の川西航空機を攻撃した部隊が日本本土を離れると同時に、愛知時計を攻撃する部隊が尾鷲から侵入、琵琶湖上空ですれ違うようにして名古屋に向かってきたのを探知できず、警報が解除されてしまった結果の悲劇であった。

第三期の空襲は大都市が焦土となったあと、六月十七日から八月十四日に全国の中小都市に焼夷弾を投下する空襲であった。米軍は中小都市空襲の目的を、第一に日本国民の戦意を打ち砕くこと、第二に各都市の産業を破壊することとした。六月十七日の鹿児島、大牟田、浜松、四日市の四都市空襲から始まり、八月十四日の熊谷、伊勢崎まで十六回で五七都市に対して空襲が行われた。米軍が名古屋の衛星都市と位置付けていたのは、岐阜・大垣・桑名・岡崎・一宮の五都市で、五都市すべてが空襲を受けた。これらの都市は名古屋の航空機生産を支える部品生産工場があり、空襲の激化や東南海地震・三河地震によって生産が低下した名古屋市内の軍需工場の疎開先でもあった。愛知県下では、六月二〇日豊橋、七月十三日一宮、七月二〇日岡崎、七月二八日再び一宮の三都市に空襲があった。さらに、七月二四日中島飛行機半田製作所への空襲、八月七日豊川海軍工廠への工場を目標とした空襲があった。

こうした空襲被害の正確な情報は戦意の低下を招くとして、一般市民に伝えられることはなかった。特に軍需工場の被害については生存者が家族に口外することすら禁じられていた。その一方で、政府は軍や行政のルートはもとより、日本銀行の各支店から本店へ、地方検察庁の検事正から司法大臣あてに詳細な被害状況報告がなされていたことが最近の研究で明らかになってきている。

名古屋市昭和区に模擬原爆パンプキンを投下していたＢ29「エノラ・ゲイ」

広島にＢ29「エノラ・ゲイ」号がリトルボーイと呼ばれる原爆を投下したのは一九四五年八月

模擬原爆パンプキン（工藤洋三氏提供）

長崎に投下された原爆ファットマン

六日のことである。地上五七〇ｍで核爆発を起こした原爆は一瞬のうちに広島を廃墟と化した。その十一日前の七月二六日一機のＢ29が名古屋市昭和区に大型爆弾を投下していた。名古屋市内最後の空襲と言われるこの空襲で五名が亡くなり、負傷者もでた。戦後五二年経った一九九七年、この空襲を実行したＢ29が、広島に原爆を投下した「エノラ・ゲイ」号であったことが出撃記録に記された機体番号から判明した。広島に原爆を投下する前に名古屋上空で、原爆投下訓練を行っていたのである。投下したのは四・五トンの「パンプキン」と名付けられた模擬原爆であった。通常のＢ29には原爆を搭載することはできないので、米軍は十五機のＢ29を改造し原爆投下専門の第五〇九混成群団を編成していた。原爆投下部隊は米国本土やテニアン周辺の海上で投下訓練を続けた後、訓練の仕上げとして七月二〇日から八月十四日の間に日本本土へ四十九発のパンプキンを投下していた。パンプキンとは長崎に投下された原爆ファットマンと同型同重量の中身は通常火薬が入っている爆弾で、第五〇九混成群団だけが原爆投下訓練用にこれを使っていた。

七月二六日富山市内の三目標（工場）に第五〇九混成群団の六機のB29が向ったが、天候が悪く目標を視認できなかった。富山にパンプキンを投下できたのは一機だけだった。そのパンプキンも目標から二・五キロ離れた集落に着弾していた。残りの五機は富山での投下をあきらめ、大阪、名古屋、浜松、島田、焼津と太平洋側の各都市にパンプキンを投下した。そのうちの一機が「エノラ・ゲイ」号であった。

着弾した名古屋市昭和区八事日赤病院北交差点周辺は攻撃目標となる軍需工場もなく、人口密集地でもなかった。翌二七日付の『中部日本新聞』には「一機とて侮るな　偵察と見せて投弾」の記事が掲載されたが、犠牲者が出ていることなど報道されなかった。戦後になって、七月二六日の空襲の犠牲者は二名と記録されるようになったが、これが原爆投下訓練用のパンプキン爆弾であることは知る由も無かった。この空襲で視力を失い、戦災傷害者となった山田芙美代さんによると近所の友人のお見舞いに行った直後に爆弾が轟音を立てながら落下して、大爆発が起きたという。部屋は血だらけで、それが自分の目から出ていることに気が付かなかったという。爆弾の破片が突き刺さり、大騒ぎになって近くの病院に行ったが、薬品も無く、麻酔なしで眼球を切り取る手術を受けたという。あとから運ばれてきた兵隊は大けがをしていたが、赤チンすらなかったという。後日、亡くなったのは兵隊三人と民間人二人だったことがわかった。民間人の二人は山田さんが直前にお見舞いに行った家の親子だった。米軍は名古屋市街地への空襲を五月に終了し、名古屋市内の軍需工場への空襲を七月二十四日に終えていた。さらに原爆投下訓練によって名古屋市民の死傷者が出たのである。

市民が発見した模擬原爆パンプキン

名古屋上空で「エノラ・ゲイ」が原爆投下訓練を行っていたこと、さらに八月一四日に第五〇九混成群団が春日井や豊田に模擬原爆パンプキンを投下していたことなど原爆投下作戦の全体像が判明するきっかけをつくったのは春日井、豊田の市民団体と山田さんたち戦災傷害者の運動であった。東海地方には、一九八〇年代から各地で二度と戦争を起こさないために、戦争の体験を掘り起こし、記録する活動が行われてきた。そのひとつ春日井市内では、終戦前日の午後に空襲があったことがわかった。数十軒の家が燃え、犠牲者が出ている翌日には戦争は終わってしまうのである。「一日早く戦争が終わっていたら家が焼けなくて、犠牲者も出ていなかったかも知れない。一体何のための犠牲だったのか？」それを調べるために会のメンバーは米軍の出撃記録を調べたが八月十四日愛知県に向かったB29の資料は見当たらなかった。上空の記録が見つからないにもかかわらず、地上では被害の証言がある。

そこに大きな見落としがあることがわかった。調べていたのは通常爆撃任務の出撃記録であった。春日井に投下されていた一万ポンド（四・五トン）の大型爆弾は、各地に一五発投下されていることが別の資料にあった。そこには七月二〇日神戸（二発）・新居浜（二発）、七月二六日島田（一発）、七月二九日宇部（三発）、八月一四日春日井（四発）・豊田（三発）であった。七月二九日と八月十四日の間に六日広島、九日長崎が入れば原爆投下の一連の作戦になるのではないかとの仮説が生まれてきた。これらの大型爆弾の重量一万ポンド（四・五トン）も長崎型ファットマンと同重量であることもわかった。原爆投下部隊五〇九混成群団が一万ポンド爆弾の投下に関わっていたのが事実なら、一万ポンドの大型爆弾は投下訓練用の可能性が出てくる。会のメンバーは国会図書館憲政資料室にある米国戦略爆撃調査団の資料群の検索を行い、一枚の地図と表を発見した。

それは五〇九混成群団による原爆と模擬原爆パンプキンの投下記録であった。この資料によって、米軍が二発の原爆と五〇発の模擬原爆を七月二〇日から八月一四日にかけて日本本土に投下していたことが明らかになった。（模擬原爆パンプキン一発は太平洋上で落としたので、実際の投下は四九発であった。）こうして八月十四日午後春日井の軍需工場を目標として投下された四発の大型爆弾の正体は原爆投下訓練用のパンプキンであったことが解明された。空襲・戦災を記録する市民団体が集う東海交流会の情報交換と共有が日本の空襲史を書き換えることにつながったのである。

この模擬原爆パンプキンの発見は、地元の空襲が広島・長崎と結びついていたということで、全国各地で衝撃的に受け止められた。投下地では市民団体、郷土史家、研究者、自治体、マスコミなどが協力して、着弾地の特定、被害状況、犠牲者名などを調査して原爆投下訓練によってどんな戦争災害がもたらされたのかが明らかにされていった。調査の結果は出版され、慰霊碑の建立、慰霊祭の開催、ミュージカルの制作・上演、大型紙芝居の制作、実物大のパンプキンの模型制作、ドキュメント番組制作など多彩な取り組みで広く市民に伝える活動が展開された。今では模擬原爆パンプキンのことは、広島、長崎はじめ各地の資料館などの展示にも反映されるようになっている。

模擬原爆パンプキンと名古屋空襲を語り伝える新しい試み

市民が解明した模擬原爆パンプキン、そこから平和を伝える新たな試みも出てきた。大阪では市街地の真中に投下された大型爆弾が模擬原爆パンプキンであったことを知った遺族が、「模擬原子爆弾」の文字が入った慰霊碑を建立して、地域の住民が毎年慰霊祭を行ってきた。そのことを児童文学作家令丈ヒロ子さんが取材して、『パンプキン　模擬原爆の夏』という児童向けの作品を書いたところ、予想外の反響があり、出版から二年目には七刷と増刷が続き、広島の図書館はじめ各地から模擬原爆パンプキンについての講演依頼が舞い込んでいるという。さらに被爆地長崎の中学生が修学旅行で大阪の模擬原爆パンプキンを学びに来るという思わぬできごとまで起こった。大阪のおっちゃんやおばちゃんと長崎の中学生が原爆と模擬原爆を通した交流が実現したのである。

名古屋でも空襲体験を伝えようという新たな試みが始まっている。女性向けコミック誌『BE LOVE』（講談社）で連載が始まった「あとかたの街」は名古屋空襲を体験した一人の少女を主人公にしている。漫画家おざわゆきさんが母親の体験を元に描いたものだが、背景となる戦時体制下の日常生活や戦時下で報道規制された東南海地震と三河地震にも目を向けている。名古屋空襲についても丹念に資料を調べ、偵察機の出現から、三菱発動機、三菱航空機、名古屋市街地空襲と、時系列で空襲を追いかける。上空で繰り広げられる米軍の容赦ない空襲と地上でどうすることもできずにじっと耐え続ける人々の姿を通して、名古屋で起きた戦争を伝えようとしている。

この作品ができるにあたって、名東区にある「戦争と平和の資料館ピースあいち」は体験者の紹介、裏付け資料の提供などの協力している。戦争を体験した世代の高齢化は進み、話を聞く機会も急速に減ってきている。これまでに発行された体験記は数多いが、絶版となったものも多く図書館などへ行かなければ手にすることはできない。そんな時に手軽に読める漫画で名古屋空襲をテーマにした「あとかたの街」が出版されたことの意義は大きい。

〔参考文献〕

ピースあいちブックレット『名古屋空襲と空爆の歴史―今平和を考えるために』戦争と平和の資料館「ピースあいち」、二〇一二年
おざわゆき『あとかたの街』第一巻・第二巻・第三巻、講談社、二〇一四年〜デジタル版発行予定
令丈ヒロ子『パンプキン　模擬原爆の夏』講談社、二〇一一年
工藤洋三・金子力『原爆投下部隊―第五〇九混成群団と原爆・パンプキン』二〇一三年

column

「ピースあいち」を知っていますか？

オープン当日の「ピースあいち」

名古屋市名東区よもぎ台に小さな資料館があります。戦争と平和の資料館「ピースあいち」です。この資料館は、多くの市民の力を集めて、二〇〇七年五月にオープンしました。一九三一年から一九四五年まで一五年続いたアジア・太平洋戦争のことを学び、二度と再び戦争をしないように、平和を考える場所です。建物は三階建てで、二階と一階の一部が常設展示場、三階では企画展を行います。一階は市民の交流スペースにもなっています。

常設展示は、「愛知県下の空襲」「一五年戦争の全体像」「戦時下のくらし」「現代の戦争と平和」の四つのテーマで構成されています。

戦時中、航空機産業のメッカとして、ゼロ戦など多くの戦闘機をつくっていた愛知県は、早くから米軍の空襲の標的でした。

一九四四年一二月から翌年八月まで、B29戦闘機による大規模な爆撃が続き、東京につぐ爆弾量が投下されました。「愛知県下の空襲」の展示は、その詳細を伝えています。

「十五年戦争の全体像」のコーナーは、あの戦争がなぜ起こり、どのように進められ、どのような結果をもたらしたか、日本人はなぜ戦争を阻止できなかったかを学び、考える展示です。日本がアジアの人たちになした加害行為についてもきちんと向き合う展示をしています。

「戦時下のくらし」のコーナーは、戦争を知らない子どもたちから、「戦争中、人々はどのように暮らしていたの?」と問いかけられたとき、あの時代を生きてきた人たちが、何を一番に思い出し、何が忘れられなくて今も心に残っているかが判るように展示しています。夫や息子が戦争に行ったこと、物資がだんだん無くなったこと、暮らしに自由がなくなったこと、空襲や学童疎開、学徒動員のことなどを多くの資料が伝えています。

二階展示室中央には、「命の壁」と呼んでいる大きな組写真があります。戦争の本質を「生命の破壊」ととらえて、一五年戦争で失われたさまざまの命の写真を掲げています。戦場での死、空襲の死、原爆の死、沖縄の死、アジアの人たちの死、さまざまな命の破壊の写真です。「目をそらせないでください。これが戦争です」と書かれています。

「現代の戦争と平和」のコーナーは一階にあります。戦争の世紀といわれる二〇世紀には多くの戦争がありました。しかし、平和のために人類がたゆまぬ努力をしてきた時代でもあります。「戦争」と「平和への努力」を時系列で対比し、「私たちの今」を考えるための展示です。

一階の交流スペースでは、さまざまなイベントが行われます。先日は、戦争中、女学生が動員されて風船爆弾をつくっていたことを取材したドキュメンタリー番組の発表会（椙山女学園中高生）、「ぞうれっしゃがやってきた」をテーマにした影絵劇（高見学童保育）などが行われました。

ピースあいちは、今、八〇人を超えるボランティアさんの力で運営されており、これまでに五万人を超える人たちが来観しました。学校単位で来てくれる子どもたちもあります。この資料館ができるまでには、大変長い時間がかかりました。多くの市民の努力がありました。その歩みを紹介しましょう。

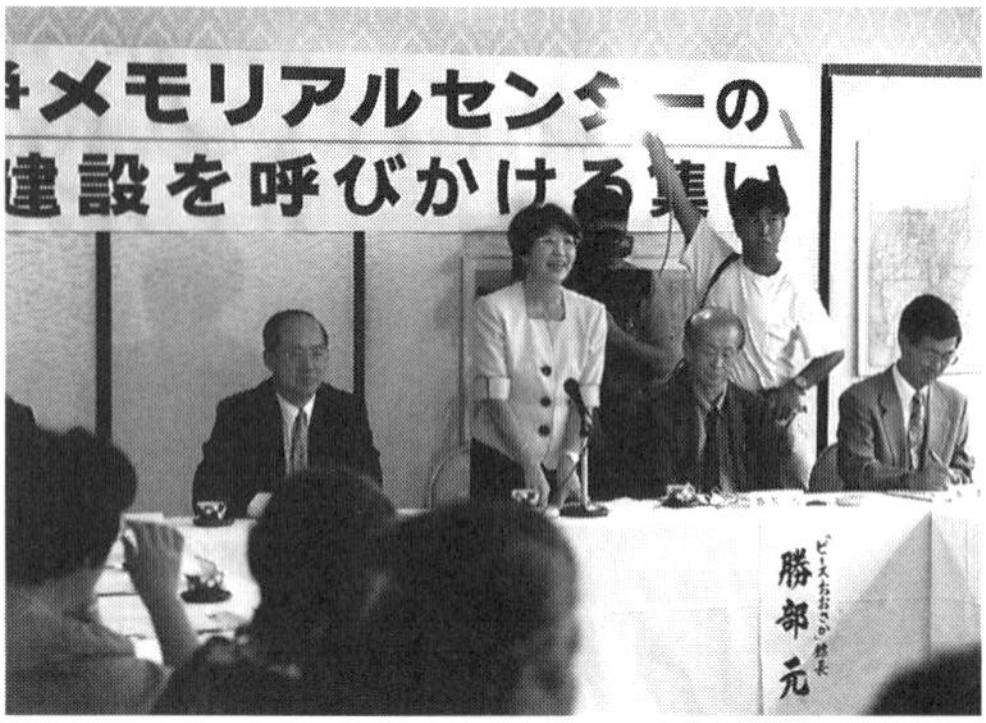

1993年8月、「戦争メモリアルセンターの建設を呼びかける会」を発足

敗戦から何十年もたって、日本は豊かになり、世の中はあの戦争のことをどんどん忘れていきました。アジアで二〇〇〇万人、日本で三一〇万人の命が犠牲になったあの戦争のことを、こんなに早く、きれいさっぱり忘れていいのだろうか？と危惧した人たちが、一九九三年、愛知に戦争資料館をつくろうという運動を始めました。戦争は国策として行われたのだから、それを次世代に伝えていくのは、国や県市など公的な主体がやるべきことだと考えて、愛知県と名古屋市に戦争資料館をつくってほしいと呼びかけました。しかし、バブルといわれた好景気が去り、地方財政は悪化し、愛知県は万博や空港建設に力を入れ、戦争資料館の建設には動きませんでした。運動を始めて一〇年以上が過ぎ、運動が大きな壁にぶつかっていた二〇〇五年五月、突然、天から星が降ってくるような幸運が訪れました。

加藤たづさんという当時八四歳のご婦人から、土地九〇坪と建物建築費一億円の寄付が寄せられたのです。

ピースあいちは、この寄付をもとに、市民がつくり、運営している資料館です。完全な民設民営ですから、財政的にはいつも苦しいのですが、「あの戦争のことを次世代に伝えて、平和のために役立てたい」という強い思いで結ばれた人たちが集まっているので、ピースあいちは元気で、楽しい場所になっています。最近は大学生など若い人のボランティアさんも増えてきました。どうか一度、ピースあいちへ足を運んでください。平和のために「あなたのできること」がきっと見つかると思います。

（戦争と平和の資料館ピースあいち 館長　野間美喜子）

警鐘のジャーナリスト・桐生悠々

森　正 Mori Tadashi

「新聞記者の本分は？」……

人は、ある特定の人間像を指して「歴史上の人物」と表現するばあいがある。定義は容易くない。少なからぬ人たちはNHKテレビ大河ドラマの戦国武将や明治維新期の群像を連想し、関心をよせたりするのではないか。私はといえば、前近代・近代を問わずそのような人物像にはまったく関心がなく、私たち個々人や、社会・国家、周辺の国際社会で問題が生じたさいに、その存在を思い出して話題に上せたり、学びの対象として意識したりする……、そのような人物にだけ関心がある。もう少し具体的にいえば、「人権」や「平和」の問題で普遍的かつ有益な示唆を与えてくれそうな人物、たとえば、以下に登場する桐生悠々を思い浮かべたりする。

一九一二（大正一）年九月、場所は東京朝日新聞社編集室。

悠々　　今回はお世話になります。田舎記者が一人やふたりでは、ろくな取材もできませんからなあ。

松田編集長　いやいや、そんなことはありません。次々と新しい企画を立てられて、こちらでも評判ですよ。このあいだなんか、社長から「こんな有能な記者が、以前我社におったのに、誰も気が付かなかったのかね」と、こうですよ。

悠々　いやあ、とんでもない。

松田編集長　それに今度はロシアに避暑旅行でしたな。いかがでした。

悠々　ロシアというのは全く広いです。（中略）そういう意味では非常に有意義な旅行でしたが、その途中で天皇陛下が亡くなられたという知らせを受けましてね……。

松田編集長　そうでしたか。

記者　（悠々の方に歩きながら）桐生さん、これがご大葬の予定と、取材の取り決めです。

悠々　助かります。（受け取る）

松田編集長　いやいや、気にせんで下さい。これからおたくの支局に帰っていては、締め切りに間に合わんでしょう。ここで記事にして、長野の本社に送ってはどうです。

笠井るみ子「桐生悠々物語―ペンは死なず―」の一節である。文中の「悠々」は桐生悠々《きりゅうゆうゆう》のことである。このシナリオにもとづいた演劇によって、愛知・名古屋の市民の前に悠々が時空を超えて現われたのは一九八八年夏のことである。演劇（アマチュア中心）には名古屋の演劇関係者や教員らが出演したが、その時点から遡ること四七年、悠々は同市の郊外（現在の守山区）で生涯を終えていた。その人物像は聖人君子タイプでなく、かなり人間臭い存在だったようである。

松田編集長の配慮はその後も続いていたが、社長は悠々に「乞食のような真似をするな」と出入りを禁じ、松田を叱責する。それでも松田は、「ゲラを一枚余分に刷らせますから、それを使って下さい」と悠々に提案する。以下は悠々と部下・三沢のやりとりである。

三沢　桐生さん、あんな乞食呼ばわりされても、記事を貰うんですか。
悠々　気にいらんようだね。
三沢　だって……。
悠々　三沢君、新聞記者の本分は？

『大阪朝日』時代の桐生悠々
（明治 41 年頃）

三沢　真実の報道です。
悠々　そうだ。迅速・正確な報道だ。そのためなら、乞食や泥棒のまねも、時には人を騙すような事も、敢えてしなくてはならない事があると思うよ。
三沢　人からどう言われてもですか。
悠々　そう、どう言われてもね。

作者の悠々描写は的確であるように思う。読者は悠々に「あくの強さ」を感じとったのではないか。私が惹かれる「歴史上の人物」は、おしなべてこの種の特徴を備えている。「真実の報道」のためには貪欲であれ、無様だとみられてもいい、泥臭さを嫌っていては本物のジャーナリストにはなれない……、悠々はそう伝えたかったのではないか。以下、少しばかり勉強したことをレポートさせていただく。

「関東防空大演習を嗤う」（一九三三年夏）

主に論説記者だった桐生悠々（本名、桐生政次）は、一九四一（昭和一六）年に亡くなっている。私が生まれる半年前のことである。あれから幾霜星……、いまどきの若い世代にはほとんど馴染みのない人物であるだろうが、関心をよせてほしいジャーナリストである。
悠々は一八七三（明治六）年、石川県金沢に生まれている。東京帝大卒業後、紆余曲折をへて新聞界へ足を踏み入れ、「下野新聞」→「大阪毎日新聞」→「大阪朝日新聞」→「東京朝日新聞」→「信濃毎日新聞」→「新愛知新聞」→「信濃毎日新聞」→「岐阜民有新聞」と、目まぐるしい職場換えだが、前半は一流のジャーナリストへの武者修行、後半はジャーナリストの「本分」＝「真実の報道」（前掲発言）に殉じたのが原因、と考えられる。一九一〇（明治四三）年、信州は長野の「信濃毎日新聞」に主筆で迎えられたころから概観してみたい。

桐生悠々といえば、数々の筆禍事件（自作の文章が問題視されること）を想起してしまう。それらは、骨太ジャーナリストへの「勲章」だったといってよいだろう。たとえば、明治天皇のあとを追った乃木希典大将の殉死を冷徹に批判、次いで桂太郎内閣の閥族政治を痛罵、憲政擁護の論陣を張るなかで自社社長が所属する政友会をも批判するなど、あれこれ物議を醸す発言を敢行、ついには退社を余儀なくされる。一九一四（大正三）年のことである。

悠々は名古屋の「新愛知新聞」へ移るが、米騒動での寺内正毅内閣批判、名古屋の某女学校長による女教師不当解雇追及など、愛知・名古屋を拠点に反骨の健筆を縦横に奮い、後者の問題では新聞紙法違反で起訴されながらも、逆に証拠改ざんを暴いて担当検事を追い詰めたりしている。政治学者・吉野作造の「民本主義」に象徴される大正デモクラシー運動に照らしていえば、新聞界の論説分野の先頭を走っていた、といってよい。しかし、一九二四（大正一三）年、地元の込み入った問題に首を突っ込んだことが原因で退社、「理想選挙」のスローガンを掲げて衆議院選に立候補するが、あえなく落選する。そして、「信濃毎日新聞」に復帰して五年後の三三（昭和八）年、社説「関東防空大演習を嗤う」（八月一一日付）でジャーナリストの真骨頂を発揮、しかし、それが軍部の怒りを買い、軍関係団体による同新聞不買運動を引き起こしてしまう。

……一昨九日から行われつつある関東防空大演習は、（中略）実際には、さほど役立たないだろうことを想像するものである。

将来若し敵機を、帝都の空に迎えて、撃つようなことがあったならば、それこそ、人心阻喪の結果、我は或は、敵に対して和を求むるべく余儀なくされないだろうか。何ぜなら、是の時に当り我機の総動員によって、敵機を迎え撃っても、一切の敵機を射落すこと能わず、その中の二、三のものは、自然に、我機の攻撃を免れて、帝都の上空に来り、爆弾を投下するだろうからである。そしてこの討ち漏らされた敵機の爆弾投下こそは、木造家屋の多い東京市をして、一挙に、焼土たらしめるだろうからである。如何に冷静なれ、沈着なれと言い聞かせても、又平生如何に訓練されていても、まさかの時には、恐怖の本能は如何ともすること能わず、逃げ惑う市民の狼狽目に見るが如く、投下された爆弾が火災を起す以外に、各所に火を失し、そこに阿鼻叫喚の一大修羅場を演じ、関東地方大震災当時と同様の惨状を呈するだろうとも、想像されるからである。しかも、こうした空撃は幾たびも繰り返えされる可能性がある。……

同社説は演習批判で終始したわけではなく、科学的知見を駆使して「敵」航空戦力の高水準を論じることで科学的な防空演習の必要を説いていたのであるが、大がかりな軍事演習を公然と「嗤」われ＝嘲笑された軍部は激怒、信州郷軍同志会が前記のような運動を起こすとともに、信濃毎日新聞社に乗り込んであの手この手の揺さぶりと圧力を加える。その前年には現役軍人による唾棄すべき五・一五事件（犬養毅首相らを殺傷）が発生、妄動と各種専横をほしいままにする軍部を徹底的に批判するなかでの、悠々一世一代の警世の社説であった。

一九三三年とは、軍部独裁政治への道が拓かれた年である。たとえば、大学から〝物言う教員〟を放逐（京大事件）し、弾圧諸立法の拡大適用によって社会民主主義者・自由主義者を弾圧するなど、侵略戦争への思想動員体制が固められている。対外的には、前々年からの満州事変↓「満州国」のデッチ上げに示される対中国侵略政策、その延長としての「国際連盟脱退」という無謀な孤立政策が断行される。目をヨーロッパに転じると、その年ドイツではヒトラーが独裁政権を樹立、三年後に日本は同政権と日独防共協定（一九三六年）を締結、次いで日独伊防共協定（三七年）↓日独伊三国同盟（四〇年）と、軍事同盟関係を築いていったのである。これら日本・ドイツ・イタリアは第二次世界大戦における侵略枢軸国であった、ということを銘記しておきたい。

「真実の報道」の前に「聖域」は存在しない――、これがジャーナリスト桐生悠々の信念であった。悠々は軍部の軽薄さと非科学性を「嗤」い、国民に「真実」を知らせることで、暴走を始めた軍国日本の行く末に警鐘を鳴らしたのである。そのときから一一、一二年後、悠々の予測は的中する。すなわち、東京・大阪・名古屋ほか全国の主要都市が、アメリカ軍の空襲によって「阿鼻叫喚の一大修羅場」と化す。ここで私は、NHK朝の連続ドラマ「ごちそうさん」を思い出す。アジア太平洋戦争＝十五年戦争の末期、主人公の夫（大阪市役所勤務）が防空演習で焼夷弾の本当の怖さを市民に伝えたために懲罰にかけられ、一軍属として遠く中国東北部の満州国（日本の植民地）へ送られていった光景……を。

後年、悠々は次のように回想している。ここには、ジャーナリストである前に自分は一人の国民である、という平凡な事実を大切にしている悠々がいる。この点に私は人間としての誠実さを感じ、親しみを強く覚える。

防空演習を非議したために、私が軍部から生活権を奪われたのは、単に、この非議ばかりが原因でなかったろう。私は信濃毎日において、度々軍人を恐れざる政治家出でよと言い、又、五・一五事件及び大阪のゴーストップ事件に関しても、立憲治下の国民として言わねばならないことを言ったために、重ね重ね彼等の怒を買ったためであろう。安全第一主義で暮らす現代人には、余計なことではあるけれども、立憲治下の国民としては、私の言ったことは、言いたいことではなくて、言わねばならないことであった。そして、これがために、私は終に、私の生活権を奪われたのであった。（一九三六＝昭和一一年六月五日）

一人の国民として「言わねばならないこと」をいったために「生活権を奪われた」――、この言葉はずしりと重い。現代に生きる私たちが人権を尊重され、平和な状態で生きつづけることの大変さと日常の覚悟を示唆しているように思うのである。

現代に生きる桐生悠々

多勢に無勢……、時代の流れと方向はいかにも険悪すぎた。桐生悠々は再び信州長野を離れざるをえず、もう一度名古屋へと向かう。そのとき還暦六〇歳、数多の「勲章」を引っ提げた悠々の論説記者復帰はままならず（後年「岐阜民有新聞」に入社するがコラム担当）、そのために妻と一一人の子どもたちの大家族は生活苦に悩まされるが、気丈な妻・寿々が夫と家族を支えていく。

ここでもう一度、演劇「桐生悠々物語―ペンは死なず―」に戻りたい。上演四日前、「中日新聞」が公開稽古の写真とともに大きな記事を組んでいる（一九八八年八月一六日付）。その一節を紹介しよう。

桐生悠々は中日新聞の前身の新愛知新聞などの主筆として活躍。昭和八年「関東防空大演習を嗤《わら》う」で、防空演習の無意味さを指摘したのは有名。軍部ににらまれて新聞社を退社し名古屋で個人雑誌「他山の石」を発行、反軍反戦の思想を貫いた。

平演会では、赤報隊による朝日新聞襲撃事件などいま再び、言論に危機が訪れようとしている――と桐生悠々の生涯をドラマ化し言論、報道の自由の大切さを訴えていくことにした。（中略）ドラマは明治四十三年の新聞社入社から昭和十六年、名古屋市守山区で六十九歳で世を去るまで、幸徳秋水事件や乃木大将の殉死、富山の米騒動などを通じて、悠々の抵抗の新聞人としての姿を描いている。伏線として、「他山の石」の広告取りに協力したり、検閲にくじけぬよう悠々を励まし続けた妻寿々との愛情物語が織り込まれている。

「言論の危機」を感じるなかで桐生悠々をとりあげた、というのである。朝日への襲撃事件とは、前年の五月三日（憲法記念日）、暴漢が阪神支局を襲った凶悪事件である（死者一、重傷者一）。朝日新聞社にたいしては東京・名古屋・静岡などでも襲撃がつづき、「赤報隊」を名乗る犯行声明文と脅迫状が届いたりしているが、なぜか犯人は未だに捕まっていない。

一九八〇年代の「言論の危機」動向で注目したいのは、八二年、筋金入りの憲法改正論者・中曽根康弘が首相に就任、改憲問題がいっきに現実味を帯びたことである。そして八五年、通称スパイ防止法案（国家秘密に係るスパイ行為等の防止に関する法律案。反対派は本質を衝いて「国家機密法案」と呼んだ）が国会に上程され、全国各地の議会からの同法制定促進決議を伴っていたことで手強い法案だった。それは軍事情報の収集・伝達などの権利を国民とマスコミから奪おうとするもので、私が所属していた学会では法的観点からの批判が続出、国民の疑念も強くなるなかで廃案となった。同演劇の主催団体には、憲法改悪の危機とスパイ防止法案再浮上への警戒心があったはずである。

演劇は八月二〇、二一日と二回上演され、多数が名古屋市教育センターへ足を運んだ（私もその一人）。演技内容やテンポもよくて主催側の意図はよく伝わった、といってよいだろう。こうして悠々は、人々に学ばれるべき「歴史上の人物」として見事に蘇り、「言論の自由」・「真実の報道」の大切さを伝えたのである。

その後の私自身の記憶をたどると、アメリカ・イギリスによるイラク侵略戦争（二〇〇三年）、それにつづく自衛隊イラク派遣などでのジャーナリストの発言を、悠々の諸事績に照らして受けとめることが多く、それは今日に至るまでつづいている。何をいいたいのか。まともなジャーナリストを例にとると、あのとき「真実の報道」にこだわって米英を批判し、自衛隊派遣に反対し、そのために疎んじられた傾向のあるジャーナリストたちを、悠々に重ね合わせてずっと応援している、ということである。

理不尽なのは、根拠のない「大量破壊兵器」情報を妄信して米英を支持し、自衛隊派遣の後押しをした連中が、一片の反省もなくテレビにいまも顔を晒していることである。もっと深刻なのは、こういう状態に無関心な日本人の精神風土である。考えてもみよ！　改憲の権化・安倍晋三首相が「歴史認識」・「慰安婦問題」での河野談話の見直しを謀り、「汚染水完全ブロック」・「おもてなし」などの虚言で五輪を誘致し、空疎な評論家・コメンテーターや笑われ芸人がテレビを占拠し、街頭では恥ずべきヘイトスピーチの大音声……。すべてがダーダーなのである。

忘れもしない一昨年の二〇一三年、安倍内閣が特定秘密保護法案なるものを国会に上程、反対世論をまったく無視し、まともな国会審議を保障しないで法制化してしまった。その制定過程は、稀代の悪法といわれた戦前の治安維持法とほとんど変わるところがない。特定秘密保護法は前掲のスパイ防止法案の生まれ変わりともいえるが、内容はもっと粗雑・兇暴であり、国民の「知る権利」と「報道の自由」を大幅に規制している。「真実の報道」を抹殺する現代の悪法といわざるをえない。さらに続けて、安倍内閣は歴代自民党内閣が自制していた集団的自衛権行使容認を強行した。

学徒動員を経験した斎藤孝さん（名古屋市在住。八三歳）は、「自民党は、日本が戦争をできる国にしようとしているのだろう。特定秘密保護法は、政府に物が言えなくする社会に変える布石だ」（『朝日新聞』二〇一三年一二月八日付）と語っている。戦争によって二度とない貴重な青春を奪われた世代の声に、若者世代はどうか耳を傾けていただきたい。

光明はある。遅ればせながら、思想信条の違いを超えて特定秘密保護法反対の声が湧き起こった。また、あちこちの新聞が桐生悠々の事績をとりあげながら批判の論陣を張った。悠々が「現代」と切り結ぶ「歴史上の人物」だということを、再確認できたのはよかった。これらを紹介する紙福がないのが残念であるが、新聞（縮刷版）やインターネットなどで調べていただきたい。悠々が生きていたら、安倍内閣と自民党・公明党をどう嗤っただろうか。

骨太ジャーナリストの「遺言」

桐生悠々は現在の名古屋市守山区で晩年を送っている。平均的な人間は年をとるごとに穏やかになるものであるが、悠々のばあいはどうだったのか。思想的にはいわゆる自由主義者であり、その論調は急進的であったが、晩年も穏やかになることはなかったようで、時にはいっそう急進的になったりしている。ジャーナリストの使命に忠実であろうとすれば、深まる軍国主義化を座視することができなかったのである。一言しておきたいのは、明治憲法が厳しい制限付きで保障していた「言論の自由」は、そのころ跡形もなかった、という事実である。刻一刻と兇暴さを増していた軍国主義の嵐のなかで、そして特高警察に付け狙われながらも、悠々は独りで声を上げつづけていたのである。悠々の句が遺されている。「蟋蟀《こおろぎ》は鳴き続けたり嵐のよる」（一九三五年二月五日）。

一九三四（昭和九）年六月、悠々は個人雑誌『名古屋読書会報告』（会員制。月二回）を発行、同年一二月から『他山の石』と改題し、四一年八月まで全一七六冊発行する。悠々の抵抗の拠点はこの刊行物であった。連続する発売禁止と文章削除のなかで、死の直前まで同誌を発行しつづけた。許された紙福が尽きようとしているので、断片だけを紹介したい。

人動《やや》もすれば、私を以て、言いたいことを言うから、結局、幸福だとする。だが、私は、この場合、言いたい事と、言わねばならない事とを区別しなければならないと思う。
私は言いたいことを言っているのではない。徒《いたずら》に言いたいことを言って、快を貪っているのではない。言わねばならないことを、国民として、特に、この非常に際して、しかも国家の将来に対して、真正なる愛国者の一人として、同時に人類として言わねばならないことを言っているのだ。

（一九三六＝昭和一一年六月五日）

「昭和」！　お前は今日の時局に何というふさわしからぬ名であるか。尤もお前も最初は明朗であり、その名通りに「昭」であり、「和」であったが、年を重ぬるに従って、次第にその

釣りに行く晩年の悠々

他山の石

臣道の内容

父母に孝に兄弟に友に夫婦相和し朋友相信じ恭儉己を持し博愛衆に及ぼし學を修め業を習ひ以て智能を啓發し德器を成就し進で公益を廣め世務を開き常に國憲を重じ國法に遵ひ一旦緩急あれば義勇公に奉じ以て天壤無窮の皇運を扶翼すべしこの道は古今に通して謬らず中外に施して悖らざるべし

本誌の一革新

「他山の石」最終号の１面

名に背き、五・一五事件以前に於て、早くも「暗」となり「闘」となった。そして昨今の二・二六事件以来は、「暗」は益々「暗」となり、「闘」は益々「闘」となった。無論私たちは安価なる平和論者ではない。時によっては、大に戦わねばならない。だがその戦は今日の如き「暗闘的」であってはならない。（中略）だが、今お前が私たちに強いている戦は全然これに反している。具体的なる実例（中略）を掲ぐれば、本誌は直に頒布を禁止されるだろう。何という陰惨な、何という不愉快な時代であるか。

「昭和」よ、お前は今日から、その名を「暗闘」と改めよ。これがお前に最もふさわしい名である。

（一九三七＝昭和一二年年頭）

「昭和」時代の本質をこれほどまでに的確に捉えた文章を、私は未だかつて知らない。一九四一（昭和一六）年九月一〇日、悠々はその生涯を終える。死の直前、悠々は『他山の石』を廃刊する。以下が廃刊の辞である。

……小生「他山の石」を発行して以来茲に八個年超民族的超国家的に全人類の康福を祈願して孤軍奮闘又悪戦苦闘を重ねつゝ、今日に到候が最近に及び政府当局は本誌を国家総動員法の邪魔物として取扱ひ相成るべくは本誌の廃刊を希望致居候小生は今回断然これを廃刊することに決定致候（中略）

時偶小生の痼疾咽喉カタル非常に悪化し（中略）やがてこの世去らねばならぬ危機に到達致居候故小生は寧ろ喜んでこの超畜生道に堕落しつゝある地球の表面より消え失せることを歓迎居到候も唯小生が理想したる戦後の一大粛軍を見ることなくして早くもこの世を去ることは如何にも残念至極に御座候。

（一九四一＝昭和一六年九月）

桐生悠々の死から三カ月、日本はアジア太平洋戦争＝十五年戦争における最終段階の戦争たる太平洋戦争へと突入する。この戦争こそ、悠々が予言した「阿鼻叫喚の一大修羅場」を招いたのである。廃刊の辞には「超畜生道に堕落しつゝある地球」と記されているが、地球を「超畜生道」へと導いたのは他ならぬ日本国であり、ファシズム枢軸国の日独伊三カ国であった。もちろん、悠々の真意はこの点にあったのである。

戦後約七〇年、主権者は重大な岐路に立っている。国内外の諸情勢はことのほか厳しく、虚実ない混ぜの情報が飛び交っている。こういう時代だからこそ「人権」と「平和」の羅針盤を確保しなければならず、そのためには「真実の報道」が必要である。これ以上騙されてはならない。政党・政治家、官僚らの言説を鵜呑みにせず、冷静に一つ一つ検証し、私たちの行く末を自己決定しなければならない。その意味で、悠々との「対話」は、あれこれ重要な示唆を与えてくれるに違いない。名もなき私たち市民も「鳴き続ける蟋蟀」になろうではないか。

〔参考文献〕

太田雅夫編『桐生悠々自伝』新泉社、一九九一年
桐生悠々『畜生道の地球』中公文庫（復刻）、二〇〇六年
同『桐生悠々反軍論集』新泉社、一九六九年
同『他山の石』不二出版（復刻）、一九八七年
井出孫六『抵抗の新聞人桐生悠々』岩波新書、一九八〇年
鎌田慧『反骨のジャーナリスト』岩波新書、二〇〇二年

前掲の鎌田著では、悠々のほか次の人たちがとりあげられている。陸羯南・横山源之助・平塚らいてう・大杉榮・宮武外骨・尾崎秀実・鈴木東民・むのたけじ・斎藤茂男。そして、ここ二〇年ほどの新聞の社説・論説などを概観したとき、「中日新聞」と「東京新聞」が最も現憲法の精神に忠実であるように思う。桐生悠々のジャーナリスト魂と無関係でないように思うが、どうだろう。

戦時下の朝鮮人の強制連行

山本　明代　Yamamoto Akiyo

はじめに

アジア太平洋戦争中、名古屋とその周辺の軍需工場では最大で四〇万人以上が働いていた。当時、名古屋には陸軍造兵廠（兵器製造工場）がおかれ、航空機工場をはじめとする数多くの軍需工場があった。一九三九年に公布された国民徴用令に基づき、それらの工場には、愛知県下からだけでなく、他県からも女性や学生が動員されていた。さらに、日本が植民地にしていた朝鮮半島からも強制的に動員された労働者が多数働いていた。

戦時体制下では、日本国内だけでなく、日本が占領・統治した地域の労働力不足を補うために、朝鮮人を一般労務者や軍要員として、集団的に強制移住させて労働に従事させていた。だが、名古屋とその周辺に何人の朝鮮人が連行され、いかなる労働に就いたのか、その実態の全容は戦後七〇年たっても解明されていない。それにはいかなる理由があるのか。強制連行の様子が一部明らかになっている名古屋三菱重工道徳工場の例を手がかりに、朝鮮半島出身の人々がいかなる状況下で強制労働に従事させられたのか、朝鮮人強制連行の背景と実態、そして戦後の試みについて考えていこう。

朝鮮半島の支配と戦時体制

日露戦争後、日本は朝鮮半島の実質的支配を進めていたが、一九一〇年の日韓条約によって日本は韓国を併合した。この条約の締結によって、韓国は日本の植民地となり、朝鮮総督府の支配下に置かれた。韓国では皇民化政策が推し進められ、天皇に忠実な国民にするために、日本人化や天皇崇拝、朝鮮語教育の廃止、神社参拝、創氏改名、誓詞の斉唱が強いられた。

それと同時に、日本は帝国主義による侵略戦争の遂行と朝鮮の植民地統治のために、朝鮮人を軍事力と労働力として利用した。まず一九三八年二月から、それまで徴兵制度の対象外であった朝鮮人に志願兵制度が始まり、朝鮮人は陸軍特別志願兵、海軍特別志願兵、学徒志願兵として戦地に送られた。一九四四年度からは、日本人（内地人）と同様に徴兵制度の対象とされるようになった。一九四二年一月からは、朝鮮人軍属（軍隊に雇用される兵士以外の軍要員）の徴用が始まり、日本本土、中国大陸、東南アジア、太平洋南西部の諸島の軍基地や戦争の前線へと朝鮮人が派遣されるようになった。

労働力としての動員は、一九三八年四月に施行された国家総動員法による労務動員計画によって開始された。一九四二年度からは国民動員計画という名称に変わり、内地の産業労働力の配置が国の主導で計画的に実施されるようになった。朝鮮人が動員された背景には、内地の男子労働者が兵隊にとられて極端に不足したからだった。労働力を補充するために、毎年計画的に朝鮮人の青年男子がとりわけ力仕事の職場である、鉱山や建設工事現場に重点的に配属された。戦争末期、男子労働力が絶対的に不足するようになると、女子勤労挺身隊と呼ばれた女子労働力の計画的動員が始まった。

朝鮮人の強制連行

朝鮮人の強制連行とは、通常、国家総動員法（一九三八年）に基づいて一九三九年から四五年の終戦までに行われた行為を指している。朝鮮半島からの動員には三つの段階があった。一九三九年九月に最初に始まったのは募集方式であった。これは日本政府が作成した年度計画によって各事業者に必要人員数が割り当てられたのち、事業主が朝鮮総督府によって指定された地域で労働者を募集する方法だった。次に、一九四二年一月に募集方式にかわって導入されたものが官斡旋方式である。募集方式では必要な人員人数が集まらなくなったため、行政が強制力を用いるようになった。朝鮮総督府の朝鮮労務協会が必要数の労働者を集めて、彼らに軍隊式の訓練を行った。そして、労務者たちは隊に分けられ、監視付きで内地の事業所に移された。

この方法によっても充分な労務者数を集めることができなくなったため、一九四四年九月から

東南海地震での旧三菱重工名古屋航空機製作所道徳工場の犠牲者を追悼する記念碑（筆者撮影）

は法的強制力を持つ徴用方式に変わった。これは国民徴用令を適用して強権的に労務者をかり集める方法だった。実際に強制連行された人の証言によると、道を歩いているときに、通りかかった軍用トラックに無理やり乗せられ、そのまま内地に連れさられた者もいた。事前に徴用を告げると逃亡される恐れがあったため、必要とされた労務者数を集めるために、夜襲や誘拐などの方策を用いて略取や拉致のような強引な連行も行われた。

朝鮮人労務者は朝鮮内での移動を強いられた場合もあったが、多くは釜山や木浦などの港から連絡船に乗せられ、内地や樺太、南洋諸島などの各地域へと運ばれた。内地の就労場所は北海道から本州、九州、四国、沖縄と全国に及んでいた。朝鮮半島から何人の労務者が動員されたのか。これまで、在日朝鮮人や日本人、韓国人による合同グループが各地での地道な調査作業を行い、実態が徐々に明らかにされてきた。朝鮮人強制連行が始まった一九三九年度から一九四四年度までに計画された強制連行の合計数は八五万七三〇〇人に及び、移入数の合計は六五万六一三七人だった。しかし、あとで述べるように、当時の資料が故意に焼却されたり、紛失したり、隠されたりしているため、実際に連行された人数の全容はいまだ解明に至っていない。

強制労働の問題性

強制連行には、すでに述べたように労務者を移動させる方法自体にも問題があったが、従事させた労働にはより重大な問題があった。第一に、石炭採掘やダム建設などの土木工事の過酷な重労働に従事させたことである。各職場ではノルマ達成のための厳しい管理がなされた。また当時、北海道や九州地方に多くあった炭坑では安全のための措置がほとんど施されていなかったため、落盤事故が頻発し、多くの朝鮮人労務者が命を落とした。ダム建設などの工事現場でも日本人労働者が従事しないような危険で劣悪な重労働に朝鮮人を従事させた結果、多数の死傷者を出すことになった。

第二に、連行された朝鮮人は自由に離職や転職をすることや自由に移動することが禁止された。これは従業者移動防止令や労務調整令、国民労務手帳法などの法制度によって定められていた。それ以外にも、朝鮮人労務者は協和会という組織の管理下に置かれた。協和会とは、在日朝鮮人の救済保護の名の下に一九二〇年代に内務省、警察組織によって在日朝鮮人の皇民化と統制のために全国的に作られた統制機関であった。

第三に、朝鮮人は日本人労働者と比べて、作業の種類だけでなく、賃金差別があった。従事した労働には給料が支払われることが約束されていたが、朝鮮人労務者の大半はまったく賃金を受け取ることがなかったか、ごくわずかの賃金しか手にすることができなかった。給料からは強制加入の厚生年金や健康保険の保険料が差し引かれ、「国民貯金」や「第一貯金」という名目の貯金が強制された。これらは戦費調達のための収奪であったが、労務者の逃亡防止を目的に現金を持たせないための措置でもあった。

愛知県内の朝鮮人強制労働の場所

朝鮮人強制連行の実態を解明する動きは、一九七〇年代末から一九八〇年代に始まった。地域の歴史として朝鮮人強制連行の埋もれた史実を自発的に掘り起こそうとする動きが全国で始まった。この動きは、一九九〇年代に韓国の盧泰愚大統領が来日した際、日本政府に強制連行者の名簿提出を要求したことによって加速した。同年、「朝鮮人・中国人強制連行・強制労働を考える全国交流集会」が始まり、全国各地で調査活動の動きが盛んになった。その調査活動の成果の一つが朝鮮人強制連行真相調査団編著『朝鮮人強制連行調査の記録―中部・東海編』（柏書房、一九九七年）である。この組織は日本人と在日朝鮮・韓国人によって構成され、協力して強制連行の真相解明にあたった。

軍都と呼ばれた愛知県内で朝鮮人が強制労働に従事した場所は数多くあった。名古屋市内だけを見ても、朝鮮人強制連行真相調査団が突き止めた職場は、東海ゴム三菱重工岩塚工場、太平製作所、東海電極製造、日本硝子、国鉄熱田、日本車輛熱田工場、愛知時計電機船方工場、東邦瓦斯名古屋製造所、名古屋陸軍造兵廠熱田工場、日通熱田支店、浅野セメント、三菱重工道徳工場、名古屋調質工場、大岡製鋼星崎工場、日本車輛鳴海工場、名古屋港埋立、住友金属名古屋軽合金、名古屋造船、三菱重工大江工場と多数あり、県内でもとくに集中していた。

朝鮮半島から愛知県に強制連行された労務者の正確な数はわかっていないが、朝鮮人強制連行真相調査団が戦争前後の朝鮮人人口を比較して概算を示している。愛知県内の一九三八年末の朝鮮人人口は六万一六五四人だったが、一九四四年末には一三万七四一一人となり、朝鮮が解放された一九四五年一〇月末には七万五五〇五人となった。そこから、連行された労務者の人数は六万人から七万人と推測されている。愛知県半田市にあった中島航空機半田工場では、半田市の協力によって朝鮮人「被保険者名簿」が公開されたことにより、強制労働に従事した朝鮮人の個人名が判明した。しかし多くの場所で公的資料が紛失したり、公開されなかったりするため、実態がほとんどわかっていない。次に挙げる三菱重工道徳工場については、愛知県内でも比較的実態が明らかにされた例である。

朝鮮人女子勤労挺身隊

三菱重工道徳工場には、女子勤労挺身隊として連行された朝鮮人の少女たちが働いていた。まず当時日本で女子勤労挺身隊がなぜ、どのように組織されたのかについてみていこう。戦争末期に日本国内の男子労働力が枯渇したため、女子の勤労動員が強化された。当初は勤労報国隊として臨時の動員がなされたが、一九四三年九月から女子勤労挺身隊として組織的な導入が始まった。

戦勝祈願のために熱田神社を訪問する「朝鮮女子挺身隊」の少女たち（ピースあいちの展示より筆者撮影）

この女子勤労挺身隊というのは、学校の同窓会や部落会・婦人会単位で編成され、一年から二年の長期にわたって航空機関係などの重要な軍需工場に女性を労働者として動員するものであった。最初は政府の「指導と勧奨」によって動員されたが、一九四四年八月に勅令第五一九号「女子挺身勤労令」が制定されると、国家総動員法上の強制的な制度となって動員が強化された。

朝鮮においても内地と同様に女子勤労挺身隊が組織され、満一二歳以上の少女たちが朝鮮内あるいは日本の工場へ送り込まれた。女子勤労挺身隊は、すでに述べたように従軍慰安婦とは異なり工場での労働に就いたのだが、韓国では日本軍の慰安婦のことを「挺身隊」と呼び、両者を関連付けてみなす傾向があった。従軍慰安婦として動員する際に女子挺身隊という名目でだましたり、韓国の新聞・出版・映画などが従軍慰安婦を扱った題材に挺身隊という名称を使ったり、慰安婦という言葉を避けるために間接的表現として挺身隊という言葉を使ったため、用語の意味やイメージの混乱が起こった。他方、女子勤労挺身隊か従軍慰安婦か、どちらの立場になるのかは、実際には紙一重だった部分もある。女子勤労挺身隊として内地に連行された少女が厳しい労働と生活環境ゆえに逃亡したところ、捕えられて従軍慰安婦になることを強いられた場合もあった。

女子勤労挺身隊の存在と実態は長期にわたってほとんど知られてこなかった。それは前に述べたような韓国社会の背景から従軍慰安婦と混同されて、差別されることを恐れたり、家族に迷惑をかけたりしたくないと自らの体験を公表することがほとんどなかったためだった。次のような証言が残されている。

日本に戻ってからは「挺身隊にいた」という事で、全然外出もできないし、人に会う事もできませんでした。韓国では「挺身隊」というと、兵隊の相手をしたように思われていたからです。私は「挺身隊」の事を秘密にして一七歳で結婚しました。夫には、結婚してから話しました。それ以外は、誰にも話せませんでした。李東連（イ・トンリョン）さん、全羅南道霊光郡

（伊藤孝司編著『〈証言〉従軍慰安婦・女子勤労挺身隊』風媒社、一九九二年、一二六頁）

このように長年の苦しみを抱いていた女性が多かったが、一九九一年に韓国で元慰安婦の金学順さんが名乗り出たことによって、元挺身隊の女性たちも証言を始めた。これらの証言は、太平洋戦争期の強制連行と地域の歴史の空白部分を埋める貴重なものである。

名古屋の三菱重工名古屋航空機製作所道徳工場

名古屋三菱重工道徳工場の女子勤労挺身隊の実態が明らかになったのは、一九四四年に東南海地震の被害があり、勤労挺身隊の朝鮮人少女六人もその犠牲となったためだった。この不幸な出来事については後で詳しく述べるが、まず勤労挺身隊となった少女たちが連行された状況や日本での生活と従事した労働についてみていこう。朝鮮での募集は国民学校の在学生・卒業生に対して行われたことから、国民学校に通えるぐらいの生活水準の家庭の少女たちが強制労働の対象となっていた。

あの頃は小学校・中学校に行くだけでも、容易な事じゃありませんでした。上流の家庭でないと行けなかったんです。中学校へ行こうと思っても、一つの学校で朝鮮人は何人って制限していたので、いくら勉強したって駄目でね。女学校だって、朝鮮人は成績が一番や二番でも入れなかったんだもの。だから三菱の『学校』に行けば、四年制と同じ資格をくれるっていうんですから、誰でも行きたいと思うでしょ。金福禮（キム・ボクイェ）さん、済州市

（伊藤孝司編著『〈証言〉従軍慰安婦・女子勤労挺身隊』風媒社、一九九二年、一四頁）

勤労挺身隊になることを国民学校の担任教師から勧められたため、本人や親が信用したという

こともあった。羅州国民学校の日本語教師だった当時一八歳の日本人女性は校長から引率者に指名されていた。

一九四四年六月、一二歳から一六歳の少女たち約三〇〇人が日本に向けて出発した。少女たちの出身地は、全羅南道の光州・羅州・木浦・順天・麗水からと忠清南道からが半数ずつだった。日本からは三菱の中に設けられた青年学校の教練担当の在郷軍人が引率に来た。少女たちは風呂敷包み一つだけを持って、麗水港から下関に向かう連絡船に乗った。

今日の名古屋市南区にあった三菱重工名古屋航空機製作所道徳工場では戦闘機を製造していた。その工場には県内だけなく、長野県や滋賀県から動員された学生や、日本各地から集められた日本人学生、女子勤労挺身隊、徴用工、あわせて約一〇万人が働いていた。

朝鮮人少女たちは創氏改名で付けられた日本名で呼ばれ、他の労働者から離れた場所で、塗装や部品検査に従事し、午前七時から午後五時まで働いた。三〇〇人の少女は三つの中隊、一つの中隊は四つの小隊に分けられ、小隊ごとに工場の各所に配置された。給料は年齢によって異なり、電車賃ほどの少額をもらっていたという証言もあるが、無給だったという証言もある。給料からは生命保険料や厚生年金が引かれていたが、その補償はなされていない。少女たちは三菱の菱和寮で寝起きし、午前六時に起床、朝会、朝食後に工場に向かった。寮と工場を行き来する際には、「神風」と書かれた日の丸の鉢巻きをして、軍人の監視下で軍歌を歌わされていた。

到着した当初は、礼儀作法、日本史、日本語などの授業が週二、三日あったが、次第に減って週二～三時間になった。すでに述べたように学校教育を受けられることを期待して、労働に従事した者も多かったため、なかには約束が違うと抗議する者もいた。わずかな賃金しか渡されなかったため、朝鮮の親から送金してもらった人さえいた。食事の量も質も足りなかったため、成長期の少女たちは空腹を満たすことができず、実家からキムチなどを送ってもらって飢えをしのいだ。病気になっても仕事に駆り立てられたり、許可なく湯を使って殴られたりした少女もいた。外出した際に帰る時間が一〇分遅れたことを理由にひどく殴られただけでなく、「真っ裸になる」ことを命じられ、抗議したことによってその罰は免れたものの、自尊心を踏みにじられた苦い体験もあった。自由が拘束された寮からは脱走する者もいた。「戦勝祈願」のために熱田神宮を参拝させられ、日本人の士気高揚のための宣伝材料にされることもあった。

一九四四年一二月　東海道沖で「東南海地震」が起こった。地震の規模はマグニチュード八・〇、名古屋で震度五～六、道徳工場では震度七となった。大地震の後には津波が発生し、名古屋では一二二三人が死亡した。とくに道徳工場は埋立地の軟弱な地盤に建っており、柱も少ない煉瓦造りの建物だったため、工場では五七人が死亡し、そのうち六人が朝鮮人少女だった。この地震の被害状況は、戦意喪失をもたらすという理由で当時極秘にされた。そのほかに空襲で一人の少女の命が失われた。一九四五年には全員が富山に疎開し、銃・砲の部品や弾丸を製造する軍需工場である不二越工業の富山工場で工具や工作機械の製造に従事し、日本の敗戦後、富山から下関をへて集団で帰国した。

朝鮮人女子勤労挺身隊として強制連行された少女たちは地震と空襲で犠牲者を出し、約束された卒業証書も与えられることはなかった。そして、勤労挺身隊としての経験と記憶は、十代の少女たちのその後の人生に重荷を負わせることになった。

戦後補償の問題

強制労働は、戦後になっても長く続く苦しみを朝鮮半島の人々に与えることになった。強制的な動員によって家族が離散したり、鉱山や建築現場での事故によって死亡したり、行方不明になった者、負傷した者が多数いた。死亡した遺体が野山に無造作に埋められて遺骨が放置されることもあった。賃金や納めた保険料の未払い問題も多くの場所で起こった。そして、これらのほとんどがいまだ未解決のままである。加えて、法的にも戦後に日本政府が定めた戦争被害者援助法の適用対象から朝鮮人が除外されることにより、民族差別が政策的にも続いている。

一九六五年六月に日韓基本条約が締結され、大日本帝国による韓国への植民地支配の政治的決着が図られた。この条約とともに日韓請求権協定を含む四協定が調印された。日韓請求権協定は、日本が韓国に無償で三億ドル分の生産物と役務、有償で二億ドルを供与するものであった。そして、両国ともに請求権問題は「完全かつ最終的に解決された」としている。請求権の解釈に関して、日本側はこの協定によって、「請求権問題は完全に解決済み」という立場を保持している。

三菱重工名古屋航空機製作所における朝鮮人女子勤労挺身隊の補償をめぐる裁判は、一九九八年八月に弁護団の結成とともに始まった。原告は、韓国在住の朴海玉さんら元隊員四人であり、国と三菱重工業に未払い賃金の支払いと慰謝料など総額二億四千万円の損害賠償と謝罪を求めた。これは国と企業の責任を追及しようとする東海三県では初の外国人の戦後補償裁判となった。弁護団は三四人の弁護士から成り、韓国で原告らの聞き取り調査を行った。二〇〇七年五月、名古屋高裁判決は強制労働であったと指摘して連行の違法性を認定した。元隊員が韓国で「従軍慰安婦」と同一視され、現在も被害が続いているという原告の主張も考慮され、判決は「離婚などの被害が生じている」と認めた。ただ、個人の賠償請求権放棄をうたった日韓請求権協定を根拠として訴えは退けられた。その後、最高裁に訴えが上告されたが、二〇〇八年一一月、最高裁で棄却された。この間、三菱重工で働いていた元韓国人女子挺身隊八人の訴訟を支援してきた名古屋市に拠点を置く「訴訟を支援する会」は、三菱重工に対して協議に応じるよう行動を積み重ねていたが、二〇一二年七月に両者の協議は決裂に至った。

このように戦後補償をめぐる訴訟は、日本では日韓請求権協定に基づいて「請求権問題は解決済み」とする日本企業と政府の主張に阻まれてきたが、近年、韓国において新たな動きが起こっている。二〇〇四年三月、韓国では「強制動員被害真相究明特別法」が制定された。同法には個人の補償については盛り込まれていないが、植民地支配下での強制連行の実態解明を図るために、被害者本人や遺族からの被害申告の受付を行うことを定めた。名古屋三菱朝鮮女子挺身隊訴訟の原告の一部も被害を申告した。

加えて、日本政府と企業を訴える裁判が韓国で起こっている。二〇一二年五月に韓国大法院（最高裁）は、三菱重工と新日鉄を被告とする強制連行訴訟で、一九六五年の日韓請求権協定によって個人の請求権は消滅しなかったとし、被害者原告の請求を棄却した一審、二審判決を破棄し差し戻す判決を出した。これを受けて光州地裁は、二〇一三年一一月、元挺身隊員の韓国人女性と遺族五人が三菱重工業に対して賠償請求を求めた訴訟で、原告の訴えを認め、同社に賠償金の支払いを命じた。判決文のなかで、日韓請求権協定で韓国人の個人請求権は消滅したとする三菱重工側の訴えは、「韓国の憲法価値に真っ向から反する」として退けた。この裁判は光州高裁に控訴され、二〇一五年六月に原告らの個人請求権を認めた一審判決と同様の判断が下された。三菱重工側は上告する方針を示している（二〇一五年六月末現在）。元勤労挺身隊の女性たちに対する個人の賠償請求の問題は依然として決着がついていない。

日本政府は朝鮮への侵略戦争や植民地支配以外にも、朝鮮人を動員し犠牲にしたことの誤りを認めておらず、公式に謝罪してもいない。朝鮮人労務者を雇用したのは、現在でも事業を行っている財閥系の大企業である。これらの企業は被害者個人対する直接の責任を果たし、被害の救済と補償にあたるべきではないか。そして、帝国主義による侵略を賛美するような歴史認識を正すために、日本政府のみならず、一般の市民も日本が過去に犯した過ちと向き合う必要がある。正当な補償を実現し、両国市民が共有する歴史認識を形成するためにも、朝鮮人戦時動員の歴史的事実を調査し、記録に残す作業を次の世代へと継承していくことが求められている。

さらに、日本と国境がない北朝鮮と日本政府との間の戦後補償は未決着のままである。また、広島や長崎に連行されたために原爆によって死亡・被爆した三菱徴用工も多くいた。これら被爆者への補償の課題も残されている。

戦後に記憶を紡ぐ

強制連行先の名古屋での地震で娘や姉妹を失った朝鮮人家族には、肉親の死というだけでなく、その後も苦悩が待っていた。戦後一九六三年に東南海地震の犠牲者の名を刻んだプレートを三菱名航大江本社近くにある殉職碑に納めた際、地震と空爆によって死亡した朝鮮人犠牲者の名前は記されていなかった。それに対して遺族らが抗議の声を挙げたことにより、一九八八年一二月以降にようやく地震犠牲者六名の名がプレートに加えられることになった。この事実を発見し、きっかけを作ったのが、東南海地震による旧三菱名航道徳工場における犠牲者について調査・追悼しようとする市民の活動だった。戦争の悲劇を繰り返さないために、今まで陽の目を見ることがなかった太平洋戦争下の名古屋での被害の実態を発掘しようというのが活動の動機だった。

三菱重工殉職碑の犠牲者プレート　欠落していた「朝鮮女子勤労挺身隊」6名の名前が刻まれた。（筆者撮影）

こうして結成された調査追悼実行委員会が一九八八年に東南海地震・旧三菱名航道徳工場での犠牲者を追悼する記念碑を建立し、記念誌を発行した。調査委員会は、犠牲者の朝鮮人少女たちの本名を突きとめて韓国を訪れ、遺族を調べて道徳工場跡に設置された追悼碑の除幕式に招待した。同時に新聞社・テレビ局向けのマスコミ発表を行い、報道によって新たな証言者や日本人遺族が明らかになった。追悼記念碑と記念誌は、東南海地震による旧三菱名航道徳工場での朝鮮人少女の犠牲者を含む全犠牲者を悼むものとなった。記念誌には、当時三菱名航青年学校の元教師や寮長だった父とともに寮で暮らした人物による朝鮮人少女たちの名古屋での生活を記した文章も掲載され、犠牲者遺族と関係者の多様な記憶のかたちを収めている。

かつて三菱重工道徳工場があった場所は、その後日清紡績名古屋工場となり、二〇一二年にその工場が閉鎖された。その際、追悼記念碑は隣接する医療法人名南会・名南ふれあい病院内に移され、地震発生時刻の太陽に直面するように設置された。毎年一二月の震災の時期には、遺族や元職場の労働者、医療法人名南会、名古屋三菱・朝鮮女子勤労挺身隊訴訟を支援する会、地元市民らにより追悼式が行われている。記念碑には九条の会や日韓青年交流団などが訪れ、地域の歴史から世界の平和を考える場となっている。

おわりに

わたしたちがくらす地域の負の歴史に向かい合い、その遺産に学ぶことは、現在のわたしたちの生活や安寧が過去にこの地域で生きた人々の悲しみや苦しみの経験の上に成り立っていることを理解することである。そして、その経験からこれからわたしたちの地域をどんな社会にしたらよいのか考えるための手立てを得ることができる。名古屋の負の歴史と遺産の一つに、太平洋戦争下の朝鮮半島の人々の強制連行の問題があった。

強大な権力を有した植民地支配の中で抑圧された人々の強制連行の被害は、公的な記録が紛失したり、隠されたりしてしまえば、永久に知ることができない。被害者の多くはその体験の過酷さゆえに口を閉ざしがちである。被害の苦しみの中から、あるいは加害の自責の念から勇気をふりしぼって発言してくれた証言がわたしたちの空白だった過去を教えてくれる。朝鮮人強制連行の問題を通して過去の負の遺産を掘り起こす試みの意義について考えてみよう。そして、太平洋戦争の歴史と記憶を国民という枠組みのみで理解するのではなく、当時の名古屋に暮らしていた朝鮮人をはじめとする多様な人々の経験と残した声に耳を傾け、戦争が地域社会にもたらす問題を問い直してみよう。

〔主要参考文献〕
愛知県朝鮮人強制連行真相調査団『活動報告資料集』、一九九四年
伊藤孝司編著『〈証言〉従軍慰安婦・女子勤労挺身隊—強制連行された朝鮮人女性たち』風媒社、一九九二年

「韓国大法院判決（二〇一二年五月二四日）」高橋信氏所蔵資料
「証言する風景」刊行委員会『証言する風景・名古屋発』風媒社、一九九一年
朝鮮人強制連行真相調査団編著『朝鮮人強制連行調査の記録―中部・東海編』柏書房、一九九七年
東南海地震旧三菱名航道徳工場犠牲者調査追悼実行委員会『悲しみを繰り返さぬようにここに真実を刻む』、一九八八年
山川修平『人間の砦―元朝鮮女子勤労挺身隊・ある遺族との交流』三一書房、二〇〇八年

「ピンポン外交」と日中関係

村瀬 史憲 Murase Fuminori

名古屋テレビ放送（愛知県名古屋市）は愛知・岐阜・三重の三県を放送エリアとするローカルテレビ局である。名古屋テレビ報道局は二〇一二年年の開局五〇周年にあわせ、名古屋を舞台とした外交劇「ピンポン外交」の背景を紐解くスペシャル番組「銀球のメッセージ」を制作した。本稿は、その取材過程の中で明らかになった史実を「平和」という観点から再考するものである。

名古屋を舞台にした歴史ドラマ

名古屋城二の丸跡に愛知県体育館がある。この場所が、日本と中国が現在の外交関係を築く上で、重要な役割を果たした「舞台」であることは、あまり知られていない。

名古屋で第三十一回世界卓球選手権大会が開催されていた一九七一年の四月、愛知県体育館の前で、一つの握手が交わされた。卓球の中国代表選手である荘則棟と、アメリカ代表選手のグレン・コーワン選手の邂逅だ。私は、荘則棟本人、そして現場に居合わせた中国側通訳、周斌にその時の状況を直接聞いた。彼らの証言によると握手の機会は偶然訪れたという。現在の愛知県庁の向かい側にあった練習場から、試合会場である愛知県体育館に向かう際、コーワン選手が中国チーム専用のバスを、乗り合い式のバスと勘違いをして乗り込んだ。選手用のバスは基本的に「乗り合い」だったが、中国チームには警備上の理由から専用車が用意されていた。当時、東西冷戦下で中国とアメリカは敵対関係にあった。荘によると中国は文化大革命の最中で、自国の国民がアメリカ人と接触することを禁じていた。会話するだけでもスパイ容疑を掛けられる可能性すらあったという。バスに乗り込んだコーワンは、暫く入り口付近に立って、座席の方に背を向けていた。上着の背中には、大書きされた「ＵＳＡ」の文字。車内にはたちまち緊張が走ったという。コーワンの様子を、荘は最後尾の座席から見ていた。愛知県体育館に到着する直前、荘はコーワンに歩み寄り、握手を求めた。そしてかばんの中から、中国製の刺繍を取りだして贈った。荘は「アメリカ政府は中国に対して友好的ではないが、アメリカ国民は中国人民の良い友達です」と告げた。

カメラの前でアメリカ人選手と握手をして見せた荘則棟選手（提供：メ～テレ）

　実際の「歴史的握手」は移動中の車内だったため、その場面を記録した写真や映像は残されてない。しかし、中国チームのバスにアメリカ人の選手が乗り込むところを、数社の記者が目撃していた。連絡を受けた別の記者が、体育館でバスの到着を待ち受け、降りてきた二人に握手するよう求めた。二人は握手をしながら仲良くカメラに収まり、翌日の紙面で「米中が接近」と写真付きで大々的に報じられた。名古屋テレビは、バスの前で握手が交わされる様子を、唯一動画で撮影した。

荘がアメリカの代表選手と握手したことは、当初、中国内で評価が割れた。卓球代表団の団長として同行していた趙啓生は、周囲の反応などを見て「もうアメリカ人とは接触しないように」と自重を求めたという。荘とコーワンの握手が、世界的な話題となったのを好機と捉え、先に動いたのはアメリカだった。大会の終了後、カナダなど中国と既に国交を正常化していた国の代表団が、中国を訪問することになっていた。アメリカ代表団は、自分たちも訪中したいと申し出た。通訳の周斌によると、アメリカ側の要請は、直ちに北京に伝えられた。周恩来首相は当初、「時期尚早」と拒否する考えだったが、毛沢東が最終的に許可したという。

アメリカ代表団の訪中後、米中関係は国交の正常化に向けて大きく動き出す。同年七月に大統領補佐官のヘンリー・キッシンジャーが極秘に訪中し、ニクソン大統領が翌年に訪中すると電撃的に発表した。

そして一九七二年二月、ニクソン大統領が訪中し、毛沢東と会談。中華人民共和国の建国後、初の米中首脳が実現した。「米中」接近については、相互に思惑があったとの見方が有力だ。アメリカは泥沼化したベトナム戦争を収束させるため、北ベトナムを支援していた中国との対話する機会を探っていた。一方の中国は、ソ連と社会主義の路線を巡る対立から関係が悪化。国際社会から孤立し、国境を巡るソ連との対立が軍事衝突に発展するなど、緊迫した状態が続いていた。荘とコーワンの握手をきっかけとした一連の外交劇は「ピンポン外交」と呼ばれ、大規模な国際紛争を防ぐ役割を果たしたと荘は自負する。

中国の参加にこだわった後藤鉀二、原点は「戦争」だった

荘則棟とコーワンが握手した第三十一回世界卓球選手権大会は、準備の段階から波瀾に満ちていた。

世界選手権は隔年で開催され、一九七一年の第三十一回大会が名古屋で開催されることが決まると、当時日本卓球協会会長だった後藤鉀二愛知工業大学学長は中国（中華人民共和国）を参加させる道を模索した。中国は一九六一年に北京で開催された第二十六回大会で、個人戦、団体戦をほぼ「総なめ」にし、卓球大国の地位を築いていた。しかし日本と国交はなく、一九六六年に始まったプロレタリアート文化大革命、いわゆる「文革」で鎖国に近い状態となり、一九六七年、一九六九年の大会を欠場していた。後藤は「世界のチャンピオンである中国が参加しない世界選手権は、横綱がいない相撲と同じだ」と大会の成功に中国の出場が欠かせないと考えた。日中友好協会の村岡久平会長によると、後藤が中国の出場に向け動き出したのは一九七〇年の夏ごろだった。当時、村岡は日中文化交流協会の理事で、中国と公式の連絡ルートを持つ限られた日本

人の一人だった。中国を説得する方法について後藤から相談を受けた村岡は、一九七〇年十月半ば、後藤の訪中を認めるよう中国に要請する。しかし中国は、後藤が会長を勤めるアジア卓球連盟に中国が加盟しておらず、台湾が加盟していることを問題視した。中国からは「台湾の扱いをどう考えるのか」という問い合わせが数回あっただけで、訪中の許可については年を越しても明確な返答がなく、後藤は気を揉んだという。

村岡のもとに中国から「訪中の準備を」と連絡が入ったのは一九七一年一月十五日。後藤らは直ちに準備を始め、一週間後の一月二十三日に出発することが決まった。当時、日本人が公式に訪中することは極めて稀であり、物議を醸す事柄だった。日本国内では、北京の共産党政権よりも台湾との関係を重要視すべきという意見と、中国と早期に国交を結ぶべきという意見とで世論が二分されていた。当時の佐藤栄作政権は台湾との関係を重視していた。後藤が中国に世界卓球への出場を要請する意向であることが報道で伝えられると、後藤は脅迫行為を受けるようになる。右翼の男が日本刀を持って後藤の自宅に侵入し、逮捕される事件も起きた。名古屋に中国を呼ぶことは正に「命懸け」の取り組みだったと言える。

なぜ後藤は中国の出場にこだわったのか。後藤は日中戦争中、旧日本軍の兵士として中国の地を踏んでいた。後藤は一九三七（昭和十二）年、名古屋に司令部を置く第三師団から予備役召集を受け、豊橋工兵第三連隊に入隊。戦地で通信部隊の資材を運搬する分隊の分隊長として同年九月十二日、太沽港から中国に上陸した。主な任務は山西省の太原・大同間の通信手段の確保・保守だった。『後藤鉀二先生追想録』に記載された戦争中の部下の記述によると、後藤は日中戦争について当初から否定論者であり、「日本が一番近い中国の国民と血を流しあい殺し合って何の得がある。こんな戦争は一日も早く講和しなければならない、自分には世界平和のためにやらなければならない仕事が待っているので絶対に生きて帰るのだ」と常々、語っていたという。愛工大で後藤の秘書を勤めた小田悠祐によると、文化大革命等の影響で国際社会から孤立していた中国に対し、後藤には次のような思いがあったという。「中国で従軍していた時に、後藤先生の目で中国の惨状を見て、戦争とはいえ、大変中国の人たちに辛い思いをさせ、迷惑を掛けたということを卓球大会よりも以前から言っていた。後藤先生としてはこの機会に何らかの形で中国が国際社会に加わって欲しいという思いが本当に強かったと思う」。侵略戦争に対する贖罪の意識が、後藤が中国の招請にこだわった大きな理由の一つだった。

「命がけ」だった後藤の訪中

中国に第三十一回世界卓球選手権への出場を要請するため、後藤は一九七一年一月二十四日から同四日にかけて中国を訪問した。右翼の妨害を避けるため、後藤の訪中は秘密裏に進められた。名古屋から羽田空港に向かう際、名古屋駅での見送りは家族にとどめた。後藤は、ハンチングに眼鏡、マスク姿と変装までしていた。同行者は秘書の小田悠祐、日中文化交流協会事務局次長の村岡久平、日本卓球協会常任理事の森武の３人だった。まだ国交がなかった時代、中国に直接入国することはできず、ルートは当時イギリス領だった香港経由しかなかった。羽田空港から香港に飛んだ一行は、中国との国境の町、羅湖から橋を渡って入境、中国の深圳に入った。小田悠祐の日記によると、道中至るところに共産党のシンボルである紅い旗がなびき、壁という壁に「美（アメリカ）帝国主義打倒」、「日本軍国主義打倒」といった政治スローガンが書かれていたという。一行は特別列車で広州に向かい、広州から空路で北京に入った。

世界卓球への参加を巡る協議は二十七日に始まった。当時、中国政府は、中国との交流を求める日本の団体や個人にその条件として、三つの原則を厳守するよう求めた。「中国人民を敵視しない」、「二つの中国を作らない」「日中の関係改善を妨げない」、いわゆる「政治三原則」だ。「二つの中国を作らない」とは、台湾を中国の一部と認め、独立した国家・政府として認めてはならない、というものだ。当時の日本政府は台湾の国民党政府を中国政府としていたが、後藤は訪中前から政治三原則を受け入れる決心をしていた。中国側は後藤の姿勢を評価したが、大会参加の合意文書に記載する文言を巡り話し合いは難航した。小田によると、中国側は、台湾を示す言葉として「蔣傀儡政権」、「蔣一派をアジア卓球連盟から追放」などの表現を使うよう求めた。日本政府の補助を受けて開催される世界卓球の公式文書に、政府の見解に反する文言を盛り込めるはずはなく、後藤は苦悩のあまりホテルの部屋に閉じこもったという。しかし後日、中国側が態度を軟化させ、後藤が会長を勤めるアジア卓球連盟から台湾を廃除することで話は決着した。中華人民共和国が国際卓球連盟に加盟しており、規約を順守すればば台湾にはアジア卓球連盟

名古屋大会参加が決まり、後藤と会見した周恩来

に加わる権限がないことになる。この点を突く表現で合意した。中国側が態度を軟化させた理由は周恩来の指示だったという。会談の通訳を務めた周斌によると、周恩来は「後藤先生は命がけで中国に来た。政治家ではない後藤先生を政治問題で困らせるとは何事か」と関係者を叱責したという。

中国の参加を取り付けた後藤は二月九日に帰国。羽田で約二百人の報道陣に囲まれた。文字、宗教など文化の多くを共有し、「一衣帯水」の関係にありながら、日本は終戦後、中国と国交を持たなかった。知られざる隣国への関心は高く、日本国内で中国との関係改善を求める風潮が高まっていた。「世界卓球に中国参加」のニュースは、国交正常化が遠くないことを国民に感じさせたに違いない。その一方で、後藤には帰国した直後の羽田空港から愛知県警のＳＰが付き、世界卓球が開幕するまで警護にあたった。

異例の大代表団、狙いは「日中国交」

中国が第三十一回世界卓球選手権に出場することが決まると、中国の首相、周恩来は名古屋に派遣する代表団の人選に入った。選手が男女合わせて二十人余りだったにも関わらず、発表さ

中国が派遣した卓球代表団　多くが外交関係者だった

れた代表団は、総勢六十人にのぼる異例の「大代表団」となった。代表団の人員構成で特筆すべきは、中国外交部（外務省）の要人や通訳が多数含まれていたことだ。副団長には外交部アジア局次長・王暁雲が選ばれ、日本語通訳は王效賢、周斌、唐家璇といった首脳付きの精鋭が集められた。

中でも王暁雲は、国交正常化前に向けて周恩来が対日工作を進めるため、廖承志をトップに知日派を組織した「日本組」のメンバーだった。王暁雲の通訳として同行した王效賢は、王暁雲が卓球大会への参加とは全く異なる任務を周恩来から直接与えられていたと証言する。「任務は卓球よりも日本の政界、財界の指導者と接触して、国交正常化の地均しをしてくることでした」。名古屋での世界卓球選手権は、中国の荘則棟とアメリカのグレン・コーワンが交わした握手をきっかけに米中関係の扉が開かれた「ピンポン外交」の舞台として知られている。しかし、当時の中国がより明確に意図していたのは、卓球大会を好機とした日中関係の改善だった。

王暁雲は世界卓球が始まると大会の会場を離れ、政財界の要人と接触をした。中でも重視したのは、国交正常化を求めていた社会党など野党ではなく、与党自民党の国会議員との接触だった。中国は当時の佐藤栄作政権が台湾を重視し、中国との国交樹立に極めて消極的であることから、次世代の自民党幹部に期待を寄せていた。中国側の記録によると、世界卓球で中国代表団が日本に滞在した期間中、王暁雲は三木武夫、中曽根康弘、大平正芳と会談している。この三人は、それぞれが派閥の領袖であり、佐藤栄作の次の総理の座を巡り田中角栄と福田赳夫が争った、いわゆる「角福戦争」では、最終的に揃って田中支持に回った。王暁雲は中曽根について「それまで日本の軍国主義復活といえば必ずと言っていいほど中曽根先生の名前が出ていました。しかし、お会いした時は違った」と会談時を回顧する。対する中曽根は「私はもう中国と国交を結ぶべきと考えていた。国家というものの運命を決める意味において、今までの小さな節義に囚われない、大きな運命を開く方向に日本は行った方がいいと考えていた」と振り返る。王暁雲はこのほかにも、公明党委員長だった竹入義勝とも福岡で極秘裏に会談している（四月十七日）。竹入は、後に田中が国交正常化交渉で訪中すべきかを逡巡していた時に、事前に中国側の意向を確かめ、田中の決断を促す「露払い」の役割を果たした。

キーマン大平正芳との極秘会談

王暁雲の通訳を務めた王效賢によれば、会った自民党の政治家の中で、最も印象に残ったのは大平正芳だったという。大平は池田隼人が作った派閥、宏池会を受け継いだばかりで、慎重な性格と相まって、中国との国交正常化については消極的という印象すら持たれていた。会談は六本木の料亭で行われた。王暁雲と大平とのやり取りは、言葉少なに進んだという。「二人とも無口な方なんですよ。通訳をしていて言葉は少ないけれども両方の誠意っていうのがよく分かりました。日本側の紳士的な考え方が分かり、帰国後、周恩来総理に直接、報告しました」と王暁雲は語る。

一方の大平は、中国との関係改善をどう考えていたのか。大平の長女の夫で、大平の秘書を勤めた元衆議院議員、森田一は、大平は中国と関係改善を内心で強く望んでいたと語る。「一九六四年に外務委員会で社会党の質問に対して、中国が世界各国から祝福されて国連に加盟するような状態になったら日本も国交正常化を真剣に考えなければいかんと答弁して以来、正常化をどういうタイミングで、どういう手順でやるかを毎日考えていた」。大平は中国との国交正常化に「熱烈な思い」を持っていたという。

大平の「原点」もまた戦争だった。森田の証言、「大蔵省に入って間もなく興亜院に出向させられて、張家口という片田舎に派遣され、そこで軍部の横暴な状態を見て、中国人民に対して申し訳ないという気持ちを強く抱いて帰ってきた。それが根底にある」。（※）一九三七年七月七日の盧溝橋事件に端を発する日中戦争は、中国全土に拡大し、占領地の統治を巡って軍部と外務省が主導権を争っていた。外交を除く中国各地での占領政策の立案、執行機構として設立されたのが興亜院だった。大蔵官僚だった大平は一九三九年六月から興亜院に出向。単身で張家口へ赴任し経済課長などを勤めた。張家口がある地域は当時「蒙彊」と呼ばれ、日本の占領下で「蒙古連合自治政府」が成立。地下資源やアヘンなどを輸出し、その金で輸入品を購入する「貿易」を行っていた。大平は諸会社の事業内容を分析し計画の立案などを担当していたという。一年半に渡る任期中に「素朴ながらも国家の原型のようなものを学ぶよい機会だった」と大平は後に述べている。張家口には関東軍の駐蒙軍司令部が置かれていた。軍部の横暴ぶりを目の当たりにした大平は軍のみならず、「軍の権能を利用し追従する役人や民間人」に強い嫌悪を抱いていたとみられる（※以下「大平正芳回顧録―伝記編」から抜粋）。

一九七一年四月に、大平が中国側と接触したという明確な記録は日本側には残されていない。二〇一二年のインタビューで森田は「（大平と王の会談は）初めて聞いた。事実だとしたら大平が中国側と接触した初めての機会」と語っている。この時期に大平が中国側と接触した可能性を示す資料がある。大平正芳記念財団が二〇一二年に一部を公開した「大平正芳の手帳」に興味深い記述がある。スケジュール帳を兼ねて大平自身が使っていた一九七一年の黒革の手帳。王暁雲との会談があったとされる四月二十三日にそれと認められる記述はない。しかし数頁を繰ると、懸案事項を列挙したメモがあり、その中に次のような記述がある。「中国問題―急グベシ、中国ハ私ヲ求メテオル」。中国が大平に国交正常化の実現に向けて動くことを求め、その期待を大平が受け止めた覚悟の表れと読み解くこともできる。森田によれば「接触していたとしても決して外部に知られたくない、という立場だった。勇み足で国交正常化が阻害されることを非常に用心していた時期」だったという。大平が意図的に記録を残さなかったとしても、矛盾はないということになる。

政界よりも一年早く「正常化」した経済界

世界卓球選手権のために来日した中国代表団は、大会が終了した後も約一カ月間日本に滞在し、各地で交流活動を行った。「日中国交正常化に向けた地均し」という周恩来の密命を帯びていた副団長、王暁雲が日本滞在中に接触した日本人は数百人に上ったとも言われている。会ったのは政治家だけではない。財界の要人とも積極的に会談を持った。当時、日中間に国交はなかったが、民間レベルでは限定的な貿易が行われていた。一九六二年に廖承志と高碕達之助が「覚書」を交わして始まった民間の貿易だ。両氏の頭文字を取って「LT貿易」と呼ばれる。当時の中国の人口は七億人とも八億人とも言われ、高度経済成長を続ける日本にとって、「未開」の中国市場は正に垂涎の的だった。

財界で王暁雲といち早く接触したのは今里広記だった。経済同友会の立ち上げに参加した今里は当時、日本精工社長で、政財界に張り巡らした幅広い人脈から「財界の官房長官」と呼ばれていだ。

政府や経団連が台湾重視の方針を取る中、今里は卓球代表団の来日を中国と関係を結ぶ好機と捉え、王暁雲と会談する場を設けた。仲介したのは関西国際貿易促進協会専務理事、木村一三だった。今里が会場に指定したのは名古屋の老舗料亭「河文」だった。名古屋を選んだのは、中国との接触を周辺に悟られないようにするためだった。今里もまた、中国との関係改善に前向きであることが世間に知られると、右翼に自宅を放火されるなど悪質な嫌がらせを受けていた。河文で行われた会談でのやり取りについて、今里は自著「私の財界交友録」の中で次のように回想している。

初めて顔を合わせたにしては会談は最初から打ちとけた雰囲気で進められた。（中略）私はズバリ、本題について切り出した。「王さん、私たちは従来の中国に対する見方を変えなければならない時期にきていると思っています。日本とは、体制の違う社会主義国家だから相容れないんだという先入観は捨て去るべきだと考えています。（中略）東京の財界でも、中国との交流を真剣に望む声が強くなってきています」率直に、私は日本の財界の声を伝えていった。王暁雲氏も、しきりに私の話にうなずいていた。

「河文会談」で好感触を得た今里は、経済同友会代表幹事の木川田一隆（元東京電力社長）と会い、東京で王暁雲と会うことを勧める。こうして一九七一年四月二十四日、東京のホテルオークラで木川田・王暁雲会談が実現。東京の財界人が中国を訪問することで一致した。

同年十一月、木川田の呼びかけで結成された「東京経済人訪中団」が北京に渡り、周恩来らと会談した。特筆すべきは訪中団の中に、新日鉄会長の永野重雄が含まれていたことだ。当時、日刊工業新聞の記者で今里など財界のトップを取材していた松本明男は永野が参加した意味を次のように分析する。「永野さんは財界で台湾派のリーダー格のような存在だった。その永野さんが土壇場で訪中団に加わった。これを契機にして日本の財界の主軸を占める主要企業が台湾を捨て、中国に鞍替えする『ドミノ現象』が起きた。日本の財界は政治よりも一年早く中国と『国交正常化』したことになる」。

木川田が四月に王暁雲と会ってから、十一月に訪中するまでの間には、アメリカのニクソン大統領の訪中発表（七月）や、中国の国連代表権獲得（十月）があったことも、財界の「ドミノ現象」を誘発する要因になっていると考えられる。しかし、今里の「河文会談」が関東財界を揺さぶり、翌年一九七二年の国交正常化に繋がる「布石」となったことは否めない。

ピンポン外交が示唆する平和への道

一九七二年九月二九日、北京の天安門広場に面する人民大会堂、東ホールで日本の総理大臣・田中角栄と中国の首相・周恩来が日中共同声明に署名。その場で激しいまでの固い握手を交わした。日中国交正常化が果たされた瞬間だった。正式な国交は一九七八年の日中平和友好条約の締結を待つことになるが、共同声明調印後の記者会見で日本の外務大臣・大平正芳が「きょうから国交が始まる」と述べている通り、事実上の国交は一九七二年九月末を以って始まったと言えるだろう。台湾問題や尖閣諸島の領有問題など、懸案を残したまま、「見切り発車」的な国交正常化となったが、「一刻も早く中国と関係改善を」という多くの国民の声が田中の決断を促した結果と言える。

東京の財界が動き出したことで政界も「日中国交正常化」へ

名古屋の世界卓球に中国を招請した後藤鉀二、田中角栄の盟友であり外務大臣として国交正常化交渉を仕切った大平正芳、そして田中角栄といった日中友好の「キーマン」が、旧日本軍の兵士、あるいは官僚として中国大陸への侵略に加担していたことは興味深い事実だ。一方、日本との国交正常化を進めるにあたって中国は、侵略戦争の被害者である中国国民に、日本国民と日本帝国主義を分離して考える「二分論」を国の原則として示し、強制的に反論を封じた。それが後々まで中国国民の心底に反日感情の火種を残す結果になった、という指摘もある。

国交正常化交渉を終え、上海経由で帰国する飛行機の中で、大平は将来の日中関係を見越して不安を口にしていた。同行していた森田一は、次のような言葉を聞いていた。「国交は実現して良かった、良かったんだけれど、三〇年、四〇年経ったら、日本は大変だと思う。中国はとんでもない大国になるだろうから」。

大平の「予言」は現実になりつつある。しかし国交正常化からの四十数年で日本も中国も目覚ましい発展を遂げた。第一次安倍政権と胡錦涛政権が掲げた「戦略的互恵関係」は、それ以前から始まり、既に多くの成果を上げている。綿々と続く日中関係が戦争状態に陥れば、双方に不利益が生じ、関係が良好であれば、双方が利益を享受する、相互依存、更に言えば、「融合した関係」にあるのが日本と中国ではなかろうか。

新たな記念碑の建設

日中貿易は両国の経済活動にとって不可欠なものとなっている。更に民間交流の面で近年顕著になっているのが往来する観光客の増加だ。日本政府は観光庁主導で外国人観光客の誘致を国策としている。最大の誘致先として期待されているのが中国、台湾といった中華圏だ。国交省の中部運輸局と、中部財界、中国名古屋総領事館が中心となって二〇一一年に「昇龍道プロジェクト」が立ち上がった。これは能登半島を「龍」の頭に見立て、愛知県を玄関口に中部地方を南北に縦断する観光ルートを開発しようという試みだ。中華圏からの観光客は年々増加しているが、その多くは新幹線を使って東京—京都—大阪間を東西に移動するルート、いわゆる「ゴールデンルート」を利用する。しかし名古屋は「素通り」される傾向が強かった。昇龍道プロジェクトは、外国からの観光客に、名古屋で途中下車をしてもらうか、中部国際空港を利用してもらい、

ピンポン外交記念碑

三重・愛知・岐阜・長野・石川・福井・富山県の観光地に誘致することを狙っている。

名古屋には、中国人に対して遡及力のある観光地が少ない。そこで、中国人に知名度のある「ピンポン外交」を活用しようというアイデアが持ち上がっている。一九七一年の世界卓球で、中国代表の荘則棟がアメリカ代表のグレン・コーワンと握手し、対米関係改善の糸口を作ったいわゆる「ピンポン外交」を顕彰するモニュメントを愛知県体育館に設置するという案だ。日本ではあまり知られていないピンポン外交だが、中国では教科書に記載があるなど、一般にも広く知られている歴史的出来事だ。二〇一四年に愛知県の大村知事がモニュメント建設の検討を始めると表明。具体的な内容を話し合う検討委員会が組織された。愛知県は二〇一五年度の予算に「設置費用」として約二千万円を計上し、翌二〇一四年の十一月議会で承認された。翌年五月、愛知県体育館の西側外壁にモニュメントは完成。除幕式には中国の駐日本大使やアメリカの駐名古屋総領事らが招かれた。名古屋を拠点に日中の民間交流を続ける市民団体などは、中国人向けの観光スポットとしてだけでなく、また「ピンポン外交」の意義を日本の国内外に広めるきっかけになることを期待している。昇龍道と「ピンポン外交の記念碑」の連携がもたらす効果は経済面に止まらない。市民団体の中には、観光や記念碑の設置を、名古屋と中国の人的交流の端緒とし、新たな民間交流の可能性を模索するグループも登場している。いわば「現代版ピンポン外交」だ。

嫌中感情・反日感情を、政権維持という「その場しのぎ」のために、狭量なナショナリズム高揚の道具にすることが如何に愚かか。名古屋を舞台にした「ピンポン外交」を繙《ひもと》くことで、見えてくるのではなかろうか。

〔引用文献〕
「ピンポン外交の回想」（中央文献出版社、王效賢）
「大平正芳回顧録—伝記編」（大平正芳記念財団）
「後藤鉀二先生追想録」（名古屋電気学園）
「私の財界交友録」（サンケイ出版、今里広記）
名古屋テレビ放送　開局五十周年記念番組「銀球のメッセージ」取材ノート

column

南京市と私

【南京市との出会い】

一九九六年、縁あって私は安徽省蕪湖市の淑文中学に日本語教師として赴任した。生徒は日本では中学一年生から高校三年生までに当たる一〇〇〇人。教職員も一〇〇人。蕪湖市から揚子江を上海に向けて下ると、車では二時間の距離に南京市がある。二年間の勤務で最も忘れられないのは、南京虐殺記念館に生徒達を観光バスを連ねて引率したことである。

赴任二年目。吉林省東北師範大学に留学経験のある私の長男も日本語教師として加わった。任期を終える時、二人で父の中国従軍の戦跡を訪ねる旅をした。長男が小学六年生の時、学校の宿題で出た問題をそのまま「おじいちゃん、戦争はどうしておきるの?」とぶつけたのがきっかけで、孫への答えとして、一九三七年八月一九日に名古屋城の敷地にあった歩兵第六連隊から出陣して一九四二年四月に名古屋に帰還するまでの凄惨な体験をありのままに綴っていた。舟で揚子江を武漢まで遡り、列車で北上して父の五年間の駐屯地「馬坪」という山間の村に立った時の深い哀しみの記憶は今も鮮明だ。

【紫金草物語】

紫金草

一九九九年一〇月、私は北京の中国国際放送局日本語部に赴任した。ある日、日本の友人から一冊の絵本が届いた。「むらさき花だいこん」（大門高子　作・松永禎郎　絵）だ。一九三九年、旧日本陸軍衛生材料廠の山口誠太郎廠長が南京市を視察で訪れた。南京大虐殺直後の廃墟の中で清楚に咲く紫色の花に心うたれ、戦争の贖罪と鎮魂、平和への願いにしようとその種子を日本に持ち帰った。紫金山の麓に咲いていたことから「紫金草」と名付け、平和の花として日本全国に広め、子息の裕氏にも引き継がれた。一九九九年に日本でこの花物語の組曲を歌う「紫金草合唱団」が結成された。二〇〇一年三月、二〇〇人の合唱団員が、南京市の青春劇場で初めての公演をするという情報が入った。

私は同僚の王さんと早速取材に行き、成り行きで南京の女優さんとペアで司会をした。公演には南京大虐殺の幸存者夏淑琴さんや李秀英さんも来られ、紫金草の造花を手に、こぼれるような笑顔を見せてくださった。大成功である。以後二〇一五年の今日に至るまで、毎年のように紫金草合唱団は南京を訪れて、南京市民と不変の友情を築き上げた。二〇一五年現在、日本全国に紫金草合唱団員はサポーターを含めて一〇〇〇人いる。

私は北京で、この物語を全国に知らせねばと決意した。二〇〇一年一二月に七〇名の合唱団員が日本から駆けつけ、中国国際放送局開局六〇周年記念行事に組み込まれて演奏した。その後中央テレビの人気討論番

女優さんと司会

組「実話実説」に「我的父親」というテーマで、日本から三人が招かれた。父親が中国戦線に参加した私。父親が「紫金草」を世界に広めた山口裕氏。父親が反戦を訴え投獄され、思想改造されたあげくに兵士として中国戦線に送られた歌手のまのあけみさんだ。五月一日の収録後、有名な司会者の崔永元さんは「私の生涯で最もすばらしいメーデーになった」と涙ぐんでいた。放送は七月七日であった。

　こうして紫金草物語は中国の人々に知られるようになり、江蘇省の小学五年の社会科教科書に採用されるまでになった。帰国後、私は小学校や地域のサークルの平和や人権学習の講演に招かれることが多くなり、必ず紫金草物語を紹介している。

【河村名古屋市長発言】

　二〇一二年二月二〇日。河村名古屋市長が南京市からの訪日代表団に向かって「通常の戦闘はあって残念だが、南京事件はなかったのではないか」と発言、緊張が走った。

　私たち心痛めた市民は、「河村市長南京発言を検証する緊急市民集会」を開き、南京や日本で兵士たちから聞き取り調査を丹念にしている方々や、九〇歳を超える生き残り兵士の方の証言をじかに聞き、研究者の講演会も数度開催した。昨年一二月には、南京市から夏淑琴さんを招いて証言集会もした。夏さんにマイクを

向けて、同朋高校放送部員たちが取材していた真剣な姿が心に残った

【名古屋南京友好都市三五周年記念音楽会】

どうしたらいいのだろう…。私達は「ぞうれっしゃがやってきた」の作曲者藤村記一郎さんに相談した。戦争中に日本各地の動物園の動物たちが処分されたため、名古屋市営東山動物園に唯一残されていた象を見たいと願う子どもたちのために、一九四九年に、各地と名古屋の間を走った特別列車の物語の作曲者だ。この合唱団も南京市での公演を経て友情を紡いで来た。「子どもの幸せと平和を願う合唱団」に共催の了解を得、交流出演を地元の合唱団や中国の演奏家にお願いした。二〇一三年一月五日。名古屋市女性会館に満員の御客様。紫金草合唱団員は全国から九〇人が駆けつけ、コンサートは無事終了した。市長の姿はなかったが、客席の駐名古屋中国総領事館の総領事夫人は、心から感動したことを何度も私に伝えてくださった。こんなに率直に過去を詫び、平和を願う日本人が大勢いることを初めて知ったと。

「戦争は嫌。平和がいい」と誰もが言う。その心を発信することの大切さ、一人一人のその心の結集でしか平和は保てないこともしみじみ分かった。これからも春の野に咲く紫金草の物語を南京市との友情のシンボルとして、私は世界の人に伝えていきたいと思っている。

（フリーアナウンサー　坂東弘美）

チャールズ・オーバービーと日本国憲法第九条

鈴木 桃子 Suzuki Momoko

二〇一四年五月一〇日の午後、私は友人が運転する車に揺られながら、オハイオ州南東部に位置する小さな町アセンズに向かっていた。友人の実家があるエリー湖のほとりの町トリードから、州都コロンバスを経由し、約五時間の長旅だ。車窓から外をのぞくと、空と畑とハイウェイに沿って巨大な広告看板が延々と続いている。「ああ、アメリカって広いなあ」と、月並みな感想を浮かべながら、どこまでも途切れない地平線を眺めていた。

なぜアセンズに向かっていたのか。そこにどうしても会ってみたい人がいたからだ。その人の名前はチャールズ・オーバービーさん。彼は「第9条の会・アメリカ」の創始者として、非暴力による世界平和を目指してアメリカ国内外で活動をしてきた。そもそもオーバービーさんは、なぜ平和活動に取り組もうと思ったのか。なぜ、日本国憲法第九条に強い関心をもったのか。もっと素朴に、オーバービーさんが平和の問題を考え続けるモチベーションを私はどうしても知りた

オーバービーさんと筆者
（2014年5月10日）

かった。当時、私は二〇一三年八月から九か月の予定でアメリカ・ペンシルバニア州の大学に留学しており、オーバービーさんに会う絶好のチャンスでもあった。「会いに行くなら今しかない！」

アセンズは約二万の人口を抱える、一八〇四年創立のオハイオ大学のもとで栄える歴史ある町だ。オーバービーさんは町の中心部から少し離れた閑静なエリアに、夫婦二人で暮らしている。両脇を木々に覆われた曲がりくねった山道を進みながら、郵便ポストに書かれた彼の住所の番地を見つけ、その敷地へ入っていく。すると小さな車庫兼倉庫と白壁の簡素な住宅が現れる。玄関付近には無造作に一輪車や工具、薪の束が置かれている。ドキドキと高鳴る胸を掌でおさえながら、もう片方の手で思い切って玄関のチャイムを押したが、返事がない。何度かチャイムを押し直すと、「ああ、あなたが日本から来た学生さんかい？」と、背の高い男性が現れた。なぜか私のことを男性と勘違いしていたオーバービーさんは、女子大生が現れたことに驚きを隠せない様子だった。「ああ、モモコか！コが付いているのは女の子の名前だよね。今気付いたよ、悪かったねえ」と朗らかに笑いながら、私を居間へと案内した。きっと真冬には冷え込むのだろう、大きな暖炉の前に二つのロッキングチェアが並べられている。私はオーバービーさんに促されるまま奥さま用の椅子に腰かけ、和やかな雰囲気の中、二時間ほどお話を伺った。

「聡明な技術者」を志す

チャールズ・オーバービーさんは、一九二六年三月一八日に、モンタナ州キャスケードに住むノルウェー系移民家族の六人兄弟の次男として誕生した。一九三〇年代の大恐慌期と重なる少年時代は、モンタナ州レッドストーンという小さな町で過ごした。幼いころから空を飛ぶことに興味があった彼は、一九四三年に一七歳でアメリカ空軍に志願し、翌四四年に操縦士の訓練を受けるために現役入隊した。第二次世界大戦に参加はしなかったが、この戦争が終結したときはB29の機関砲手養成所に在籍していた。もしも戦争が長引いていたら、日本の都市を焼き払うB29爆撃隊の一員になっていたかもしれなかった。「幸運にも私はあなたの家族を殺さずに済んだ。」オーバービーさんは私の目をじっと見つめ、真剣な顔でそう付け加えた。

戦後は軍の奨学制度を利用して、ミネソタ大学で機械工学を専攻した。一九五〇年六月の卒業直後に朝鮮戦争が勃発し、心ならずも現役に呼び戻され、パイロットとしての訓練をうけた。そして一九五一年から五三年まで、B29の副操縦士として朝鮮戦争に参加した。当時二五歳だったオーバービーさんは、沖縄・嘉手納基地から三日に一度のペースで北朝鮮へ飛び、暗闇のなか爆弾を投下した。一機あたり約一〇トンの爆弾を落とす作戦に二〇回ほど参加した。

当時の自分は機械工学の技術以外なにも知らない、無知な技術者だったのだよ。学んだ技術が現実社会でどのように使われているのかなんて、考えたことがなかった。

八八歳のオーバービーさんはとても悲しそうな声で私につぶやいた。二〇一三年秋に腰に大きな怪我をして以来、体調は万全とは言えないが、私の拙い英語での質問にも、補聴器の電池を何度も入れ替えながら、快くはきはきと答えてくださっていた。だが、朝鮮戦争での任務を終え帰国してからの数年間の話をするときだけは、オーバービーさんの表情が曇り口数も少なくなった。除隊後の数年間、オーバービーさんは自分自身の居場所を見つけられず、さまよい続ける日々を送った。当時は自覚が無かったにせよ、はるか上空から自分が行った空爆で、たくさんの無抵抗の人々が犠牲になった。そのことに対して、後悔や罪悪感、うしろめたさを抱いたに違いない。当時の気持ちについて重ねて尋ねてみたが、静かに「空虚な心で放浪していた」と答えるだけであった。その胸中の苦しみを私は計り知りえない。

そんな失意の底からオーバービーさんを救ったのは学問だった。大学院に進学した彼は、機械工学にとどまらず、経済学、政治学、哲学など幅広い分野を学んだ。社会に対する無知が原因で過ちを犯してしまったことを自省し、「聡明な技術者」になろうと決心したのだ。

オーバービーさんはとても強い口調で、同業者である技術者の姿勢を批判する。技術者は基本的に権力を支持し、上司の命令には素直に従って疑問を抱かない。実際には彼らが開発した科学技術が暴力の道具として利用されることで、自然や人々を苦しめているにも関わらず、その事実から目を逸らし気付こうとしない、とオーバービーさんは指摘する。彼が誠意と熱意に溢れた技術者であり、かつ自分の過去から顔を背けず向き合ってきたからこそ、技術者の不誠実な態度にいらだちを隠せなかったのだろう。

オーバービーさんはオハイオ大学工学部の教授として、資源を節約し汚染物質を出さない省エネ技術の開発に尽力し続けた。燃費の悪い戦闘機や重油を垂れ流して自然を汚す軍事基地の実態を、かつて自身の従軍経験の中で目の当たりにし、戦争は資源の無駄遣いと確信したためである。無意識のうちに暴力行為に加担してしまうことの恐ろしさを身をもって経験したオーバービーさんは、生涯を通じて戦争と平和について考え抜くことを決意したのである。

第九条との出会い

一九八一年はオーバービーさんにとって大きな転機の年であった。この年にオーバービーさんは勤務校の協定校である中部大学の招きで訪日を果たす。この時期、オーバービーさんは二つの大切な出会いを経験した。

日本に渡る前、オーバービーさんは日本での暮らしに備え、オハイオ大学で日本史の講義を受講した。そこで初めて知ったのが日本国憲法第九条の存在であった。

Article 9

Aspiring sincerely to an international peace based on justice and order, the Japanese people forever renounce war as a sovereign right of the nation and the threat or use of force as means of settling international disputes.

In order to accomplish the aim of the preceding paragraph, land, sea, and air forces, as well as other war potential, will never be maintained. The right of belligerency of the state will not be recognized.

日本国憲法第九条

日本国民は、正義と秩序を基調とする国際平和を誠実に希求し、国権の発動たる戦争と、武力による威嚇又は武力の行使は、国際紛争を解決する手段としては、永久にこれを放棄する。

前項の目的を達するため、陸海空軍その他の戦力は、これを保持しない。国の交戦権は、これを認めない。

オーバービーさんは「これこそ、私がずっと探してきたものだった！」と当時の感動を思い出し、頬を緩めた。当時のアメリカはレーガン政権下で、ソ連との軍拡競争や中米諸国への軍事介入など力を誇示する外交姿勢を強めていた。そんなアメリカに辟易しながらも、自らの非戦の信念を貫いていたオーバービーさんにとって、第九条が示す価値観は、自分の心の内を代弁していると感じたに違いない。

この年、生涯を通じての友人となる勝守寛さんとも出会った。勝守さんは当時中部大学の物理学教授であり、中部大学とオハイオ大学の姉妹校提携の交渉を務めた人物だ。勝守さんはノーベル賞受賞者で核物理学者の湯川秀樹さんとも交流があり、彼から核廃絶運動や科学技術の平和利用について学んでいた。勝守さん自身、一九四五年の名古屋空襲で父親を失った戦時体験から、戦争に対して強い嫌悪感を抱いていた。この提携交渉を通じて知り合った二人は平和をめぐる考え方で意気投合し、以後よき友人として歩みをともにしていく。オーバービーさんは、私に勝守さんやそのご家族とともに撮った写真を見せながら、「彼は本当にすばらしい人だ」と語った。彼の幸せそうな表情から、二人は互いに尊敬しあい、平和のために力を尽くしていたのだと実感させられた瞬間だった。

日本滞在中、オーバービーさんにとって最も強い印象を残したのが広島の平和記念資料館であった。朝鮮戦争中に自分が投下した爆弾が、地上でどのような被害をもたらしたのかについて、原爆被害の展示品を見ながら改めて考えさせられ、非常にショックを受けたという。そして資料館の見学後、平和祈念公園で花を摘みながら鳩に餌をやっている一人の少女を目にする。その少女の姿が、平和のシンボルとしてオーバービーさんの目に映ったという。かつて広島を襲った原子爆弾による暴力と少女の平和な姿のコントラストは、オーバービーさんの胸に強烈な印象を残したに違いない。

「第九条の会」誕生

一九九〇年夏にイラクがクウェートに侵攻したのを受け、一九九一年の年明けに米軍を中心に構成された多国籍軍がイラクを空爆し、湾岸戦争が勃発した。ブッシュ大統領は米ソ冷戦秩序に代わる「新しい世界秩序」の構築を訴え、国際的な脅威に対し武力で徹底抗戦することを表明する。オーバービーさんは不安と焦り、そして怒りを抱いていた。なぜなら、この戦争で多くの命が失われ環境が破壊されたにも関わらず、マスメディアは戦勝を称え、アメリカ国民もその報道に熱狂していたからである。「今こそ日本国憲法を手本に力の支配に頼らない世界を創るべきであり、市民一人一人がその価値を学ぶ絶好の機会ではないか」一九九一年三月、オーバービーさんは、オハイオ州アセンズのユニタリアン教会の仲間と共に「第9条の会・アメリカ」を設立し、世界各国の憲法に第九条の平和主義を採用させることや、第九条を放棄させようとする圧力に抵抗する日本国民を支援することを活動目標に掲げた。アメリカではアセンズを中心に、一〇〇人から一三〇人の賛同者を得て、平和を守る活動を開始させた。

「第9条の会・アメリカ」発足の知らせは勝守さんにも届いた。「これこそ、私たちがいまやらなくちゃいけないことだ！」勝守さんはアメリカの友人の動きに触発され、一九九一年五月、自宅のある愛知県春日井市に「第9条の会・日本事務局」を発足させ、広報活動や事務的な作業を担った。アメリカでの第九条の会の発足は、全国紙や地方紙で紹介され日本中の注目を集め、その後この理念に賛同する一〇〇〇名ほどの署名が寄せられた。そして日本全国に第九条の考え方に共感を寄せる市民団体が発足し、互いに連絡を取り合いながら活動するようになった。一九九二年一月、超党派の国会議員らでつくる実行委員会が主催した国際シンポジウム「アジア太平洋の平和・軍縮・共生のための国際会議」にパネリストとして参加するため来日したオーバービーさんは、日本全国で講演活動を行い、第九条の理念を基調とした平和の実現を訴えた。この講演旅行はその後も数年に一度のペースで行われ、各地の会場に集まった老若男女と共に、活発な議論が繰り広げられた。

名古屋に事務所を置き、現在も精力的に活動を展開している「第9条の会なごや」は、この日本事務局から発展するかたちで一九九三年に発足した。「第9条の会なごや」は第九条を守ることだけに留まらず、平和の破壊に繋がるさまざまな事柄に反対の声を上げ続けている。たとえば名古屋高裁のイラク自衛隊派兵差し止め訴訟（二〇〇四年～二〇〇五年）には「第9条の会なごや」の会員が数多く原告団に加わった。二〇一一年以降は日本政府が推進する原発再稼働の動きや秘密保護法制定、そして集団的自衛権の行使などに反対し、デモ、街頭演説、講演会などを通じて、広く市民へ平和を訴えている。

「第９条の会・アメリカ」設立時のオーバービーさん

「第9条の会なごや」に集う人々は、みな個性豊かだ。旧満州からの引き揚げ経験を持つ女性、戦後船乗りとしてアジア諸国に立ち寄る中で旧日本軍のアジアに対する差別的な扱いに気付いた男性、日常生活の厳しさから貧困問題を平和を脅かす存在として認識するようになった女性など、多様なバックグラウンドを持った市民が、平和を守るという目的のために集まっている。

現在、日本には「第9条の会なごや」のような第九条を擁護する市民団体が大小含め七千以上存在するといわれている。オーバービーさんと勝守さんという日米二人の市民による平和の連帯から発展したこの市民運動は日本社会に広く深く根を下ろしているのである。

世界に広がる第九条の価値観

オーバービーさんの活動の場はアメリカと日本だけにとどまらず、世界にわたっている。

一九九五年六月に国連憲章制定五〇周年を記念してアメリカ・サンフランシスコで開催された「世界連邦運動世界会議」にパネリストとして参加したオーバービーさんは、第九条が二一世紀の世界の指導原理であることを強調する演説を行った。この大会の宣言文には「日本が世界平和と正義のために憲法第九条を誇りとして、非軍事・非暴力による国際貢献を行うことに賛同し、他の国々もこれを規範として同じ道を辿るように期待する」という文言が盛り込まれ、国際社会に第九条の理念が発信された。

一九九九年五月、オランダ・ハーグで行われた「国際平和市民会議（ハーグ平和アピール）」には、一万人ものNGO関係者が集まった。オーバービーさんはこの市民会議でも、「第9条の会・

アメリカ」のブースの前で、来場者一人ひとりに対し第九条の意義を説明し、三日間で第九条の理念に共感する五〇〇名分の署名を集めた。当時、米軍を中心とするＮＡＴＯ軍がコソボ紛争に介入し、セルビアを敵とする空爆作戦を展開していた。オーバービーさんは「私たちはお互いに殺しあうのではなく、話し合うことで問題の解決をしなければならない。今こそ第九条の英知を世界の指針として進むべきである」と、暴力で紛争を解決する手法に疑問を呈し、非暴力による平和を力強く訴えた。この平和会議の最終日にアナン国連事務総長に手渡された「二一世紀への平和と正義のための行動目標」の基本十原則の第一項には、「各国の議会は、日本国憲法第九条にならい、政府による戦争行為の禁止を決議すべきである」と示され、第九条の非戦の理念が取り入れられている。

その後も、第九条は数多く開催された平和に関する国際会議で高く評価され、多くの市民の共感を得た。カナダ・バンクーバー市とカナダのＮＧＯ団体の主催で、二〇〇六年六月にバンクーバーで開催された「世界平和フォーラム」には、世界各地からさまざまなバックグラウンドを持つ五〇〇〇人が集まり、戦争の終結と平和で持続可能な社会づくりを目指し討論会やデモ行進などが行われた。最終日に採択された「バンクーバー平和アピール」は各国政府に「日本の第九条のように憲法で戦争を放棄すること」を求めている。さらに二〇〇八年五月には日本で「九条世界会議」が、二〇一三年一〇月には「九条世界会議・関西」が開かれた。このふたつの会議は、日本人はもちろん海外からのゲストを多く迎え交流を深めることで、第九条の理念を世界の平和や未来に生かすことを目指している。

また、オーバービーさんは日本のNGOが企画・運営するピースビートで世界一周旅行に参加し、船上でレクチャーを行っている。ピースボートは国際交流を目的とした船旅を通じて、草の根の平和の文化をつくることを目的としている。オーバービーさんは二〇〇二年九月から一二月に行われた第三九回目の航海において、アメリカ政府の暴力的な姿勢を批判し、真の国際平和のために行動を起こすことの重要性を参加者に訴えかけた。日本からの参加者による第九条の朗読会も行い、未来について個人が考える機会となった。

グローバル化が進む今、アメリカや日本国内だけに目を向けるのではなく、国境を越えより広い視野を持って平和を考える必要がある。オーバービーさんは、平和とは「暴力で問題を解決しようとしないこと」と定義し、非暴力の平和を唱える第九条を積極的に国際社会へ発信してきた。世界レベルで、第九条を基調とした暴力に依存しない平和構築のあり方は確実に支持を広げている。

オーバービーさんの思いを胸に

オーバービーさんの話を伺いながら、私は自分が幼い頃から耳にしていた戦争体験をうっすらと思い起こしていた。私は愛知県東部にある豊川市に生まれた。この街には、かつて東洋一の規模と評された海軍工廠があり、太平洋戦争末期には多くの学生が動員されていた。一九四五年八月七日、その施設がアメリカ軍の空襲により破壊された。街の中心部に広がっていた海軍工廠のあたり一面が焼け野原となり、学生四五〇人を含む二五〇〇人の尊い命が失われた。

　小学生の頃、学校で空襲体験者の話を聞く機会があった。「自分の先輩は、天皇のご真影だけは守らにゃいかんと言って、空襲警報が鳴る中で炎へ飛び込んで行った」「正門の前の大通りは、空襲で亡くなった人の血潮で真っ赤に染まった」という言葉が今でも鮮明に記憶に残っている。現在、海軍工廠正門の跡地には、日本車輛製造豊川製造所が門を構えている。そこには巨大な蒸気機関車やモノレールの模型が設置されており、幼少の私は祖父母の手に引かれながら柵の外から楽しく電車を眺めたものだ。単なる日常の風景に過ぎなかったその場所が、空襲体験の語りに触れたことで、実は多くの人が死んだ場所であると気づかされた衝撃は大きかった。私の祖父の兄も、この海軍工廠の空襲で命を落としている。私が生まれ育ったこの街でかつて、多くの人々の命を奪う弾薬が生産され、空襲で多くの人が犠牲となった。オーバービーさんのような戦争経験者の話に触れるたびに、私は戦争が持つ加害と被害の両面に想いを馳せ、複雑な気分になってしまうのである。

　オーバービーさんはとても情熱的でまっすぐな人だ。そんなオーバービーさんが語るときの鋭い視線に、私は惹きこまれてしまう。幼い頃に見聞きした戦争の記憶をたどりながらオーバービーさんのお話を思い出しているうちに、私はいつしか彼と記憶を共有しているような気持ちになっていた。戦争に加担してしまったことへの苦しみ、第九条と素晴らしい友人に出会えたことへの喜び、暴力が支配する世界へのいら立ち、そして第九条の理念が広がっていくことへの希望

――オーバービーさんの人生は喜怒哀楽の連続だ。こうした人間らしい様々な想いが入り混じっているからこそ、彼の平和のメッセージは多くの人々の心を揺り動かすのだと思う。

インタビューを終えての帰り際、オーバービーさんは「これは平和のシンボルだから、あなたにも一つあげよう」と、私に小さな折り鶴を手渡した。「尾を引っ張ると翼がパタパタ動くんだよ」と言いながら、オーバービーさんは太い指で鶴の尾をつまみ、とてもうれしそうに目を細めた。オーバービーさんはこの羽ばたく折り鶴の作り方を、二〇〇五年にスペインのゲルニカで開催された平和博物館会議に出席した際、ある日本人参加者の女性から習ったそうだ。私はこの小さな鶴をアメリカから日本へ持ち帰り、「第9条の会なごや」の一員として、その小さな翼をはばたかせている。

私はここ名古屋で、平和の理念を若い世代へ伝える橋渡しをしていこう。地元・豊川に残る悲しい記憶とオーバービーさんの熱い想いは、私の胸の中で互いに溶け合い、平和に向けての新しい指針となった。若者は軍需工場で命を落としてはいけないし、武器の製造に携わって戦争に力を貸してはいけない。大切ないのちは、誰かを苦しめるためにではなく、誰かを幸せにするために使いたい。そのためにオーバービーさんは第九条の大切さを、アメリカや日本、そして世界で訴え続けている。そして彼と志を共にする私もまた未来の子供たちと一緒に、平和について考え続けていきたい。私のような小さな鶴にとって、第九条は平和の道標なのだ。

〔参考文献〕

勝守寛『第九条と国際貢献―戦争のない世界を求めて』影書房、二〇〇三年
チャールズ・M・オーバビー（國弘正雄 訳）『対訳　地球憲法第九条』たちばな書店、二〇〇五年

column

『日本国憲法を口語訳してみたら』非公式なあとがきとして

音楽ばかり聴いて育った。

こう書き出すと、音楽と平和といったテーマかと思われるかもしれないが、そういった趣旨ではない。また私は『日本国憲法を口語訳してみたら』という本の著者としてこの原稿依頼をいただいたので、ややズレた書き出しかもしれない。

しかし音楽にどっぷり浸かってきた身としては、結論からすればやや遠回りになるが音楽について触れておきたい。

まず、70年代ロックの洗礼を受けた世代のロックファンに多いのだが、ロックは反権力・ピースな文化だというテーゼをまず疑う。確かにロックはある種のイシューと結びついた時代があったが、それはロックがポップ（大衆）・ミュージックとして、つまり「みんなで踊れるパーティーミュージック」として発展してきたからに尽きる。黒人のブルースにリズム・セクションが重なり、エルビスのセックスアピール（あの腰の動き！）がそのポップ性を確立された音楽だ。

ポップ・ミュージックがいわゆる69年世代ムーヴメントで活用された。

当時の学生達の反戦活動を描いだ映画『いちご白書』のラスト近くで、警官隊に包囲された講堂に立て篭もった学生達が、ジョン・レノンの「give peace a chance」を合唱する場面が象徴的だ。皆が床を打ち鳴らしリズムを奏でて、キャッチーなメロディを繰り返す。「権力者」に対して連帯する最強のパーティーアンセムとして音楽が機能している。そして警官隊が突入した瞬間にパーティーは最高潮に達し、ダンスフロアはモッシュの坩堝となった。そしてエンドロールは、やはりあの淋しさがある。

グルーヴを伴った熱狂は時代のあちらこちらで見られる。

ユーゴ内戦では、敵方の民族を「殺せ」という露骨なメッセージを勇ましい音楽と映像に乗せた志願兵募集のテレビCMが公に放送された。

ドイツでは、ネオナチ思想を歌うハードコアパンクバンドがいるという。

アメリカ大統領選では、党（party）大会で大物歌手が会場を沸かせる。

戦前の日本では、「君恋し」などのラブソングと並んで、「同期の桜」や「若鷲の歌」という軍歌がG・I・P・O・Pとでも呼べる形でヒットチャートを駆け巡っていた。かの時代は娯楽のない暗黒の時代として語られることがある。しかし現在の音楽市場がそうであるように、作るものと消費するものがいなければ成り立たず、レコード会社や軍部はそれぞれの思惑から市場に最適な音楽を提供し、人々はそれを歌った。

「no music no life」というCDショップチェーンTOWER RECORDの広告コピーは、身も蓋もない歴史的事実なのだ。

閑話休題。一介の学生であった私が、憲法を私の口調に近い文体で語りなおしたのは、自分がたまたま大学で専攻として学んでいた憲法が、世間では遥かに大きなものとして語られている場面が多いというギャップを感じていたからだ。なぜか当然のように「護憲派」「改憲派」に分かれ、互いが互いのイメージで作り出した藁人形に釘打つかのような議論が空転していることはないだろうか。

概ね以下のような批判を受けたことがある。

「口調をかえなければ憲法すらわからないほど最近の若者は馬鹿なのか。憲法に対する侮辱だ」

この人にとっての憲法とは、センシティヴなモノとされているように思える。これは極端な一例であるが、憲法をめぐる議論の噛み合わなさは、こういった意識が少なからず関わっているだろう。私にとって法は、人間がとりあえず安全な生活を維持するために生み出したシステムであり、クルアーンや聖書とは根本から違う。私はシャルリではない。（ただ「馬鹿」という意見には何も言えない。）

本を出して以降、いわゆる「護憲派」、あるいは「改憲派」のどちらからでも、様々な集会にゲストとして呼ばれる機会があった。いくつかの会場に、そういったセンシティヴな雰囲気がなかったとは言い切れない。正直、ひねくれ者な私にとってはどうも居心地が悪い。

口語訳は、一人称を俗っぽい「俺達」にすることで、センシティヴな文脈から憲法を引き離す、いわば憲法を相対化する目論見ともいえる。

主語について、「男性のみを想定しているように思える」などの批判をいただいたが、当然ながら読み手がそれぞれ任意の語に入れ替えて読まれるべきだろう。私でも、あたいでも、ワでも、うちでも、わしでも。

語る時、我々の言葉が、誰かの言葉に取り込まれていないかを常に恐れなければならない。主語を失くした瞬間、個人ではなく一部になる。聞こえの良い言葉こそ、気持ちのいいメロディこそ、つい踊りたくなるようなリズムこそ、敢えて疑わなければならない。こういったものを上手く操る連中は、大体サギ師か間抜けかもしくは芸術家だ。

こう考えだすと、歌うことはとても難しいことに思える。しかし、それでも我々は歌うだろう。ダンスを禁じられたアイルランド人達が表情で踊るダンスを生み出したように、または手枷をつけられた黒人奴隷達が格闘技あるいはダンスとしてカポエイラを編み出したように、もし誰かが我々から歌を奪ったとしても、それを克服し、そしてまた歌い出す。あるいは人間に生まれついたどうしようもない宿命として。平和も自由もないとしても。

（ライター　塚田　薫）

〔参考資料〕
サエキけんぞう『ロックとメディア社会』新泉社、二〇一一年
若林宣『戦う広告』小学館、二〇〇八年
辻田真佐憲『日本の軍歌　国民的音楽の歴史』幻冬舎、二〇一四年
「そしてまた歌い出す」（アルバム『POP LIFE』収録）ライムスター　KRE、二〇一一年

ii

問い直される平和の意味

第２部では、平和をとりまく様々な問題について考えます。「慰安婦」問題は今でも解決せず、争いのもととなっています。いまだに基地の負担に苦しむ沖縄へ名古屋からどのような取り組みがあるでしょうか。どちらも平和がまだ実現されていないことを教えてくれます。また、2011 年３月 11 日の原発事故から逃れて名古屋で暮らす方々は何を願っているでしょうか。戦前・戦中に日本に移住した朝鮮半島出身者の子孫の人びと、また、日本から南米に移住した人びとの子孫、彼女・彼らの生活を通して平和の意味を問い直します。

「慰安婦」問題に名古屋から取り組む

菊地 夏野 Kikuchi Natsuno

「慰安婦」とは：被害女性のカミングアウトとこれまで

「慰安婦」問題を考えることは、「平和」と「戦争」の境界のゆらぎに気づくことでもある。多くの人は、一九四五年の日本の敗戦によって平和がもどってきたと考えている。しかし、「慰安婦」問題の被害者たちにとって、戦後の始まりは沈黙とともに生きることでもあった。

「慰安婦」問題とは、戦時中に日本軍が植民地や占領地、戦地に慰安所を設置し、女性たちを兵士の性欲を解消するための「慰安婦」としたものである。慰安所の範囲は沖縄、朝鮮半島、中国大陸に止まらず、台湾、フィリピン、インドネシア、マレーシア、シンガポールなど東南アジア・太平洋地域にまで広がった。

女性たちの出身地も同様に広く分布しているが、最も多いのは当時日本の植民地であった朝鮮半島からだとされている。彼女たちは詐欺や圧力によって連行され、故郷から遠く離れた土地で兵士たちの性の相手をさせられた。

日本の敗戦によって植民地・占領地にいた兵士や軍関係者、移民たちは引き揚げたが、「慰安婦」にさせられた女性たちは帰郷できずにさらに苦しい生活を強いられた者が多かった。

そして、政府レベルでは一九五二年発効のサンフランシスコ講和条約、一九六五年締結の日韓基本条約等によって戦後補償の問題は解決済みとされたが、「慰安婦」問題は依然として沈黙のままにおかれた。

「沈黙」といっても被害者たちは、信頼できる家族や身近な人々には打ち明けることがあったし、元兵士の回想や日記等で記述されていたので、一部では「慰安婦」はよく知られていた存在だった。しかし、被害者たちが公的に「被害者」として見なされ、加害者による謝罪と補償を受けることはなかった。それどころか多くの者たちが過去を隠し、慰安所でこうむった心身の苦難とともにひっそり生きてきた。

そのため一九九一年の金学順さんのカミングアウトは社会に衝撃を与えた。金学順さんは韓国の女性団体の支援を受けて、記者会見を行い、日本政府に謝罪と補償を求めた。その後も被害者たちの告発が続き、初めは責任を否定していた日本政府も、軍の関与を示す公的資料が発見されていったこともあって認めざるを得なくなった。

一九九三年に河野洋平官房長官（当時）は、政府による調査を受けて、「慰安婦関係調査結果に関する河野内閣官房長官談話」（略称・河野談話）を発表した。この談話は、不十分な点もあるものの、次のようなことを認めたという意味で重要だ。

第一に、「当時の軍の関与の下に、多数の女性の名誉と尊厳を深く傷つけた問題である」としている。第二に、「本人たちの意思に反して行われた」こととし、「慰安所における生活は強制的な状況の下での痛ましいものであった」として、強制的なものであったとはっきり認めている。第三に、慰安所の設置・管理と「慰安婦」の移送についても、日本軍が「直接あるいは間接に」関与したことを認めている。

さらに、一九九五年に村山富市政権が「女性のためのアジア平和国民基金」を設立し、被害者へ償いの事業を行おうとした。しかし、基金があいまいな性格であったため、被害者の多くから受け入れられなかった。この基金は反対派との政治的な妥協の結果、被害者に、日本国民から集めた募金（「償い金」）と首相による「お詫びの手紙」を渡し、政府資金による医療支援事業を実施するという形をとっていた。

フィリピンとオランダの被害者の多くはこの基金を受け取ったが、台湾と韓国の被害者の大半は拒否した。これは、この基金が政府による法的な解決ではなく、国民から募金を集めるという異例の形をとることで政府責任をあいまいにするものだったからである。さらに基金の受け取りをめぐって被害者支援運動の中に大きな禍根を残し、それが現在でもこの問題をめぐる状況を複雑にしている。この基金は国際的にも公的な謝罪だとは認められていないのである。

その後、被害者たちが日本国内の裁判所に提訴した裁判は敗訴が続いた。そのため支援者たちは市民の手によってこの問題を裁こうと考え、民衆法廷として二〇〇〇年に東京で「女性国際戦犯法廷」が開かれた。この法廷には各国の被害者たちが招かれ、国際的に活躍する法律家の協力を得て、三日間の審理を行い、「慰安婦」制度に関する日本政府の責任が裁かれた。日本政府は招待されたが出席しなかった。

この法廷は海外のメディアによって大きく取り上げられたが、日本のマスメディアは注目しなかった。だがＮＨＫは特集番組を制作するために取材に入っていた。審理の結果、天皇有罪の判決が出たことに右翼らは危機感を感じ、ＮＨＫに圧力をかけた。このやり取りには政治家も関わり、「番組改ざん問題」へと発展した。

番組放映前から右翼団体や政治家の圧力により、ＮＨＫ内部でこの番組について局上層部から現場スタッフへ撮り直しや削除の指示・命令がかけられる事態となった。結果的に放映された番組は、法廷について取り上げながら主催団体の名前も告げず、法廷に否定的なコメントが続く内容となった。

法廷を主催し、取材を許可したＶＡＷＷ‐ＮＥＴジャパンは、ＮＨＫを提訴したが、最高裁は訴えを斥けた。その後、日本のマスコミは「慰安婦」問題についてより遠ざけるようになった。

学校教育においても一時的に「慰安婦」問題について歴史教科書に記述が載ったが、すぐになくなった。これは、右翼団体から教科書掲載に対して激しい反対運動が起こったためと、「慰安婦」問題に対する政治の状況が変化したためだと考えられる。

二〇〇〇年代に入って、この問題に対して否定的な政権が続くようになり、これまでの政府の見解と矛盾する発言すらなされるようになってきている。それに対してアジア各国や欧米諸国は日本政府に対して批判を強め、この問題についての早期解決を求めている。諸外国で、被害女性たちの記念碑を建設する動きも広がっている。このような国内外のギャップの中で、日本社会の市民は正確な歴史認識を育てる機会が少なくなっている。

このように、「慰安婦問題」は被害者のカミングアウトを経てもなお、解決されていない。戦争を終え、平和を築くということは、容易ではない。とくに立場の弱い被害女性たちにとってはなおさらである。

この問題の解決のために、わたしたちには何ができるのだろうか。

名古屋でのこれまでの活動

この問題にどのように関われるのかを考えるために、これまで名古屋でどのような動きがあったのか紹介しよう。

一九九一年に被害者の告発があってから、全国で、証言を聞こうという動きが広がり、名古屋も例外ではなかった。関心を持った人は多く、名古屋・東海地方にもたくさんの証言者が招かれた。

一九九二年に名古屋に来訪したふたりの証言者、イ・ヨンス（李容洙）さんとカン・ドッキョン（姜徳景）さんを迎えた活動のなかから、「慰安婦」問題について名古屋・東海で取り組むグループが生まれた。

ここで簡単に、そのときの証言記録集より、ふたりの証言者が名古屋ＹＷＣＡで語った内容を記そう。

大邱（テグ）に住んでいたイヨンスさんは一九四四年、一六歳の秋に、友人の母親に「養女に行けばご飯がたくさん食べられる」と言われ、指定の場所に行くと、日本人男性が待っていた。彼に中国を回って台湾に連れられ、慰安所で主に特攻隊員の相手をさせられた。拒否しようとすると電気拷問を受けた。戦争が終わり、収容所を経て故郷に帰ると、娘は死んだものと思っていた母親が失神したという。

一九四二年、慶尚南道の国民学校に通学していた一三歳のカンドッキョンさんは、日本人教師から女子挺身隊になるよう命令された。そして挺身隊として富山の工場で働くが、食事の支給がわずかしかなくあまりのひもじさに飢えるようになり、工場を逃げ出した。だが日本兵に捕まり、性暴力を受け、長野の松代の慰安所に連行された。そこで毎日多数の日本兵の相手をさせられ、身体を壊してしまった。

日本の敗戦後、イさんもカンさんも、周囲に過去を明かさず暮らしていたが、日本政府の事実を隠す言動に怒りを感じ、告発に踏み切った。

「日本は豊かな国になったのですから、軍隊をつくらず、みなさんが力を集めて、政府に訴えてくれるようお願いし、私たちがあなたたちのおかあさん、おばあさんの代わりをして犠牲になったのですから、これからは、若いみなさんが私たちを助けてください。お金をくれというのではありません。二度と過去のような、私たちが犠牲にされたようなことが繰り返されないように運動し、皆さん頑張って下さい」と訴えた。

このふたりのほかにも証言集会が重ねられ、東海地域の支援者によって一九九四年に「旧日本軍による性的被害女性を支える会」(略称・支える会)が結成された。会員は名古屋だけでなく岐阜、三重ほかに広がっている。

この会の活動は三つの目的を軸とし、第一に「知る」ための活動がある。当事者の証言を聞いたり、交流したり、研究者やNGOから学ぶ。第二に「伝える」活動として、写真展や映画会、展覧会などを開き、被害女性の様子や国内外の情報を伝える。街頭に出ることもある。第三に「求める」活動として、日本政府に解決を要請する。

初めに支える会が力を入れたのは、「ハルモニ医療支援募金」だった。名乗り出た被害女性たちのほとんどは生活に困窮しているが、とくに医療費の負担が大きい。慰安所で罹った病気を引きずっていることも多い。そのため、支える会は被害女性たちへの日本国民としての謝罪の気持ちとして、まず韓国の被害女性への医療援助を始めた。この募金は二〇〇一年まで続き、総額四〇〇万円近くが被害女性たちに送られた。

この募金は、前述の日本政府の基金と混同され、支援者から誤解されたこともあったが、本当の意味で民間から立ち上がり、趣旨をはっきりさせて、被害女性たちに受け入れられたということで歴史に残されるべきだろう。

また、支える会の背景に、女性たちの運動があったことも重要である。一九七〇年代に世界的に女性の運動が盛り上がったが、名古屋でも女性のためのスペースが今池・池下に作られるなど活動があった。このなかで「性」と暴力の問題が注目され、「産む／産まない」権利やセクシュアル・ハラスメントなどに取り組まれた。

当時から運動に関わっている久野綾子さんは、男性ばかりの職場で働き続けたが、運動に取り組む中で「性」の問題に関心を深めていった。東京の女性たちとも交流しつつ、支える会の設立に関与することとなった。久野さんは「おんなの叛逆」というミニコミを発行し、そのときどきの女性に関するニュースや主張を発信し続けている。

また中村紀子さんはキリスト者として長く女性の運動に関わっているが、「キリスト教の世界も男性中心的だった」という。例えばカトリック教会では今でも女性は神父になれない。日本のキリスト教の世界で女性の視点が尊重されるようになったのは一九九〇年代であり、その流れの中で「慰安婦」問題が注目されるようになった。

「慰安婦」問題を考える上で女性の視点、あるいはジェンダーの視点が必要だということは、「同一視被害」という問題を考えるとよく理解できる。これは、「慰安婦」問題と、カンさんの経験でも出てくる挺身隊との複雑な関係である。挺身隊とは、戦時中に男性の労働力不足に対応するため、少年少女や女性を強制的に工場等に動員し、働かせたものである。これは日本列島だけでなく朝鮮半島でも行われた。

だが当時から韓国では挺身隊と「慰安婦」を混同して理解することが多かった。例えば、一九九九年に、戦時中に朝鮮半島から名古屋三菱道徳工場に動員されていたハルモニたちが、名古屋三菱重工と国を相手どって裁判をおこした（名古屋三菱朝鮮女子勤労挺身隊訴訟）。この原告の女性たちは、じっさいには工場で働いていたにもかかわらず、長く「慰安婦」と混同され、蔑まれることがあった。そのため、彼女たちと「慰安婦」の被害女性たちとは複雑な関係におかれている。

挺身隊の原告の女性たちはなぜ「慰安婦」として差別されなければならなかったのだろうか。それは、「慰安婦」の被害女性たち自身が、戦争が終わった後も故郷に帰れた人は少なく、慰安所で働いた過去を隠して人生を送らなければならなかったことと同じ理由である。

つまり、性暴力に遭った被害者は、往々にして、周囲から責められたり、差別されたりしがちだ。これを「セカンド・レイプ」というが、被害者は性暴力そのものだけでなくこのような周囲の無理解にも傷つけられる。これが性暴力という問題の難しさである。

そして「慰安婦」問題の場合、性暴力の加害者が国家であるため、このセカンド・レイプもより困難に、大きなものになる。戦後五〇年間この問題が隠されてきたのは、この性暴力の特殊性が大きい。このような背景から、韓国で挺身隊に連行されたひとびとは「慰安婦」と差別されるという複雑な状況になってしまった。

このように性暴力の被害者が責められてしまうという転倒した構図は、「男性の性は抑えられない」という社会的な思い込みによって成立しており、女性に対して不公平なものである。この複雑さを乗り越えるためには、女性たちの運動による意識の変革が必要だったのである。

支える会は二〇年を超える活動を経ても、「課題は達成していない」として街頭に立ち、特に若い世代に伝える活動に尽力している。

「慰安婦」問題の広がり

最後に、名古屋に関連する新しい動きを紹介したい。

・写真家安世鴻さん

名古屋在住の写真家、安世鴻（アン・セホン）さんは、一九七一年に韓国の江原道で生まれた。大学時代から自分の生まれ育った土地を深く理解したいと思うようになり、社会問題について学んでいった。自分のベースになるものを探しながら、ドキュメンタリー写真家として活動を続け、あるとき雑誌の取材のためにナヌムの家を訪れた。ナヌムの家とは、ソウル郊外にある、「慰安婦」被害女性たちが集まって生活している施設である。記念館も併設しており、日本から訪れる者も多い。

安さんは「慰安婦」問題には、自分が男性であることから近づきにくいと感じていたが、その

ペ・サムヨプハルモニ。北京在住。13歳の時に韓国・慶尚南道から内モンゴルの慰安所にだまされて連れて行かれた。安世鴻氏撮影。

仕事をきっかけにハルモニたちと直接触れ合うようになり、ボランティアとして交流するようになった。そうして、ナヌムの家以外の、韓国全土に散らばる被害者たちを訪ねて写真を撮るようになり、彼女たちの生活苦や孤立感を知っていった。

二〇〇一年からは中国に住む被害者たちの撮影を始め、現在まで一〇回以上訪れている。安さんは、中国の取材について次のように書いている。

「ファインダーの中の彼女たちは一人の人間そのものだ。深く刻まれた皺、四方に散らばる手垢のついた物、涙を溜めた瞳から、彼女たちの行き詰まった心が見える。全てが彼女たちの過去から現在に至る人生そのままを見せてくれた。

既に彼女たちが枯れ地に根を下ろし、孤独という死闘が始まって以来六〇～七〇年の年月が流れた。慣れない異国の雨風の中で、与えられた環境を克服しようとするひとつの強い生命力があるだけだ。

彼女たちはここからどこへ行かなくてはならないのか。ひたすら冷たい風に吹かれ、歴史の裏道へと散ってしまうのだろうか。」

二〇〇九年から安さんは名古屋に移り、日本の各地で写真展を開くようになった。二〇一二年には東京・新宿のニコンサロンで企画展を行うことになり、準備をしていた。ところが開始直前になって突然、サロンから企画展を中止するといわれた。理由を尋ねても説明はなく、困惑した安さんは裁判所に訴えた。裁判所はサロンに企画展の実施を命じ、サロンは実施したが、その写真展は、一般の観客にボディチェックを行い、取材も禁じられるなど異常な管理体制だった。そして大阪で予定されていたアンコール展は中止されたため、改めて安さんは裁判所にニコンを相手取って提訴した。

パク・テイムハルモニ。中国山東省在住。21歳の時に韓国・京城から中国・瀋陽の慰安所に連行された。安世鴻氏撮影。

安さんは、「初めは男性だからこの問題を恥ずかしく感じたが、今は人間と人間の、基本的な関わりの問題だと思っている。日本の人々は一人一人はいい人だが、個人主義が強いようだ。かわいそう、で終わらせないでほしい」と語っている。

・古橋さん

古橋綾さんは一九八四年に愛知県扶桑町に生まれた。高校生の時に所属していたカトリック教会の旅行で韓国に行ったことがきっかけで、「慰安婦」問題に出会った。その旅行の際、ナヌムの家と西大門（ソデムン）刑務所跡（日本の支配に抵抗した独立運動家を弾圧・収容した刑務所の跡）に行き、自分が何も知らなかったことに気づいた。「なぜこんなに深刻な問題を誰も教えてくれなかったのか」という憤りと、「日本人であることが恥ずかしい」と強く感じたことが、その後の原動力になったという。

その後、大学生活の中で交換留学生として韓国に一年間滞在した。その時期にナヌムの家にボランティアとして通うようになった。

大学卒業後、ボランティアおよびスタッフとして約

金順玉（キム・スノク）ハルモニと古橋綾さん。2010年。

六年間、ハルモニたちの身の回りの世話や話し相手を続けた。ハルモニたちと個人的に過ごす時間が多かったため「被害者」としてというよりは身近な存在としてハルモニたちとの時間を重ねたことが大切な経験となっている。

なかでも印象的な思い出がある。ナヌムの家のあるハルモニの部屋で一緒に寝ていたら、ボランティアの日本人男性が呼びにきた。ハルモニはそれを日本の軍人が来たと誤解して怯えていた。古橋さんは、自分にとっては過去だと感じられることでも、ハルモニにとってはつながっていることなんだと実感した。

姜日出（カン・イルチュル）ハルモニと古橋綾さん。2010年。

また、ナヌムの家に訪れる女性運動、平和運動、その他様々な市民運動に参与している韓国・日本・世界の活動家と出会うことで「慰安婦」問題のみならず多くの問題が私たちの生きている社会には存在しているということと、それに対抗しようとしている大人たちがいることを知り、自分ももっと多くのことを知りたいし、そこにコミットしたいと考えるようになったという。

現在古橋さんはソウルの大学院で研究活動や、様々な「慰安婦」問題に関連する団体の手伝いをしている。「この問題は遠いイメージがあるけど、結局は自分の問題だということを考えてほしい」と語っている。

このように、「慰安婦」問題は今でも解決せず、被害女性たちを苦しめる状況が続いている。わたしたちの多くは、この問題の正確な中身を知る機会も少ない。だが、歴史の傷跡は決して消せない。様々なきっかけからこの問題に触れ、行動を起こすひとびとも消えないだろう。わたしたちは、まず、被害女性たちの声に耳を傾け、惑わされることなく自分にできることを考えてみよう。

〔関連サイト〕
「FIGHT FOR JUSTICE　日本軍「慰安婦」——忘却への抵抗・未来の責任」
http://fightforjustice.info/

名古屋と沖縄・名古屋の沖縄

阪井 芳貴 Sakai Yoshiki

名古屋と沖縄の接点

江戸時代に都合十八回行われた琉球使節江戸上りの際に、その行列の様子を「つくりもの」に仕立て、木戸賃を取って見せる様子が『名陽見聞図絵』天保三年条に絵入りで記されている。またこの尾張では、琉球使節の行列の様子とそれを見物するおびただしい数の人々を描いた刷りものなどが何種類も遺されている。そうした例は、よその出版物からはあまり見いだせない。そうした資料から、いかに尾張の人々が物見高かったかをうかがい知ることができて興味深いのであるが、それは今のことばで言えば、貴重な異文化体験の機会であったということになろう。

これが名古屋と沖縄の最初の接点といってよいと思われるが、そこには多分にして琉球人たちを見せ物的に捉える感覚が推測できる。近代になってからもその感覚にあまり変化がなかったことは明治二六年に行われた琉球演劇の公演における観衆の反応にも伺うことができる。

いっぽう、不幸な形（「琉球処分」）で近代日本に組み込まれた沖縄から本土に相当数の沖縄人が労働力として移入してきたが、愛知県においても、戦前はおもに一宮周辺の繊維産業へ女工として、また戦後はトヨタ自動車への集団就職を典型とする若年層の移入が盛んに行われた。また、戦後は国費留学あるいは私費での大学進学者も徐々に増え、沖縄出身者だけで構成される県人会や青年会などの組織も各地に発足していく。そうした組織の多くは、やがて沖縄復帰（返還）運動に関わっていくのであるが、その背景には、沖縄出身者に対する偏見や差別の存在も指摘できるが、名古屋においては関東・関西における沖縄出身者の集住のような現象がなかったため、あまり表だって言及されることはなかった。ただ、あえて沖縄出身であることを表に出さずに暮らす、といったことは多くの沖縄出身者が体験してきたようである。

それが、一九八〇年代以降のいわゆる沖縄ブームによって大きく様変わりしてきたことは注目される。それは、それまでとは一八〇度異なり、沖縄出身であることに誇りを持てるような環境が徐々に広がってきたということにほかならない。

名古屋における沖縄アイデンティティの発現

前述のように、一九七二年の沖縄の「本土」復帰前後に沖縄県人会や青年会などがいくつも組織され、それらは構成員の親睦を図るため、琉球民謡など芸能の発表会やスポーツ大会などを開催していたが、そのほとんどは沖縄県出身者のみが参加するものであり、名古屋の一般の人が参加することは関係者以外にはあまりなかった。

変化が現れたのは、八〇年代のりんけんバンドのメジャーデビュー、九〇年代の映画「ナビィの恋」とNHK連続テレビ小説「ちゅらさん」によって全国的に巻き起こる沖縄ブームの影響による。筆者は、一九九九年から数年間、名古屋市内において「沖縄フェスティバル・in NAGOYA」という野外ライブイベントの実行委員長を務めたが、これには毎回数千人の観衆が集まり、名古屋における大規模な沖縄関係イベントとして歴史に残るものとなった。もちろん沖縄出身者も多く来場したが、観衆の大半はヤマトゥンチュ（大和の人＝日本本土の人）であった。これに刺激されて、愛知沖縄県人会連合会が開催していた「毛あしび」というイベントも規模を拡大し現在に至るが、そこにもヤマトゥンチュが多く参加するようになってきた。すなわち、ヤマトゥンチュが沖縄出身者と一緒になって琉球・沖縄の芸能を楽しむのが普通になってきたのである。

こうした現象は、名古屋在住の多くの沖縄出身者に自信と誇りをもたらす効果大であった。それは、彼らによる沖縄の伝統文化の価値の再認識・再評価につながり、唄三線を習得したいと思い教室に通う人が増え、またやエイサーの団体が各地に設立されるなど、大変活発な状況を呈している。唄三線にしてもエイサーにしても、沖縄にいた当時にはあまり関心を持たなかったのに、名古屋に来て初めてその良さに気づき、自ら実践してみよう、それを公の場で発信しよう、という沖縄出身者が大半なのである。

つまり、ヤマトゥンチュとウチナーンチュ（沖縄の人）のそれぞれの立場からの沖縄の文化への理解と享受がうまく交わって、大変好ましい状況を作り上げている、ということになろう。このことは、実は、沖縄をめぐる平和論の実践的展開において重要なことがらだと筆者は考えている。

一九九五年以降の沖縄へのまなざし

さて、ここからが本題である。

一九六〇年代半ばから一九七二年の沖縄の「本土」復帰まで盛り上がったヤマトゥンチュの沖縄への政治的・思想的・イデオロギー的なまなざしは、復帰の実現とともに急速にさめていく。そのいっぽうで、前述のように沖縄文化への理解と享受が広がっていった。また、たとえば修学旅行先を沖縄県に選択する学校が増えたり、沖縄リゾート観光が急速に展開していくなど、ヤマトゥンチュの沖縄への向き合い方は根底から変容していった。

そんなさなかの一九九五年九月に起きた沖縄駐留米兵による少女暴行事件は、名古屋における沖縄へのまなざしを再度、政治的な方向に向かわせるきっかけとなった。沖縄戦以降このような米軍関係者による事件あるいは事故は日常茶飯的に頻発していたのであるが、復帰前は言うに及ばず、復帰後も被害者は泣き寝入りを余儀なくされるのが通例という有様であった。それが、この事件においては当時大田昌秀氏が県知事を務めていたこともあり、日米地位協定の問題点が浮き彫りとなり、八五〇〇〇人が集まった「一〇・二一県民総決起大会」が開催されるに及び、長年鬱積していた沖縄県民の反基地感情がピークに達したのであった。

　これに呼応する形で、同年に名古屋でも「沖縄を考え連帯する「命どぅ宝あいち」の会」という市民組織が発足するなど、沖縄が抱える様々な課題を考え、沖縄県民に連帯しともに闘おうという人々が増えてきたのである。この「命どぅ宝あいち」や「あいち沖縄会議」といった組織は、「不戦へのネットワーク」や各地の「九条の会」「日本環境法律家連盟」などの広く平和運動や環境問題に携わる組織と時に連携しながら、辺野古沖でのボーリング調査反対運動や教科書検定問題、オスプレイ配備問題などに取り組み、普天間飛行場の辺野古移設問題が緊迫の度を高めている二〇一三年以降はこの問題を中心に、沖縄県内の市民運動と連携して街頭宣伝活動や講演会の開催などをおこなっている。

2013 あいち　平和のための戦争展（名古屋市公会堂）
（写真はすべて筆者撮影）

　これら会員を擁する組織とは別に、映画上映会などのイベントの開催のための実行委員会を組織して短期間活動する、という方法も活発におこなわれている。一例として、二〇〇九年に筆者が代表を務め、多くの来場者を得たイベント「戦後オキナワ　あの日・あの時　あんやたん写真展」を挙げておく。これ

あんやたん写真展（2009 年　名古屋市博物館）

あんやたん写真展（2009 年　ピースあいち）

は、沖縄タイムスの創立六〇年を記念して沖縄県内で開かれた写真展を名古屋でも開催して、戦後の沖縄の足どりを広く紹介しようと有志が集まって企画したものであった。名古屋市博物館の三階ギャラリーの一番広い部屋を借りて二週間、またパートⅡを「ピースあいち」で一週間開いたが、前者に一二六〇名、後者に二四〇名が来場した。これは、この種のイベントとしては大成功といって良い数字であった。回収したアンケートでは、圧倒的多数が沖縄の戦後史について何も知らなかったという反省を記したもので、企画の意図が認められたと評価できる。ただ、こうしたイベントはボランティアによる運営であり、経費の負担や時間のやりくりなどの課題が必ずついて回る。二〇一二年にやはり筆者が代表を務めた青年劇場の「普天間」公演も同様であったが、七〇〇人以上の観客を集め、演劇を通じて普天間移設問題を実感する機会の提供に成功した。

こうした活動は、名古屋市民・愛知県民に現代沖縄の問題を広く知らしめ、沖縄県民がヤマトゥンチュに対して憤ることがらの本質を伝える役目を果たしていると評価できるが、いっぽうで大都市名古屋においてその活動の及ぶ範囲は残念ながら限定的で、沖縄問題を日本全体の問題として捉えることを周知させるにはほど遠いのが現状である。本稿を整えている二〇一四年一〇月現在、沖縄県では一一月に予定されている県知事選挙が事実上選挙戦中盤であるが、この選挙のもつ意味の重みを是非とも名古屋で、そして日本国民全体に認識させることができれば、彼らの活動は次の段階に移ることができるはずであるが、現在はまさにその正念場にさしかかっていると指摘しておくにとどまる。(注１)

（注１）二〇一四年一一月一六日におこなわれた沖縄県知事選挙は、普天間飛行場代替施設の辺野古への移設反対を訴えた翁長雄志氏が、辺野古埋立を承認した現職仲井真弘多氏に九九七四四票の大差をつけて当選した。その後、翁長氏は一二月におこなわれた総選挙でも示された沖縄県民の民意を背景に、日米両政府に対し、辺野古への移設計画の中止を訴え続けているが、日本政府は依然として計画推進の立場を崩さず、対立が深まっている。

ピースあいちでの沖縄関連事業

前節で述べた現代沖縄の問題に真摯に向き合うためには、琉球・沖縄と日本との関係の歴史を把握しておかなければならない。すなわち、一六〇九年の薩摩による琉球侵攻、一八七九年の「琉球処分」、一九四五年の沖縄戦、一九七二年の「本土」復帰、という四つの大きな時代の節目

ピースあいち開館 1 周年記念
「沖縄から戦争と平和を考える」展図録

大学生による比嘉俊太郎氏への聴き取り調査（2014 年　ピースあいち）

を核に据えた歴史観を知る必要があるのである。このことは、しかし、日本の学校教育の中ではわずかな言及にとどまるのが現状であるし、筆者の世代やそれより以前の世代には自ら意識しない限り、ほとんど学ぶ機会がなかったのではないかと思われるので、現実にはかなり困難を伴う。琉球・沖縄の歴史について知識をほとんど持たぬ人々が圧倒的に多いと推測されるのである。

そうした背景を念頭に、特に沖縄戦とその前後、そして「本土」復帰をはさんで七〇年に及ぶ基地問題を中心に沖縄の戦争と平和について持続的に取り組んでいるのが名古屋市名東区にある「戦争と平和の資料館ピースあいち」である。この資料館についての詳細は別稿に譲るが、NPO法人が設立し、専従者一名を除きすべてボランティアスタッフで運営するこの館では、太平洋戦争における名古屋・愛知の様子を伝える常設展示のほか年間を通してさまざまな企画展を開催している。この「ピースあいち」の開館一周年を記念する企画として「沖縄から戦争と平和を考える」と題する特別展を開催したのが、二〇〇八年のことであった。四月二九日から六月二八日までの二ヶ月間にわたる会間中、大田昌秀元沖縄県知事の講演会などの関連イベントも含め、多数の来場者が見学し、大きな反響を呼んだ。

筆者は開館一周年記念企画を沖縄関連でおこなうことが決まった段階で、ご縁があって企画に携わることになったのであるが、その際に企画の理念を考え、実行委員会にお諮りした。それは、以下の内容であった。

1. 沖縄戦の全体像を示す
2. 沖縄戦がひきずって現在に至っている問題を示す
3. 沖縄の過去と現在から、日本および世界の戦争と平和の現状を学ぶ
4. 愛知在住沖縄出身者の戦争体験を記述するきっかけづくりとする
5. 愛知在住沖縄出身者の戦前戦後のくらしを知る

これらすべてを半年の準備期間で咀嚼し展示に反映させることは大変難しいことであったので、現在もなお宿題として残されている課題もあるが、多くは事前の勉強会や沖縄見学旅行などを通じたスタッフの努力のたまものとして、具体的な展示に活かすことができたと思っている。それは、単に沖縄戦を過去の悲惨な出来事として伝えるだけでなく、なぜ沖縄戦の悲劇が起こったのか、なぜ今沖縄戦について知らなければならないのか、さらに沖縄戦を通じて沖縄とヤマトとの

間に存在する溝について考える、といった課題を念頭に置いた、見学者に考えてもらうための展示に近づけたという点での評価である。また、特筆すべき成果は、上記理念の４に当たる沖縄戦体験者の語りを実現できたことであった。それは、比嘉俊太郎氏（那覇市出身。当時愛知工業大学教授）の小学校一年生の時の体験談である。筆者が従前から個人的に伺っていた沖縄戦体験を、この展覧会に際し、初めて公の場で語っていただいたのである。ご両親やご兄弟を目の前で亡くされた非常に辛い記憶を中心に那覇から沖縄本島南部までの逃避行についてがその主な内容であったが、戦後六〇年以上の間、人前で語られることは決してなかったのを筆者が説得して語っていただいたのであった。その語りは、時に言葉に詰まりながらの訥々としたものであったが、それゆえに聴く者に深い悲しみと戦争への怒りや戦争がもたらすものへの理解を共有させるに十分なチカラがあった。（これ以降、比嘉氏は各地で戦争体験講話を依頼されるようになり現在に至っている。）

なお、この特別展の図録をディスクの形で頒布したところ、後々に活かせる資料としての価値と利便性が認められ好評を得るに至り、この方式は、これ以降の企画展にも踏襲され、ピースあいちからの発信ツールとして定着したことも付記しておく。

この「沖縄から戦争と平和を考える」展は、ピースあいちの一つのスタイルである手作りのパネル展示とともに、沖縄県平和祈念資料館やひめゆり平和祈念資料館など沖縄県内の平和資料館から所蔵品を借用して、なるべく現物をもってリアルに感じられるように工夫したのであるが、この展覧会を契機に沖縄県内の施設との関係ができあがったのも成果の一つと言えよう。それは、これ以降毎年沖縄慰霊の日（六月二三日）前後に定期的に開催することになる沖縄関連の企画展にも大いにメリットとなることであった。その後の沖縄関連の企画展と沖縄へのまなざしを多分に含む展覧会は以下の通りである。

二〇〇九年「教科書にみる戦争と平和　―子どもたちは、どのように育てられたか―」展、「戦後オキナワ　あの日・あの時「あんやたん写真展」パートⅡ」
二〇一〇年「名古屋空襲を知る　いま平和を考えるために」
二〇一一年「沖縄戦とひめゆり学徒隊」展
二〇一二年　沖縄復帰四〇年パネル展「沖縄戦～五〇万県民を巻き込んだ地上戦～」
二〇一三年「沖縄戦・学童疎開の悲劇　対馬丸沈没」展
二〇一四年「沖縄　今とつながるために」展
二〇一五年「戦後70年：今振り返る　沖縄戦と日本軍」

このほかにも、ボランティア研修会や映画会などで、折に触れて沖縄に関するイベントが行われており、ピースあいちは名古屋における沖縄から戦争を平和を考えるための拠点としての位置づけを確立したと言って良い。そして、その一つの象徴となるのが、ブックレット『沖縄から平和を考える　―ウチナーとヤマトの架け橋に―』の発刊であった。これは、某助成金を得てピースあいちがこれまでの企画展の内容をブックレットにして遺すというプロジェクトで、二〇〇八年の企画展で制作したパネルをベースにその後数年間の沖縄をめぐるさまざまな出来事に関する相当量の加筆増補をおこない、編集に半年かけて刊行したもので、全七二ページのコンパクトながらも充実した内容になった。本ブックレットが、教育現場やさまざまな学習会などで活用されればと願っている。

小中高での沖縄学習

ピースあいちは、大人も子どもも、年齢に応じて学習ができる施設であるが、できるだけ多くの小中高校生に見学してほしいと期待していると思われる。「ぞうれっしゃ」に関する展示を常設にしているのも、その表れであるし、愛知県内の私立高校が集まって開く「愛知サマーセミナー」への参加なども、そうした思いからなされているはずである。その小中高生への平和教育は、昨今の社会情勢からも極めて重要であるが、実際の学校現場でのありようは、学校や教師の取り組み次第という側面が非常に強い。

筆者は、毎年数校の高校で、沖縄修学旅行の事前学習の講師を務めている。そこで感じるのは、担当の教師の意識の持ち方によってずいぶん生徒の取り組み姿勢も変わってくる、ということである。旅行会社に旅行プランを丸投げしているような学校では、ただ沖縄に行ってきましたというようなレベルで終わってしまうだろうなぁと、がっかりさせられることも少なくない。いっぽう、一年間かけて事前事後の学習時間もたっぷりとって取り組む学校では、かなり充実した学習成果が得られ、継続的に冊子や発表会などで対外的に発信を行う場合もある。そうした経験を積んだ生徒は、大学進学後や社会人になってからも沖縄に強い関心を持ち続けることが多い。このようにいろいろなケースがあるのであるが、筆者がどんな学校であれ留意して話をするのは、沖縄で見聞するものが直接戦争や基地問題に関係ないと思われる場合でも、どこかでつながっているということを念頭に置いておいてほしい、ということである。これは、筆者が都合1年半ほど沖縄県宜野湾市に住んだ経験から得た知識に基づくもので、沖縄の普通の人々の暮らしに直接間接に七〇年前の戦争およびその延長線上にあり続ける基地の存在が影響を及ぼしていることを知ってほしいと思っているからである。実は、ヤマトゥンチュが現実の沖縄について知らなければならないのはこの一点であると筆者は考えている。

そういう見地から言うと、筆者が何年も前から講師をお引き受けしている椙山女学園高等学校の「国際理解と平和学習」というプログラムは、このことを伝えるのに最も適した時間となっている。ここでは、十数人の外部講師がそれぞれの得意分野の講義やワークショップをおこなう。生徒はどれか一つを選び事前に予習をした上で講義に参加し、その後に、それぞれの学習内容を報告しあい、情報交換をおこなう。それによって、立体的に「国際理解と平和」という大きなテーマが内包するさまざまなことがらを学んでいくのである。この中で私は上記の見地から米軍基地のある町に住むということがどのようなことなのかについて語り、別の方が日本兵としての沖縄戦体験を語り、また別の講師が人権問題や環境問題を語るので、沖縄を理解するのに大変効果的だと感じている。

中高生は自分で学習するノウハウを会得しているが、小学校では相当部分受け身で知識を吸収することに重きが置かれている。筆者は過去に何度か小学校でも沖縄の文化について授業をしたことがあるが、ある程度考える時間を設けても、やはり生徒達はこちらの示すことを受け入れるのに大半の時間を費やすことになる。そのような小学校でも興味深い試みを実践している学校がある。ひとつは、尾張西部の某小学校のO教諭の個人的な実践であるが、沖縄慰霊の日にあわせて、沖縄戦の実態を伝える絵本『つるちゃん』を自分で紙芝居に仕立て直したものを使って、低学年の生徒達に沖縄戦がもたらした悲しみと命の尊さを感じさせる授業を展開されている。O教諭によれば、子どもたちの心にすーっと戦争の恐ろしさや命の大切さが伝わっていくことを感じるとのことである。

もうひとつは、江南市立藤里小学校の六年生学習発表会（二〇一三年度）の演劇（「命どぅ宝～響け　平和の鐘～」）による沖縄戦理解の実践である。こちらは、生徒達自らがシナリオを整え、役を演じることで、身体を通して沖縄戦を体感することができたようである。これは、生徒達の努力もさることながら、N教諭の情熱なくしてはなし得なかった成果であろう。本番を観た保護者達は、涙なくして観られなかったとのことである。

こうした実践は、すべての学校・教師に求めることは不可能であるし、全国的にもそれほど例があるとは思えない。が、年々沖縄修学旅行をおこなう学校は増えているそうなので、沖縄に関心を持つ学校・教師も少なからず存在するはずで、学校・教師自らが沖縄を勉強、理解し、さらに少しでも手間と時間をかけることができれば、必ず沖縄に関心をもち、沖縄の問題を自分のことして考えることができる若者を育てることができるはずである。そのことを、大いに期待したいところである。

名古屋市立大学における沖縄

さて、最後に筆者の勤務先での沖縄理解の実践について紹介しておく。

前述のように、筆者は国内留学の機会を三度いただき、その都度、沖縄県宜野湾市にある沖縄国際大学にお世話になった。この沖縄国際大学と琉球大学に容易に通えるところにアパートを借りて住んだのであるが、それは必然的に普天間飛行場のすぐそばに住むという選択肢を選ぶということにほかならなかった。かくして、筆者は米軍基地問題を日常的に身体で感じ、受け止めざるを得ない環境に身を投じたのであった。この体験は、強烈であった。第一回目の時には、湾岸戦争が勃発したので、米軍の動きから、沖縄の基地が最前線基地に等しい場であることが、手に取るように理解できた。それが、名古屋における活動の原点になっていると思う。沖縄で体得した基地がある暮らしについて、名古屋にいて想像すらできない人々に対し、リアルに伝えていく、そしてそうした暮らしを彼らに強いているのはほかならぬ我々自身であることを是非伝えなければと考え、実践し始めたのが、沖縄復帰の日と沖縄慰霊の日に開く特別講義である。

この二つのメモリアルデーが土日にかからないかぎり、その当日に自分の授業時間を当てるか、別に時間を設けておこなってきた。具体的には、元日本軍兵士の沖縄戦体験談や沖縄戦を体験したウチナーンチュの語り、沖縄戦関係の映像資料の上映会、などである。自分の授業時間に行う場合は、参加者は百名を超えることも多いのであるが、そうではない場合には学生参加者が数名ということもあるので、より効果的な方法、魅力的なプログラムの設定が課題である。

このほかには、大学祭における映画上映会の開催やゼミの沖縄研修報告会が挙げられる。前者は、二〇一〇年の市大祭でドキュメンタリー映画監督藤本幸久氏を招いての「また、また、辺野古になるまで」と「One Shot One Kill」の二本立て上映会。ちなみに、藤本監督は何度も名古屋市立大学に来られており、何度か私の授業で作品上映をしていただいている。また、ゼミの報告会は、二〇一二年に同僚教員のゼミとのコラボレーションで沖縄でのフィールドワークについての報告をおこなったもので、特別にお越しいただいた沖縄大学客員教授の小林武氏や沖縄出身愛知県在住のKさんの貴重なコメントに、ゼミ生達は大いに刺激を受けた。ちなみに、筆者のゼミでは学部三年生は必ず沖縄フィールドワークをおこなうことになっており、各自が設定したテーマによる調査の報告原稿をまとめて毎年報告書を作成している。

さらに、二〇一四年度には国際文化学科の特別企画として沖縄スタディツアーの実施を予定している。これは、筆者がプランニングをおこなった環境・平和・国際関係をキーワードとするツアーで、観光旅行ではまず訪れることのないところばかりを廻ることにしている。このツアーで

の学びが、参加者の沖縄理解や今後の進路、人生観などに大きな影響を及ぼすことを期待している。(注２)

（注２）二〇一四年度の沖縄スタディツアーは、諸事情により残念ながら中止のやむなきに至ったが、今後も企画を継続してゆく予定である。

ヤマトと沖縄をつなぐために

最後に、ヤマトで沖縄について考えるための留意点についての私見を述べておく。昨今、沖縄では「沖縄差別」という言説が、マスコミのみならず一般市民の会話にも上ることが珍しくなくなっている。まずは、そういう現実があるということをヤマトゥンチュは知っておかなければならない。差別問題は、概して言えば、差別している側はほとんどそのことを意識していないと思われるが、沖縄差別についても同様である。おそらく多くのヤマトゥンチュは自分は沖縄を差別などしていない、と答えるに違いない。だが、ウチナーンチュの意識は真逆である。琉球処分後（あるいはずっと遡って、薩摩の琉球侵攻以来）今日に至るまで、沖縄はずっと抑圧されてきた歴史を持つにもかかわらず、沖縄差別という言説が拡がることはなかった。ところが、「最低でも県外」というスローガンを掲げた鳩山政権が普天間代替施設はやはり県内に、と腰砕けになって以来、急速に拡がっていった。そこには、ヤマトに何を言っても通らない、ヤマトと同等に扱われない、という不平等感が共有されたという背景がある。「本土並み」を合い言葉に「本土復帰」

を勝ち取ったにもかかわらず、何十年経っても「本土並み」が実現しない、それどころか悪化している、との思いが根深く存するのである。さらに言えば、ヤマトゥンチュが沖縄に「癒しの島」であることを求めながら、いっぽうで日米の防衛拠点でありつづけることを押しつけていることへの反発が、そこに重なっているのである。

筆者は、そうした背景や思いへの理解なくして、沖縄を語ることはできないと考えている。その理解を深めるためには、やはり自分の眼で沖縄を視、自分の耳で聴くこと以外にはないのである。たとえ観光目的の旅行であったとしても、ちょっと気をつけておくだけで、沖縄戦の傷跡、基地の影響、人々のヤマトゥンチュへの複雑な視線、を感じることができるはずである。また、すぐに沖縄に出かけるのが難しければ、名古屋在住の沖縄出身者の話を聴いたり、本土メディアが伝えない沖縄を沖縄から発信されるサイトなどから拾ってくることは名古屋にいてもできる。まずは、名古屋でアンテナを広く張って「沖縄」を収集し、そこからできるだけリアルな沖縄を感じたうえで、実際に沖縄に出かけて確かめてみるのもよいと思う。これまで紹介してきたさまざまな活動は今後も継続されるはずであるから、ぜひ情報をキャッチして沖縄理解に活かしていただきたい。

無関心がもっとも危険な無理解への入り口であることを、すべてのヤマトゥンチュが気づくべきだと考える。本稿がその気づきの手助けになればと念じている。

〔参考文献〕
愛知の沖縄調査会編『愛知の中の沖縄　先人達の足跡を求めて』Vol.1、愛知沖縄県人会連合会、二〇〇九年
『沖縄から平和を考える―ウチナーとヤマトの架け橋に―』ピースあいちブックレットNo.3、戦争と平和の資料館ピースあいち、二〇一三年

放射能汚染からの避難体験
―原発事故被害者支えあいの会代表、副代表に聞く―

平田 雅己 Hirata Masaki

二〇一一年三月一一日に発生した東日本大震災は、地震や津波という自然要因と福島第一原発事故という人為要因が融合した人類史上初の未曾有の大災害であり、多くの人々の命と生活が奪われた。(震災による直接死者数一万五八九〇人、行方不明者数二五八九人、二〇一五年三月六日警察庁調べ) 震災から四年以上が経過したが、福島第一原発では増え続ける汚染水の処理方法をめぐって試行錯誤が続くなど廃炉以前に事故そのものの収束すらままならない状況が相変わらず続いている。また事故発生当初は可能と思われていた周辺地域の除染作業の技術的限界も明らかになった。こうした状況下で、原発事故による放射能汚染から子どもを守るため、自主避難を余儀なくされた被災者の多くが現在でも精神的経済的負担の重圧に苦しんでいる。

二〇一二年六月に日本の国会で可決された原発事故子ども・被災者支援法は「放射性物質によ

る放射線が人の健康に及ぼす危険について十分に解明されていない」現状を念頭に、特に放射能の影響を受けやすい子どもへの配慮から被災者が避難を選択する権利を尊重し、彼らへの全面的な生活・自立支援を約束した画期的な理念法であった。ところが、その一年二ヶ月後に国が具体的施策として公表した「基本方針」の内容は放射性物質の拡散実態を無視した「支援対象地域」の設定など、被災者の多様な立場や声を反映したとは言い難い不十分なものであった。

復興庁のまとめ（二〇一五年七月一六日現在）によると、全国に分散する約二〇万二千人の避難者のうち、愛知県には一一一一人が生活をしているという。本章ではこの地域に自主避難した人々を中心に二〇一三年二月に結成された原発事故被害者支え合いの会「あゆみR. P. Net」の代表・井川景子さんと副代表・岡本早苗さんへのインタビュー内容を掲載する。震災三周年前日の二〇一四年三月一〇日の午後、名古屋市立大学滝子キャンパス一号館六〇七セミナー室で平田が話を伺った。本書刊行時点から一年数か月前の内容であるが、彼らを取り巻く困難な現状が当時とほとんどまったく変わっていないため、そのまま掲載することにした。

自主避難の決断と苦悩

――明日で東日本大震災から三年が経過します。かつての自主避難の決断とその後の避難生活を改めて振り返っていただけますか。

井川　私たちは震災直後最初の一ヶ月間は栃木県で暮らしていました。その間も余震が止まらず、当時発表されていた放射線量も高いままで結果的に年間一ミリシーベルトを超える被ばくを家族四人がしてしまい、生まれたばかりの赤ん坊と遊びたい盛りの三歳の子どもと地元で暮らすには難しいと判断し、知人がいる広島への一時避難を決意しました。四月半ばから約五週間の広島生活において、人々に理解されなかったとか、次女が肺炎を煩い十日間入院生活をした際に放射線医師にこういう状況で避難してきたのでレントゲンを撮りたくないと伝えても、なかなか理解してもらえず悶々とした日々を送っていました。

当時は五月の連休までに東京電力が提示した計画に従って除染作業が開始され原発事故が収束し、放射能の飛散が止まるときいていたのですが、一向に栃木の線量は下がりませんでした。栃木で暮らすのは難しいと思い、子どもの退院と同時に一度栃木に戻り、五月末に引越しを決断し避難先の住宅を探し始めました。しかし、被災三県に属さない地域からの避難者であること、主人が仕事を辞めたことを理由に、住宅を提供してくれる不動産業者はなかなか見つかりませんでした。銀行の預金残高を示してようやく住宅を提供してくれる業者が現れ、唯一可能な物件として小牧市のアパートを紹介され、六月下旬に入居しました。この間約二か月を栃木で暮らしていたので、その時期にすぐに子どもを安全な場所に連れていけなかったことが私の中で今でも後悔として残っています。移住先で落ち着くまでに五百万円近くの私財を投じました。マイホーム資金としてこつこつ貯めていたものですが、すべてを使い切ってしまいました。きれいな空気を買ったのだ、と私たち夫婦は割り切りました。夫は長男として家業を継ぐことになっていたので、実家との関係が悪くなりましたし、被災三県以外からの避難者という理由から、私たちには生活に必要な物資も頂けず、幼稚園や保育園の費用など子どもに関する公的な補助は現在までまったく受けていません。地元では気にはするけど避難にまで至らない人が多く、田舎ということもありますが家業を継がなければならない若夫婦が出て行くとは何事か、とかなりの批判を受けました。

私たちの行動が正しかったのか当時は何度も自問自答しました。その年の秋に長女が体調を崩し病院に連れていったところ、避難生活のストレスが原因と思われる急性の音声チック症と診断されました。酷いときには会話もできないほどの発作が起きたため精神安定剤を処方されました。病院の待合室で、放射能から子どもを守りたいだけなのに、どうして子どもにこんな薬を飲ませなきゃいけないんだろう、とふと思ったときに、胸の内側が急に熱くなって人生初めてといっていいほどの大きな悔しさを覚えました。それから、子どもにとって放射能とストレスどちらが体に悪いのかと悩み始め、主人に相談したところ「精神的なものは親とか友達とか周囲の環境で克服できるけど、被ばくだけは親の力でどうにもならない」と言われて納得し、今でもここで生活しています。子どもはどうして友達は向こうにいるのに自分だけこちらにいるのかずっと悩んでいたみたいですが、今では向こうに何か危険なものがあるからここにいると感じているようです。今でも国が実施する被災者支援関連の情報が支援対象外の私たちに直接届けられることはなく、被災者同士の交流や独自の支援体制が持つ愛知県を通じて得られる状況が続いています。

岡本　私は事故に遭遇して初めて福島に原発があると知ったほどですから、放射能が危険といっても、具体的に人体にどのような影響があるのか最初はまったく理解していませんでした。名古屋にいる兄からの心配と怒りに満ちた電話によって、避難する決断をしました。ただ決断をしても、お腹に赤ちゃんもいましたし、子どもは福島で生むのか愛知で生むのかとか、子どもの小学校はどうするのかとか、いろいろなことを決めずにきたので、こちらに移ってきてから毎日が決断の連続になりました。私は仕事がある主人を福島に残して、子どもを連れて三月二二日に名古屋に避難してきたのですが、一緒に暮らし始めた親族から「子どもの学校はどうするの」と訊かれて、そうだ、学校に行かせなきゃと思う有様で、どういうわけかすごくあせって区役所に行ったものの、避難者になるのが初めてということもあってどう申請すればいいのかまったくわからず、役所の担当者から言われるがままに手続きをして帰ってくるのですがいつも疑問を残して帰ってきていました。「五月三一日までは転入手続きで結構ですが、それ以降はどうするか決めてくださいね」と言われて、その時は「はい」といって帰ってくるのですが、後で「どうするか」ってどういう意味だろうと考え、たぶん福島に戻るのか、住所変更をして名古屋市民になって転校手続きに切り替えるのかそういう意味だったのではないかと後で考えてやっとわかるというような日々が続きました。毎回子どもを四人連れて区役所に行っていたので、きちんと先方の話がきけていないというか、ききたいこともすぐに浮かばない状況でした。

三月下旬から子どもが次々と体調を崩し、ずっと病院に通っていました。四月下旬のある日、子どもの一人が四〇度を越える高熱を出したので病院で検査をしてもらったところ、川崎病と診断され、その後一一日間入院しました。避難してからその時期まで、主人は多忙で休みがとれず会えない。夜電話で話すとすぐに喧嘩になって、お互いに不機嫌のまま切ってしまう。電話がまったくできないときもありましたし、この先どうすればいいのか不安で仕方がなかったです。子どもの入院をきっかけにようやく主人とまともな話ができるようになったのですが、主人は十年勤めてきた会社を簡単に辞めることはできず、会社から福島で働きながら、岐阜の出張所に月一回出張しながら名古屋に帰るというのはどうかという打診もあったのですが、月にたった一度、しかも一日過ごしてすぐ福島に戻るという生活は家族のあるべき姿としてどうしても受け入れられませんでした。子どもの健康もさることながら、このまま主人が福島で仕事を続けて十年後に倒れてしまったらどうするのと電話で訴えましたが、主人は、会社に迷惑はかけられない、の一点張り。互いの意見がまったく噛み合いませんでした。私の脳裏に離婚の二文字が浮かびました。すると翌日の朝、会社を辞めることにしたという主人のメールが私に送られてきました。私としては主人にはこのまま仕事を続けてもらって一緒に生活することが最善でしたので、その選択ができなかったというのが本当に悔しかったです。私がもっと我慢して私がもっと上手に子育てができれば主人は仕事を辞めずに済んだはず、としばらく自分を責め続けました。精神的におかしくなって病院にも通いましたし、毎日のように死にたいと思いながら、無気力状態で夜の街を徘徊したりしました。

避難して本当に良かったと思えるようになったのはつい最近です。福島のかつての家の周りの線量をはかれば、子どもが生活できるような線量ではないので、どう考えても戻ることもないしあそこで生活するのは無理だったし、今の生活が最善であると思い込むしかなかった。放射能の人体への影響については解明されていないことが多く、そのためかなかなか理解してもらえないことも多いですね。実はそうした人の中には私の父親も含まれています。二〇一一年七月を最後に現在まで一度も会っていないし、電話で会話すらもしていません。辞めた会社に今からでも頭下げて戻れ、というのが父の主張です。私たちが頑なすぎるのかもしれないですが、どうしても子どもを守りたかったのでそれは無理ですね。私たちの気持ちがなかなか伝わらないというのがすごくつらかったですし、会って責められたら嫌という気持ちがどうしてもあります。母とは年に一、二度会うのですがその程度で名古屋に住んでいても、父と母にはほとんど会うこともなく生活するのは辛いです。避難者支援のあり方については、私は行政の線引きを感じていて、避難した最初の半年間は、私たちは避難者ではありませんでした。福島は被災三県ですが、震災当初は原発から三〇キロ以外の地域からの避難者は医療費も自費で払わなければならず、そのために名古屋市民にならざるをえなかったという状況でした。福島県民ということで住宅は提供されて新生活が始まりましたが、私自身が精神的に病んでしまい家事がまったくできなくなってしまい、私自身つらかったのですが、私以上にそれを見ている子どもたちはもっと嫌な思いをしてきたと思います。三年経ってようやく落ち着いて自分たちの状況を把握できているようになったというのが実感でしょうか。

あゆみR. P. Netの活動

――団体結成の理由や経緯についてお聞かせください。

井川　震災の翌年、私はこちらで被災者対象の交流会を企画しました。その会の活動を通じて、『気持ちを手紙に』（愛知県被災者支援センター発行）という被災者の声を集めた冊子をつくりました。その時期に縁があって弁護士の江里二郎さんと出会いました。六月頃、私はADRに着手しようと思いました。しかし当時関東からの避難者でADR（注1）を準備している人は私の周囲にはいなく、また法的な手続きについてまったくわからなかったので、江里さんに相談を持ちかけました。その後、江里さんの指示に従いながら二〇頁ほどの陳述書の作成に入ったのですが、フラッシュバックに悩まされました。自分の中で震災と避難の経験が消化しきれていなかったのでしょう。パソコンの前で書き始めるといろいろ思い出されて涙が止まりませんでした。江里さんを

放射能から避難してきた子供たち。（右端が井川景子さん、左端が岡本早苗さん）

始め弁護士の皆さんと協議を重ねながら、その年の秋にはやはり関東からの避難者による申請は困難との判断からADRを断念せざるを得ませんでした。線量が高い地域から避難しているのに、辛い思いをして陳述書を執筆したのになぜこのような結果になってしまったのか。その悔しさをすべて江里さんにぶちまけました。すると江里さんから、私の気持ちを他の関東からの避難者たちに伝える場をつくろうという提案を頂きました。その時、私は関東という枠だけでは繋がりたくない、福島の人も気持ちは一緒のはずと思いました。先ほど述べた交流会を通じて、福島から避難した母親たちから子どもを想う気持ちは一緒だからというエールをもらっていたからです。最終的に被災地域に問わない原発被害者が集う団体として翌年二月に正式に会が発足しました。

（注1）身の回りで起こる法的トラブルについて、訴訟を起こさずに公正な第三者に仲介してもらいながら紛争を解決する手続きのこと。福島原発事故後、被害を迅速に解決するため、文科省に「原子力損害賠償紛争解決センター」が設置され、同センターに被害者が和解の仲介を申し立てることによって東京電力との和解を促進する体制ができた。

――この一年間の活動を振り返ってください。

井川　損害賠償請求にかかる問題と避難生活に伴う諸問題の解決を二つの柱として活動しました。設立一ヶ月前に上京し避難者の意見をまとめた要望書を復興庁で「支援法」を担当する水野参事官に手渡しました。水野さんは私に対して、重く受け止めます、といってくださったのですが、実はその後にツイッター事件（注2）が発覚しました。私たちが要望書を提出した日を前後して、いろいろなコメントがツイッターに書き込まれていたようでがっかりさせられました。被災者一人一人が思いを込めてアンケートを書いてくださって、それらをもとに要望書を作成して東京まで運んだのに、そのような心無い発言に接することになり、この一年の中で一番悔しい出来事でした。その後もメンバーが皆、育児や仕事の忙しい合間を縫って勉強しながらパブコメや署名活動を懸命にやったにもかかわらず、私たちの想いが十分に反映されていない「基本方針」があっという間に閣議決定されてしまいました。この一年間、被害者同士が支え合いながら様々な啓発イベントを実行してきましたが、「基本方針」には本当に失望させられました。

（注２）二〇一三年六月、復興庁職員の水野靖久参事官がツイッター上で、被災者や支援団体などを中傷する発言を繰り返していた事実が発覚し、停職三十日の懲戒処分を受けた事件のこと。

岡本　法律や訴訟とは程遠い生活をしていた母親たちが、法律用語を一つ一つ学びながら、支援法を理解し、異なる意見のすり合わせをして要望書を作ったにもかかわらず、それらが結果的に何一つ考慮してもらっていないことを知り落胆しそして怒りを感じました。昨年一〇月から一二月にかけて、皆さん忙しい中、「基本方針」の再検討を求めて、声を張り上げて一生懸命に署名活動をやって提出したのですが、国はまったく私たちの声に耳を傾けてくれない。私たちの存在がなかったものとして扱われているような気がします。どうすれば私たちの声が届くのか、そしてどのように世論に訴えるべきかについて考えさせられます。傷ついて辛い思いをした被害者の声を拾い上げないこの国の体制に怒りを感じます。新年度を迎え、また新たな気持ちで試行錯誤しながら活動を展開したいと思っています。ただの主婦による活動としてはよくやっているとも思いますが、なかなか求めているものが実現されないことに対するもどかしさを常に感じています。

井川　この団体は単なる交流会ではなくて、名称に「リアライゼーション（実現）」という言葉が入っているように、私たちが抱える問題を解決するための運動をする団体です。様々な試みがなされても問題が解決されないうちは、目標を達成していないということです。笑顔で活動していますが、私たちはすでに被ばくをしています。様々な問題が報道されているにも関わらず、被害者である私たちが加害者である国や東電にお伺いを立てなければならない、そのような体制に強い怒りを感じます。

――支援法が具体化すればするほど理念から遠ざかっていく印象があります。なぜだと思いますか。

井川　日本社会において原発事故の被害者が声を荒げるということに対してご法度な雰囲気があるように感じます。根拠に欠くイメージだと私は思いますが、おとなしく気持ちを表面に出さない東北人気質も影響しているのかもしれません。この団体に集う皆さんは、皆自分たちの問題を自分たちで解決しようという気持ちを持っていますが、被災者の中には、支援者の人たちが自分たちの代わりに助けてくれるのではないかと思っている方も少なからずいます。新天地での自分たちの生活を考えることで精いっぱいで運動に関われない、とかまだ自分たちの経験を語る心の余裕や準備がないと思っている被災者もいます。そういう様々な要素が絡み合ってなかなか政府に届くような太い声にならない。思いは一緒ですが、行動できない親たちが多い。それが一番の理由だと思います。私も三・一一を迎える前後になると震災当時をいろいろ思い出します。私や副代表も人前で体験を語るたびに過去に引き戻されるような感覚に囚われます。人によって時期的に積極的になれたりなれなかったりといろいろあります。

岡本　会に入っていない人に関していえば、愛知県は他県に比べて支援が手厚いです。そのためか支援される側から自分の力で問題を解決していく側になかなかなれないでいる人は結構たくさんいます。そういう方から「この会に入るメリットってなに？」とよくきかれます。この会に入ったから何かメリットがあるのではなく、この会には同じおもいをしたお母さんたちがいて一緒に歩んでいって自分たちの問題を解決するための団体であるということがなかなか理解をしてもらえないのは、まだ支援が必要と思っている人が多いことの表れなのかもしれません。

甲状腺ガン、震災関連死、原発再稼動

――福島で甲状腺ガンを発症する子ども(注3)が確実に増えている現状についてどう思いますか。

岡本　三年前に避難を決断した時、国は放射線の健康への悪影響はないと繰り返しいっていました。この現状の展開の速さに驚いています。ガンにかかった子どもを持つ親の気持ちを考えると心苦しいです。中には避難したかったのにできなかった方もいたと思います。たぶんこの先もっと増えていくでしょうね……。

井川　以前伺ったことがある福島県立大学の先生の話によれば、チェルノブイリ原発事故の時よりも、現在は遥かに医療機器が進歩していて、昔は事故から十年経って見つかっていた症状が三、四年後から見つかるとのこと。その先生がおっしゃるとおりの状況です。チェルノブイリではヨウ素剤が配布されていましたが、福島では一部にしか配布されず、ほとんどの子どもたちがヨウ素剤を飲んでいない。チェルノブイリの時よりも甲状腺ガンが検出される可能性はありますね。メディアはもっとこの問題を取り上げるべきです。

（注3）このインタビュー時点では、甲状腺ガンと診断された福島の子どもの数は三三人であったが、一年後の震災四周年時点で八七人と増加傾向にある。（『中日新聞』二〇一五年三月三日付記事）

――甲状腺の検査体制についてはどう思われますか。

井川　愛知県は県の特例として関東から愛知県に避難している子どもは県から補助がでています。愛知県以外の地域に避難している関東の子どもたちは一切ありません。

岡本　福島に関しては二年に一回は甲状腺検査が実施されます。ただし福島に行かなければ検査は受けられません。この話を知った主人は「行けるわけないだろう！」と怒り心頭でした。先日も案内がまた来たのですが、検査実施まで二ヶ月も待たされたあげく、検査結果の通知はおろか検査画像すらもらえない。何のために検査するのかわからなくて結局、自分たちでまた検査する。一年とか半年に一回は自費で検査をしています。

――震災関連死(注４)の増加傾向についてどう思われますか。

井川　去年二月の設立総会の日に会員の男性が自殺しました。遺書には「避難に疲れた。自分の骨は福島の地元に撒いてほしい」と書かれてあったといいます。奥様と子どもが残されました。その日の朝に電話で知り、とても悔しい思いをしました。関連死については人と人のつながりだけでは不十分で、生活の不安を解消する法律によるしっかりとした支援体制が必要です。

（注４）震災による直接的被害ではなく、その後の避難生活に伴う体調悪化や過労など間接的原因で死亡すること。このインタビュー時の震災関連死者数は累計で一六五六人だったが、一年後の震災四周年時点で累計三二四四人と増加の一途にある。（『中日新聞』二〇一五年三月一一付記事）

――市民による脱原発運動や原発再稼動に向けた政府の動きについてどう感じていますか。

井川　私たちは少なくとも私は、自分に関する問題の解決で精一杯で、脱原発運動にまで手を伸ばす余裕はありませんが、大いにやっていただきたいと思います。政府に対しては、原発再稼動を検討する前に、避難民の生活苦、甲状腺ガンの子ども、震災関連死などすでに起きてしまった原発事故にかかる諸問題の解決を真剣に考えてほしいです。福島原発は今もなお放射性物質が撒き散らし事故は収束していないのに、原発を再稼働させようとする日本政府には失望しています。

岡本　震災前、原子力は安全なエネルギーと主張していた国や電力会社が、今度は事故の可能性を前提に再稼働を推進しようとしている。私たち被害者にはまったく理解できません。

被災地への思い

――故郷・栃木に対する思いをお聞かせください。

井川　私の場合、友人たちに対する思いがとても強いです。引越しの日も皆で手伝ってくれて、出発の直前までずっと一緒にいてくれました。彼らも私たちと同じように震災に遭遇し放射能を恐れていましたので、自分だけ避難することについて本当に申し訳ない気持ちでした。私の友人六人のうちの一人は結婚していて私と同じように家族で逃げたかったのですがお金がなかった。避難費用を貸してほしいと両親に頭を下げたら、「テレビがだいじょうぶだと言っているのに頭がおかしくなったのか。避難するなら親子の縁を切る」とまで言われ避難を諦めてしまいました。「私たちは逃げられないけど、応援するよ」という彼女の言葉が今でも忘れられません。友人たちから励ましのメールや電話をたくさんもらいました。栃木で声を挙げられない友人たちのために、避難した私だからできることがあると思っています。決して栃木を捨ててきたわけではないし、ずっと支え続けてくれる友人たちに対してできることをしなければと思い、講演などで栃木の現状も訴えるようにしています。主人は実家の自営業（農業と自動車整備会社）の跡継ぎなので、この避難生活がずっと続くわけではありません。主人の父が元気なうちはこのような避難生活が続けられますが……主人の実家はこの避難生活を今でも理解してくれません。主人だけ帰って母子避難になるか、私も一緒に戻るか、数年後には決断の時期がくると私も主人も覚悟しています。だからこそ今できることを一生懸命やりたいと思っています。

――もし地元に残っていたら実現したかった夢があったと伺っています。その夢とは何だったのでしょう。

井川　私の実家は薬局で、私自身、薬膳を勉強していました。主人の実家が農家ということもあって、朝取り野菜やフルーツを使ったスムージードリンク屋を開くことが震災前の夢でした。それから私が一人っ子だったこともあり、子どもがたくさん欲しかったですね。私は事故後、水を飲み、雨に当たるなどして被ばくしてしまい、また今いる二人の子どもの健康不安もありますから、これ以上子どもを持つことはないでしょうね。

――岡本さん一家は伊達市ではどのような生活をされていたのでしょうか。

岡本　私は名古屋出身、主人は大阪出身ですが、二人共自然が好きだったので、山に囲まれ、農業体験ができて、動物に触れ合うことができる福島が好きでした。震災が起きた時、千葉から福島に移り住んで三年が経過していました。福島では農業を教えてくれる農家の知り合いが多く、梅干をつけたり、有名なあんぽ柿のお手伝いをしたり、桃狩りやぶどう狩りをさせてもらったりとか、楽しかったですね。農業体験や自然体験ができる場所で子どもを育てたいという思いが夫婦共に強かったです。いろんな人と関わりながらやっと福島に慣れ親しんで、福島の人たちから認めてもらい順調な生活を送っていました。震災直後に私たちが母子避難を決断したとき、主人は会社でいろんな人から批判されました。福島にいた私たちの仲人は四人の子どもたちの名付け親でもあったわけですが、私たちの自主避難の決断をこころよく思ってくれませんでした。たった一つの事故かもしれませんが、あの事故がなければ、あの生活を捨てずに済んで、しかも周囲の人たちから心無いこともいわれずに済んで、こんな思いをしなくてもよかったのにと最初の一年はそんな思いで過ごしました。子どもたちは友達がたくさんいたのですが、誰ともきちんとお別れできずに避難してしまったことをとても後悔しています。同世代の子どもを育てている知り合いの母親たちに対しては、私だけ避難して申し訳ないという気持と今どうしているのかなという気持ちとが混在していますね。

東海地方の人々へのメッセージ

――東海地方は原発に囲まれており、皆様の経験は決して他人事でないことは明らかです。この地域の人々に対するメッセージをお願いします。

井川　私たち原発被害者にとって支援法は唯一の光です。震災を契機に成立した法律ですが、私たちの存在だけに限定されているのではなく今後新たな原発事故が発生した際の対応の手本となる法律です。現状で原発が多い日本で生活する限り、誰でも原発被害者になりうる可能性があるということを理解して、この法律に基づいた国の支援策の改善や充実を求める私たちの運動に力を貸してほしいです。放射能について無知だったことに対する後悔は、これからもずっと私たち家族は持ち続けることになります。皆様には私たちの経験を是非知って頂きたいですし、もし事故が発生したら小さな子どもがいらっしゃる家族は被ばく回避のためにすぐに避難してほしいと思います。

金山駅南口で開催された支援法啓発イベント
（2015 年 6 月 23 日）

岡本　皆様には明日は我が身と思ってほしいです。福島で起きたことが愛知でも起きる可能性は十分にあります。震災記憶の風化を感じます。そうした状況で被ばく対策といってもリアリティが感じられないかもしれません。まずは支援法を学んで頂いて、私たちと一緒に具体的な支援のあり方を想像しながら、意見交換できる機会が持てればいいと思っています。日本全国で原発が再稼動されるとなれば、地震大国日本で再び事故が起きる可能性はあります。事故がないことが一番ですが、私たちの体験に耳を傾けていただき、事故が身近に起きた時、自分だったらどう行動するか、故郷を捨てて逃げることが果たしてできるのか、考えてほしいです。現在の支援法は多くの避難者が路頭に迷ってしまう内容です。避難者が人間らしい生活を営むことができる法律を求めて、私たちと一緒に声をあげてみませんか。

cólumn

放射能から人類を護る

私の原爆体験

原子爆弾が投下された一九四五年八月、私は広島の中学二年生で、機関銃の弾丸をつくる旋盤の訓練を受けていた。しかし金属材料がなく、一発も人を殺す弾丸を作らないですんだのはよかった。八月六日私は病気のため軍需工場を休んで爆心地から一四〇〇mの自宅で寝ていた。気が付くと、つぶれた家の下敷きになっていた。私は潰れた家からなんとか這い出せたが、同じ部屋にいた母は太い柱か梁に足を挟まれて動けないと言う。声はするが姿は見えなかった。母は、当時、命を軽んじる軍国主義教育を受けていた私に、生き残って立派な人間になることの大事さを必死で説得した。はじめは気づかなかったが、周りには火がついていた。火が迫った時、母には火が見えないはずだったが「今すぐ逃げなさい!」と強い調子で命令したので「お母さんごめんなさい!」と言って私は母を残して逃げた。阿鼻叫喚の中を逃げる途中、「なんとかできなかったか」と残した母のことだけを考え続けた。

核兵器廃絶と被爆者の運動

広島大学三年の一九五四年、ビキニ事件が起り、専門の物理学が、体験した原爆よりも一〇〇〇倍も大きい爆発力の水爆をつくり、核戦争による人類の滅亡を現実の可能性にしたことに大きな衝撃を受けた。物理学科の同級生と相談して学生大会を開き、広島の大学生に呼びかけて原水爆禁止広島学生協議会を立ち上げ、署名運動と原水爆展を行った。以来、学生として、研究者として核兵器廃絶の運動を続けてきた。広島では被爆者であることを取り立てて意識することはなかった。

一九六六年名古屋大学に移った翌年、原水爆禁止愛知県協議会（愛知原水協）の役員になり、二年後に愛知県原水爆被災者の会（愛友会）の協力で愛知県下の被爆者調査を実施した。愛友会の代表が愛知原水協の理事になるなど愛知の平和運動に被爆者が直接参加してきた。また、愛知では大学や学部の枠を越えた交流が活発で、広く憲法、国際政治、哲学、歴史学、医学の専門の方達と共に核兵器廃絶東海科学者シンポジウムを四〇年間も継続して開催し広い視点で考え活動することができた。

人類史の中で広島・長崎を捉える

私の専門は「物質の根源は何か？その起源は何か？」を問い続ける素粒子物理学で、核兵器廃絶の運動をしながら今日の情勢に至る変遷を探った。一八六八年のサンクトペテルスブルグ宣言が非人道的な兵器を禁止する国際条約の始まりで、これをきっかけに十九世紀の終わりの一八九九年には「不必要な苦痛を与える兵器の利用を禁止、人道的な捕虜の取り扱い、住宅の攻撃禁止」などを盛り込んだハーグ陸戦規約に到達した。しかし、飛行機、潜水艦、毒ガスなど戦争が一層非人道性を強めた第一次世界大戦が起こり、戦後に戦争に訴えないとの義務を受諾して加盟する国際連盟が生まれ、一九二八年にはパリ不戦条約が制定された。しかし国際連盟に加盟した日本は「侵略戦争」を「事変」と称して満州事変、支那事変を始め、ドイツ、イタリアなどと枢軸国を構成したために、戦争禁止だけでなく武力行使の禁止が必要になった。第二次世界大戦の終結直前の一九四五年六月、武力行使を原則禁止する国際連合憲章（成立は一〇月二十四日）が生まれ、戦争が終われば武力行使のない世界が実現するはずだった。

ところが原子核物理学の発展の中で核エネルギー利用の可能性が見出されると、米国ではその悪用である核兵器でソ連を脅して戦後政治を支配する政策が生まれ、広島と長崎に原爆を投下した。脅されたソ連は対抗して核兵器をつくり、核軍拡競争を背景にした米ソ冷戦が始まり、軍事同盟がつくられた。国連憲章につくられた安全保障理事会の承認を受ければ武力行使という抜け道さえも通らないで、ソ連の東欧諸国侵攻、米国のベトナム戦争、9・11テロ後のアフガニスタン戦争とイラク戦争などと武力行使が続いた。七〇年を経た今なお国連憲章違反の武力行使優先政策が続いている。正義と寛容と人道に基づく国連憲章に盛り込まれた平和的手段に代わって、核脅迫を背景にした武力行使優先の体制がイスラム国などテロを生み出すことにつながった。文明の進歩は戦争の惨禍を軽減する効果をもつべきとして非人道兵器の禁止条約をつくった十九世紀後半の人たちが、被爆七〇年の今なお核兵器を持ち続けているのを見たらどう思うであろうか。

核エネルギーの誤用

核エネルギーの悪用の一方、地震や火山や人口密集など、安全性の問題が深刻な日本に濃縮ウラン利用の原発増設政策が持ち込まれ、遂に福島原発事故を起こして放射能汚染問題は深刻である。放射線被曝はマクロな武力行使と異なり、感知できない放射線というミクロの凶器が染色体などの生体分子に傷害を与え、原因を特定しがたく時間をかけて殺戮を引き起こす。こうした放射線被曝から集団を防護することも広い意味での平和運動で、原爆被爆者の原爆症認定集団訴訟と福島原発事故の避難民支援はこの運動の中心である。

核兵器政策と原発推進政策の下で、広島と長崎に設置された原爆被爆者の放射線影響を調査・研究する原爆障害調査委員会（米国運営一九四七年～一九七五年）と放射線影響研究所（日米運営一九七五年～）は原爆被爆者の原子雲から降下してくる放射性降下物による被曝影響、とりわけ内部被曝は無視してきた。原爆症認定集団訴訟の中で、爆心地に近い距離の被爆者は初期放射線と呼ばれる原爆の爆発で放出されたガンマ線や中性子線が被爆者に瞬間的に体外から放射線を浴びせる外部被曝を受ける。しかし、初期放射線がほとんど到達しない遠距離の原子雲の広がった下の広い地域で、急性症状の脱毛に較べて下痢の発症率は約三倍大きく、この割合は変わらないので放射性降下物の放射性微粒子による内部被曝であることを示す論文を書くことが出来て原爆症認定集団訴訟にも反映できた。こうした論文を書くことが出来たのは愛知の被爆者運動に加わり、さまざまな分野の研究者・活動家と交流して国際的な視点で国際政治の力関係についての考察が可能であったことが大きな背景となっている。

（名古屋大学名誉教授　沢田昭二）

「北朝鮮」バッシングと朝鮮学校

山本かほり Yamamoto Kaori

「日本政府のみなさん聞こえていますか？僕たちの心の叫びが聞こえていますか？何があっても諦める訳にはいかない、諦めることはできないのです。かつて大日本帝国の植民地時代、僕たちの先祖たちは国を奪われ、民族を奪われ、言葉を失い、自分自身を見失いました。そんな中でも祖国の解放とともにここ日本に残された先祖たちは、解放後も続く厳しい日本政府の弾圧の中でも、何よりも最初に学校を作り、民族教育を行うことにしました。その学校を一世・二世のおじいちゃん、おばあちゃんたちが命を懸けて守り、僕たちのお父さん、お母さんが固守発展させてきたからこそ、僕も、自分が何者なのかを見失わず、朝鮮人としてのアイデンティティを養うことができたのです。だからこそ、僕は、朝鮮学校は僕の故郷であり、家族だと感じるのです。こんなにも大切で尊い朝鮮学校を今、僕たちの代で潰されるわけにはいかないのです」（朝鮮高校にも差別なく無償化適用を求めるネットワーク愛知ニュースレター『ととり通信』一一号）

これは二〇一四年七月二十九日に行われた「朝鮮高校生就学支援金不支給裁判」(後に詳述、以下「朝高無償化裁判」とする)の第八回口頭弁論の場でおこなわれた原告の意見陳述である。まだ若い在日朝鮮人青年たちが原告となり、裁判で争っているこの事件は、二〇一〇年四月に開始された「高校無償化」制度から、本来受給権があったはずの朝鮮高級学校(朝鮮高校/朝高)の生徒のみが排除されたことを不当として、国家賠償を求めているものである。

高校無償化制度の適用を受けても、年額にして一二万円弱、国家賠償請求額もひとり五〇万円である。それでも裁判で日本政府の不当性を問うと裁判をおこなっている。その理由を原告たちは異口同音に言う。

「これはお金の問題ではない。朝鮮学校の、私たち在日朝鮮人の誇りをかけた闘いです。朝鮮学校が差別されているという現実をだまって見ていることはできません。正直、日本という国を相手に裁判することは怖いけれど、でも、朝鮮学校をなめるな!という気持ちがあるので、私たちは司法の場で、日本政府の不当性を正面から訴えたいのです。私たちは朝鮮学校を守りたい。」

本章では、現在進行中の「朝鮮高校無償化裁判」を中心にとりあげ、この問題が日本社会に投げかけている問題について考えてみたい。

「高校無償化」制度と朝鮮高校—排除にいたる経緯

「高校無償化」は二〇〇九年九月に発足した民主党の目玉政策の一つだった。高校無償化を定めた法律は正式には「公立高等学校に係る授業料の不徴集及び高等学校等就学支援金の支給に関する法律」といい、二〇一〇年四月に施行された。「高校無償化」法の趣旨は「家庭の状況にかかわらず、全ての意志ある高校生等が安心して勉学に打ち込める社会をつくる」（文科省作成リーフレット）ことであり、公立学校の授業料を無償化し、私立高校、高等専門学校、高校課程に類する過程を置く専修学校・各種学校などの生徒には、高等学校等就学支援金として、一人あたり年間十一万一千八百円を原則として支給するというものであった。

ところで、この各種学校とは、いわゆる外国人学校に限定したものであり、法律ではその外国人学校を三種に分類した（法律施行規則第一条第一項第二号）。それによると（イ）大使館を通じて日本の高等学校の課程に相当する課程であることが確認できるもの（ロ）国際的に実績のある学校評価団体の認証を受けていることが確認できるもの（ハ）イ、ロのほか、文部科学大臣が定めるところにより、高等学校の課程に類する課程を置くものと認められるものとして、文部科学大臣が指定したものとなっている。（イ）はブラジル人学校、中華学校、韓国学校等の「ナショナルスクール」計一四校、（ロ）はインターナショナルスクール一七校、そして（ハ）に二校（うち一校は（ロ）に移行）が指定された。全国に一〇校ある朝鮮高校もこの（ハ）に該当するとされていた。

しかしながら、二〇一〇年二月、法律施行直前、当時の中井洽拉致担当大臣が「拉致問題に進展が見られない」ことを理由に、朝鮮民主主義人民共和国（「朝鮮」）との深い関係を持っている朝鮮高校への無償化適用を見合わせるように川端文科大臣（当時）に要請し、同年二月二十四日当時の鳩山首相が朝鮮高校の除外を示唆した。それがそのまま通る形で、朝鮮高校のみを除外して、高校無償化制度はスタートしたのである。

ただし、当時はまだ朝鮮高校に無償化を適用させる方針だったようにも思われる。二〇一〇年五月に発足した「高等学校等就学支援金の支給に関する検討会議」は同年八月末には「高校の課程に類する課程を置く外国人学校の指定に関する基準等について」という報告を発表。それには、外国人学校が高校課程に類する課程を有しているかどうかを判断するための客観的な基準が示されており、審査の体制・手続きについては「外交上の配慮などにより判断すべきものではなく、教育上の観点から客観的に判断すべきものであるということが法案審議の過程で昭会にされた政府の統一見解である」（同報告書　一五頁）と明言されている。文科省も専門家会議の検討結果をふまえて十一月五日に「規程」を公布、朝鮮高校一〇校は文科省の指示にしたがって、同年十一月末締め切りの申請書類を提出した。基準によれば、一〇校の朝鮮高校は全て無償化適用の学校に指定されるはずであった。

しかしながら、二〇一〇年十一月二十三日に朝鮮半島西海で南北朝鮮の砲撃合戦がおこり、朝鮮が韓国の延坪島を砲撃をしたことを受け、翌日には当時の菅直人首相が審査の停止を発表したのである。文科省はその理由を、朝鮮の延坪島砲撃は、「北東アジア地域全体の平和と安全を損なうものであり（中略）不測の事態に備え、万全の態勢とを整えていく必要があることに鑑み、当該指定手続きを一旦停止」（東京朝鮮学園が出した「行政不服審査法に基づく不作為の異議申し立て」に対する通知、二〇一一年二月四日付）しているとしている。これは「外交上の配慮などにより判断すべきものではなく」という見解を政府自らが覆していることを意味している。ましてや、朝鮮高校の生徒たちに「北東アジア地域全体の不測の事態」の責任はないことは明らかである。

また、政府自身もこの審査停止が無償化法施行規則などの規程に基づいて停止したものでないこと、さらには、「不測の事態」を朝鮮学校に関わって具体的には想定しているものでないことを国会で答弁している。しかしながら、審査停止期間九ヶ月にも及んだ。菅直人首相は二〇一一年八月の退陣前日に「朝鮮半島情勢は砲撃事件以前の状態に復した」として文科省に審査手続きの再開を指示したのであった。

朝鮮学校関係者は審査再開の知らせに「今度こそは」という期待と「安心できない」という不安が入り交じった気持ちでいたが、結果は後者となってしまった。文科省は「審査中」という名目のまま、一年四ヶ月もの間、判断を保留（その間、朝鮮高校の教育内容に関する調査を何度か行っている。無償化を適用するか否かの審査と教育内容は本来無関係のはずである）し続けた。この間、朝鮮高校よりも後で申請をした朝鮮高校と同じ（ハ）に分類されるトルコ系インターナショナルスクールのホライゾン・ジャパン・インターナショナル（二〇一一年八月三〇日）と朝鮮系インターナショナルスクールのコリア国際学園（二〇一一年十二月二日）は無償化対象校として指定を受けた。

そして、二一〇二年十二月に安倍晋三内閣が発足するやいなや、下村博文文科大臣は朝鮮高校を無償化適用から除外する方針を明確にした。そして、二〇一三年二月十九日には、朝鮮高校の無償化適用の根拠規程だった高校無償化法施行規則（ハ）を削除し、制度的にも朝鮮高校への無償化適用を不可能にした。下村文科大臣は記者会見で「拉致問題の進展や日朝間の国交がない、朝鮮総聯との密接な関係があり国民の理解が得られないので無償化対象にはできない。教育内容や外交上の問題は考慮しないという民主党の方針は廃止し諸々の事情を考慮して判断する、朝鮮学校は朝鮮総聯の影響下にあり、それは不当な支配で教育基本法にも抵触する。日本の学校教育法に基づいた学校へと方向転換を早くすればすぐ適用になる」と述べている。

そして、二〇一三年二月二〇日に省令の（ハ）廃止を理由にして、全朝鮮高校に無償化対象校として指定しないという処分を通知したのである。

以上が朝鮮高校が無償化から除外されていった経緯の概要である。朝鮮学校が歴史的に朝鮮と密接な関係をもつことを問題視し、日本社会にひろがる「北朝鮮」に対する悪感情に便乗したような形で、朝鮮学校を制度的に差別することを正当化しているのである。

「私たちには民族教育を受ける権利があります！」——国家賠償請求裁判へ

これに対して、朝鮮学校関係者、生徒、卒業生、保護者たちは、何を感じ、どのような行動をおこしているのだろうか。以下、愛知朝鮮高校を中心に述べていこう。

朝鮮高校が無償化制度から除外されたことに対して、二〇一五年一月現在、東京、愛知、大阪、広島、九州の朝鮮高校が裁判中である。提訴は愛知、大阪が二〇一三年一月、広島が二〇一三年八月、九州と愛知の第二次提訴が二〇一三年十二月、そして東京が二〇一四年二月だった。訴訟形態は、大阪は大阪朝鮮学園が原告となって行政訴訟、愛知、九州、東京は各朝鮮高校の生徒と卒業生が原告となって、国家賠償請求訴訟（国賠請求）、広島が行政訴訟と国賠請求の二本立てである。どのような訴訟形態で争うかは、各地で結成された弁護団と当事者たちが時間をかけて検討して決めたことである。

2012 年 12 月 19 日、名古屋地裁へ第二次提訴

愛知の場合は、二〇一〇年十一月下旬の延坪島砲撃事件を理由にした審査停止直後から提訴の検討を始めた。二〇一二年四月には弁護団が結成され、具体的な訴訟の方法が提案された。それは、本来無償化の支給対象であった朝鮮高校の生徒や卒業生が原告となって、「無償化からはずされたことは差別だ」と訴え、国家賠償を請求するという裁判だった。

具体的には、無償化から朝鮮高校生を除外したことは、

（1）憲法一三条「人格権」一四条「平等権」および二六

条「学習権」の憲法違反であることを主張し、さらに（2）国際条約違反（国連人種差別撤廃委員会および国連社会権規約委員会が朝鮮高校を無償化から除外したことに対して懸念し、差別だという総括所見を出している）（3）高校無償化法違反（外交問題を考慮したこと）（4）行政手続法違反（延坪島砲撃事件を理由に九ヶ月審査停止したこと、審査に二年三ヶ月をかけたあげく、結論を出す前に根拠省令を削除したこと）しているとし、一人五〇万円の国家賠償を請求するというものである。

当事者たちは、早い段階から「朝鮮学校の誇りをかけて」裁判をすべきだとは考えていた。先にも述べたように、無償化排除問題はお金の問題ではなく、朝鮮高校への差別の問題だという認識をもっていたからだ。しかしながら、原告が生徒や卒業生は最後の一歩が踏み出せないでいた。これだけ排外主義が横行しはじめた日本で原告の安全は守られるのか、まだ将来がある子どもたちが原告となることで、将来に影響はでないのか、親の仕事や事業に影響はないのか等々の不安があるのか、さらに、敗訴のリスクを背負ってまで裁判をする必要があるのか、という不安があったからだ。そして、何よりも、まだ若い生徒・卒業生たちを、本来ならば、日本社会や大人たちが解決すべき問題に巻き込んでしまうことへの強い抵抗があった。それまでにも、朝高生たちは何度となく街頭にたち、署名やビラ配りを行ってきた。そのたび、かれらが本来高校生として過ごすべき活動時間は奪われてきたのだ。これ以上、かれらを巻き込んでしまっていいのか？保護者たちだけではなく、裁判支援をしようと集まった支援者たちからも、このような声はあがった。

それら不安や迷いは全て払拭された訳ではない。しかし、日本政府が判断を保留を続け、同時に、本来は無償化審査とは無関係のはずの教育内容の確認、授業見学などを行ってきたことなどを考えると、このまま「泣き寝入りはできない。日本政府が堂々と差別するのを許すことはできない。朝鮮学校の権利を守る」という思いが強まり、提訴を決断した。そして、第一次提訴の二〇一三年一月二四日には五名の生徒・卒業生が、そして二〇一三年一二月一九日の第二次提訴でも五名の生徒・卒業生が原告として、訴えを名古屋地方裁判所に起こしたのである。

口頭弁論後の報告会の様子

　二〇一五年六月現在までに合計十三回の口頭弁論が開かれた。最初の十回では原告もしくは原告の保護者による意見陳述が行われ、各自にとって朝鮮学校がもつ意味が語られた。その内容は、朝鮮学校では、朝鮮人の友人や先生たちに囲まれて、朝鮮語、朝鮮の歴史、文化を学び、自分のルーツを否定することなく日本社会で朝鮮人として堂々と生きる力を身に付けることができたというものだった。

　たとえば、二〇一三年九月二四日の第四回口頭弁論で意見陳述をした原告は次の様に話した。

「朝鮮学校は日本で生きる僕が唯一朝鮮人だと認識できる場でもあり、自らのルーツを学び自分がいったい何者なのかを学べる場です。（中略）そんな学校だからこそ、昔から今まで差別と闘いながら死に物狂いで守ってきたものであり、それだけの価値があるものなのだと思います。」（『ととり通信九号』）

そして、無償化からの朝鮮高校排除という政府の決定は、当事者たちにとって大事な場である朝鮮学校を否定したことにつながる、そのことは決して許すことはできないから、自分たちは法廷に立つことを決めたと、どの原告たちも述べていた。

また、弁護団は本格的に法律的な主張を展開する前に、裁判官にも在日朝鮮人（朝鮮学校を含む）の歴史、日本における朝鮮人差別意識の形成過程、現在の日本社会にはびこる「北朝鮮嫌悪感情」（後述）の存在を理解させる必要があると考え、これまでの口頭弁論において、これらの前提となる事柄に関する主張を行ってきた。

原告たちの訴えに対して、国の主張は、無償化から朝鮮高校を除外したことは正当であるとし、その理由に朝鮮高校は「北朝鮮や総聯との関係が深いので、無償化相当分として支給するお金（＝税金）がきちんと授業料に充当されるか確証が得られないから、不支給処分は合法である」としている。その根拠は、保守系の新聞報道や公安調査庁発行の『内外情勢の回顧と展望』などであり、国はそれらを証拠として提出した。しかしながら、これまで朝鮮学校が、自治体からの補助金を別のことに流用したとして行政処分を受けたことは一度もない。この事実だけをもってみても、国の判断は、朝鮮学校が朝鮮と密接な関係をもっていることが「悪」であるという前提にたった偏見でしかないことがわかる。ちなみに、国側も「厳密な意味での真実性」を主張するものではないとしているが、真実であるという保証もない資料を基に「高校無償化」の適用除外の判断理由としていることの歪みは指摘しておく必要があろう。

「北朝鮮バッシング」―問題の背景にあるもの

日本社会には戦前の植民地支配期から現在にいたるまで、一貫して朝鮮人差別がある。ここ数年、特にヘイトスピーチ、ヘイトクライムという形で顕著になっているように見えるが、決して新しい問題ではない。そして、その延長線上に、この問題の背景になっていると考えられる「北朝鮮嫌悪感情」がある。これはどのように形成されたのであろうか。

朝鮮のイメージは、正確な情報が不足しているために、影響力のある主要メディアによって形成されやすい。森類臣によると、「北朝鮮」に対するネガティブイメージは一九八〇年代になって形成され始め、九〇年代にはいってミサイル、拉致疑惑、核開発といった否定的なイメージが強化されたという。そして、さらに否定的、感情的なイメージが日本社会に広まるのは「拉致問題」発覚が契機だ。二〇〇二年九月十七日に小泉首相（当時）が訪朝し、金正日総書記と会談。その席で金正日総書記が、朝鮮による日本人拉致を認めて以来、「拉致情緒」とでもいうべき感情をベースにした「北朝鮮」バッシングが吹き荒れ続けるようになった。本来、この会談では「日朝平壌宣言」を採択し、双方が国交正常化に向けて努力をしていくという内容の合意ができていたはずだが、この時を契機に、日本社会では「北朝鮮」は「悪」であり、憎悪、嫌悪、嘲笑の対象となってしまった。板垣はこれを「北朝鮮フォビア（North-Korea-Phobia）」という概念で説明している。板垣によると「〝phobia〟は単なる嫌悪や恐怖のみならず、他者に対する排斥と蔑視のまなざしを含んだ概念」であり、「『北朝鮮』なるものに関連づければ何でもできてしまうような今の日本社会の状況を描写するには適切」だと説明している。(Itagaki, 76:2012)

そして、在日朝鮮人に対する差別が、「北朝鮮」＝朝鮮との関連において「正当化」される事象も頻繁におきている。本章で扱っている「高校無償化」からの朝鮮高校排除に端を発するようにして各地方自治体が朝鮮学校への補助金の停止、凍結するという問題もおきている。ここでは、紙面の都合上、詳細は省くが、戦後、国が一貫して朝鮮学校を認めない方針だったのに対して、地方自治体は、一九六〇年代〜七〇年代にかけて、朝鮮学校の各種学校認可をし、不十分ながらも補助金を支給することで、朝鮮学校を支援してきた（朝鮮学校がある自治体では、愛媛県が一九九七年に支給を開始し、すべての自治体が補助金を支給していた）。しかし、二〇一〇年以降、東京、埼玉、大阪、広島、宮城、神奈川（二〇一四年度から、条件付きかつ形式を変えて支給を再開）など主要な自治体をはじめ、多くの自治体が補助金停止を決めていった。このような「決断」を下す時、政府や自治体の担当者たちは「朝鮮学校は北朝鮮との関連があるので、そのような学校に公的支援をすることは国民（住民）の理解が得られない」と説明をする。朝鮮学校が朝鮮と密接な関係を持っているのは事実であるが、その歴史的な経緯や意味は無視され、また、朝鮮との関係の何が問題なのかという点について論理的な説明はされないままである。

メディアも朝鮮の「異常性」「犯罪性」を強調し、朝鮮に関する肯定的な情報は全くといって報道しない。それは、日本社会全体を「朝鮮も人が住むところで、そこにも人の日常の営みがある」という当たり前の事実ですら想像させない「思考停止」にしているとも言えよう。私たちは、日常生活を送る中で、多くの「北朝鮮バッシング」を耳にする。そのなかで、自然に「北朝鮮」に対する嫌悪感情が生まれ、それに対して疑問も持てないような状況の中で暮らしていることを自覚する必要があろう。そして、このような雰囲気こそが、日本政府の差別的な政策を支えているのである。物事には多面性がある。朝鮮の社会も本来は多面的であり、日本（もしくは、「国際社会」）が批判する事象も冷静に検証していく必要がある。一方的な偏った情報で、朝鮮学校が不利益に扱われているのは決して正当とは言えない。

まとめにかえて――朝鮮学校と朝鮮との関係をどう考えるのか？

ここまで、朝鮮高校のみを無償化対象から除外するという国の「差別」を支える社会的な背景には、「北朝鮮嫌悪」があること、そして、朝鮮学校は「北朝鮮」と密接な関係があるから、そのような学校に公的な支援をすることは正しくないという前提を自明のものとして共有してしまうような朝鮮に対する悪感情が醸成されているということをみてきた。

「しかし、それでも…」と思う人は多いかもしれない。「なぜ、あの北朝鮮と密接な関係を朝鮮学校はもっているのか。その立場を捨てればいいのではないか?」と。しかし、朝鮮学校と朝鮮の関係は、朝鮮学校が日本の植民地下で奪われた民族の言語、歴史、文化を取り戻すための教育を行う中で歴史的に形成されてきたものである。

この経緯をごく簡単に説明すると、朝鮮学校が今のような体系で整備される過程において、朝鮮を支持する総聯が大きな役割を果たしたこと、また、一九五七年から継続して朝鮮から送られている教育援助費が、日本政府からの支援が全くなかった朝鮮学校の大きな支えとなってきたことが、その背景にある。

日本政府が朝鮮学校を閉鎖に追い込もうとする政策をとり続けてきた中で、それに対抗して学校を維持、運営するために、朝鮮との関係は必要であり続けたのだ。また、分断国家のもう一方の韓国も朝鮮学校に対しては一切の支援をしてこなかったという事実も存在する。

もちろん、現在、朝鮮学校に通う生徒たちや保護者たちの朝鮮に対する距離は様々である。しかしながら、日本社会の北朝鮮バッシングに心を痛めていることは確かであり、また、ひとりひとりにとって、「朝鮮」はとても大事なものとして存在している。

たとえば、朝鮮高校では高三になると「祖国訪問」として二週間、朝鮮への修学旅行にでかけるが、あるひとりの男子生徒は、その時のことを振り返って次の様に言う。

「修学旅行では、観光名所をみてまわったり、姉妹校と交流をしたりしますが、それ以外に、朝鮮に親族がいる場合には、事前に申請して親族に会うことができます。僕は、朝鮮に訪問した際、祖父の弟にあたる人とその一家に会いました。スケジュールの合間をぬって何度か一緒に食事をしたり、一人では食べきれないほどのお弁当を作ってきてくれたり、僕の事をアボジ（父）とそっくりだと、ニコニコ笑いながら色々な話をしました。その方は僕に『あっちで大変なことが無いか』『あっちの政府はまだ在日に弾圧を続けているのか？』『つらいと思うが踏ん張って支え合って生きていけ』と自分の生活より異国の地で暮らしている在日を心配して励ましてくれました。日本の僕たちのことも見守ってくれていて、こういう人たちに支えられて頑張れるんだと感じました。朝鮮から帰る時も、親族と別れるのが一番悲しかったです。朝鮮高校に通っていなければ、こんな体験はできなかったと思います。その時、僕は、この人達を安心させたい、元気な顔を見せたいと心の底から思いました。なので、僕は高校卒業後に進学して、しっかり勉強して、朝鮮にいる親戚たちに『もう在日を弾圧するような政権は無い』と安心させることが目標になりました。」（『ととり通信』一二号）

愛知朝高生たち：白頭山の天池にて（2013.6.1）

　ここからも読み取れるように、朝鮮学校に関わる人たちにとって、朝鮮は、自分たちが直接会って、話しをして、食事をして、そして時には手を取って、歌を歌い、踊りを踊った人たちが住む国なのである。日本のある一部のメディアがいうように、朝鮮学校の生徒たちは「洗脳された」人たちではないし、朝鮮との関係も「従属的」なものではない。生徒たちは、生徒たちなりに、日本社会での報道と学校での教育、そして、「祖国」を訪問し、直接、朝鮮を体験することによって、自分たちなりの朝鮮像を形成していくのである。

さらに、朝鮮学校は各種学校であり、その教育内容は、文科省の学習指導要領などには縛られる必要はないことも付言する必要がある。独自にカリキュラムを組むことができ、その内容も行政が介入すべきものではない。よく例に出されるが、アメリカンスクールで原爆投下がどう教えられるのかについて、日本政府は何の言及もしない。それは、歴史観や価値観に政治的干渉はすべきではないという大前提があるからだ。しかしながら、最近の「北朝鮮」を無条件に敵視する風潮の中では、このような前提は簡単に崩され、朝鮮学校の教育内容にまで踏み込んだ批判が政府や行政サイドから行われているのが現実である。

さらには、「朝鮮学校に無償化を適用すべきだ」という立場の言論でも、朝鮮学校と朝鮮の関係に対しては否定的な論を展開している。例をあげれば、二〇一三年一月九日の『朝日新聞』社説「朝鮮学校―無償化で改善の回路を―」には次のように書かれている。

「朝鮮学校も教育のあり方が疑念を招いてきた。北朝鮮指導者の肖像画を教室に掲げ、独裁体制を肯定するような授業をしているとすれば受け入れがたい。ただ、制度の対象は生徒個人であって、学校ではない。卒業後は日本の大学に進学する生徒も多い。日本社会の一員となる子どもたちだ。（中略）これまで文科省は、無償化を認める場合には『留意事項』をつけ、日本の政治・経済の教科書を教材の一つとするなどの自主的改善を促すとしてきた。無償化の対象にして回路を保ちつつ、こうした改善を働きかける。その方が、社会全体にとって有益ではないか。」

これらの論調から読み取れるのは、「北朝鮮＝悪」を前提とした上で、それでも朝鮮学校が日本社会にとって「理解可能な」学校に変わりつつあり、「許容」できるようになってきているので、朝鮮高校を無償化から排除するなという主張である。朝鮮学校の成立過程には日本の植民地責任があり、朝鮮学校には、植民地支配下で奪われた言語、歴史、文化の「回復」、つまり日本の「同化主義」への抵抗という意味がある。そして日本は民族教育を積極的に保障するという責任があるはずなのだ。そもそも無償化適用は朝鮮高校の生徒たちが受けるべき当然の権利である。このような根本的なことをふまえずに、一見リベラルな言論は、結果として、朝鮮学校における民族教育を否定する同化圧力として機能してしまうことに留意と警告が必要であろう。

さらに「北朝鮮＝悪」という世論をベースに朝鮮学校に対する政治的な介入が常態化している。たとえば、自治体の補助金停止の先頭を切った大阪市の橋下徹市長は、朝鮮学校が「北朝鮮や総聯との関係を断てば補助金を復活させる」と説明した。在日朝鮮人が、朝鮮学校が、かれらが「祖国」とする朝鮮と関係を持つことの何が問題なのだろうか？　このような問いも生まれないような思考停止状態の中で、在日朝鮮人、朝鮮学校への権利侵害が行われているのである。

朝鮮には何を言ってもいい、何をしてもいいという雰囲気の中で、政府や自治体の「国民（県民）の理解」というロジックがたてられ、堂々と朝鮮学校や在日朝鮮人への差別が行われていることを、今厳しく問うべきであろう。

〔参考文献〕

板垣竜太「朝鮮学校を支えるということ」『法学セミナー』二〇〇七年七月号

板垣竜太「資料：朝鮮学校への嫌がらせ裁判に対する意見書」『評論・社会科学』同志社大学人文学会、二〇一三年、一四九-一八五頁

Itagaki, Ryuta 2012 "North-Korea-phobia in Contemporary Japan : A Case Study of Political Attacks on Korean Ethnic Schools"、『龍谷大学矯正・保護総合センター研究年報』七六-八五頁

小沢有作『在日朝鮮人教育論─歴史編』亜紀書房、一九七三年

金尚均「民族的尊厳の回復としての朝鮮学校」『法学セミナー』二〇〇七年七月

在日本朝鮮人人権協会『人権と生活　特集「高校無償化」からの朝鮮学校はずしにＮＯ！』Vol.36、二〇一三年六月

田中宏『第三版・在日外国人』岩波新書、二〇一三年

田中宏「朝鮮学校の戦後史と高校無償化」『〈教育と社会〉研究』第二三号、一橋大学〈教育と社会〉研究会、二〇一三年

朝鮮高校にも差別なく無償化適用を求めるネットワーク愛知　会報『ととり通信』

中村一成『ルポ京都朝鮮学校襲撃事件─〈ヘイトクライム〉に抗して』岩波書店、二〇一四年

裵明玉「朝鮮高校生就学支援金不支給違憲国家賠償請求訴訟について」（『人権と生活』Vol.36　一四-一七頁

在日本朝鮮人人権協会、二〇一三年
森類臣「日本の主要新聞による『北朝鮮』認識についての研究—論調分析と日韓比較を通して」http://www.mlpj.org/kk/img/2011_03.pdf　（二〇一五年一月五日閲覧）

リーマンショックと南米日系人労働者

村井 忠政 Murai Tadamasa

なぜ南米からの〈ニューカマー〉が急増したのか

近年わが国において南米からの日系人労働者が急増した背景には、いったいどのような事情があったのだろうか。一九九〇年の改正入管法によって、南米の日系人はわが国における就労に制約のない在留資格（定住者）を与えられた。その結果一九九〇年以降、日系ブラジル人、ペルー人をはじめとする南米からの〈ニューカマー〉と呼ばれる外国人労働者が急増することになった。日系ブラジル人の母語であるポルトガル語で〈デカセギ〉（dekassegui）と呼ばれるこれら南米日系人労働者は、自動車、機械、電器などわが国の製造業の生産現場で、いわゆる3Kと呼ばれる不熟練労働に従事してきた。かれら南米日系人は、製造業が集積する群馬県（太田市、大泉町）や東海地方（静岡県、愛知県、三重県、岐阜県）の外国人集住都市と呼ばれる自治体に集住する傾向が見られる。とりわけトヨタ関連の下請け、孫請けの工場が多数集積している愛知県内の自治体（豊橋市、豊田市、名古屋市、岡崎市、小牧市、豊川市、安城市、西尾市、知立市など）には多くの南米日系人が「外国籍住民＝生活者」として家族と一緒に暮らしている。かれらの多くは県内の公営団地（県営、市営、公団など）に入居している。この結果、愛知県内の外国人登録者数は二〇〇八年のピーク時には二十三万人弱にまで増え、愛知県は外国人登録者数でついに大阪府を抜き、東京都に次いで全国第二位となった。また、ブラジル人の居住者数では七万九千人を超え、愛知県は全国最多となっている（愛知県における外国人登録者数の推移については、愛知県国際課多文化共生推進室のホームページを参照されたい）。

日系ブラジル人のトランスナショナルな生活の実態

ここで〈デカセギ〉目的で日本にやってきたある日系ブラジル人家族へのインタビューから、かれらの生の声を紹介することで、かれらを〈デカセギ〉に駆り立てた動機は何か、かれらは日本での生活でどのような問題（困難）を抱えているか、かれらが〈デカセギ〉という境遇をどのように考えているのかを見てみたい。インタビュー実施時期はリーマンショックのほぼ一年前に当たる二〇〇七年一〇月である。対象になったのは、岐阜県可児市内に住む家族で、父親（非日系・四〇歳）、母親（日系二世・四六歳）、娘（長女・一六歳・岐阜県内のブラジル人学校高校二年生）の三人からなる核家族である。なお、インタビューはポルトガル語で行われているが、ここで紹介されているのは、それを日本語に翻訳したものである（ヤノ　二〇〇八）。

――いつ来日されましたか。

父親　一九九一年に初めて日本に来ました。

――ご家族はこれまでに何度来日されましたか。

母親　娘はブラジルで生まれました。娘が八ヵ月のころ彼女を姉に預けて、私と夫の二人で日本に来ました。三年間夫婦で日本に住んで、それから（ブラジルへ）帰国をしました。娘は三歳になっていました。それから娘を連れて、再び日本へ来ました。日本で娘を日本の幼稚園に入園させました。しかし、娘は日本語しか話さないようになって心配でしたので、私と娘の二人で帰国しました。ブラジルで私と娘は三年間暮らしました。（その間）夫は日本に残って、ブラジルでの私たちの生活費を送金してくれました。（私と娘は）ブラジルで三年間暮らして、また日本に戻りました。当時、岐阜県にブラジル人学校が設立されたので、娘をブラジル人学校に入学させました。この間に三回ぐらい帰国をしました。夫と娘の再会の時は大変でした。娘は自分の父親は日系人だと思っていましたので、夫を見た時びっくりして、父親に慣れるまでしばらくかかりました。（それで）二度と娘と離れたくないと思いました。

――ブラジルにいる親戚や友人と連絡をとっていますか。また、どのくらいの頻度で連絡をとっているか教えてください。

父親　電話とメールで毎週、連絡をとっています。

――（日本とブラジルの）どちらの国に永住したいですか。

父親　ブラジルです。娘は（ブラジルの）大学に入りたいので、そろそろ帰国を考えなければなりません。カンピーナス市（ブラジル南東部の都市）にはよい大学がいっぱいあるので、カンピナス市のどこかの大学に娘を入学させたいと思っています。

母親　娘の進学は私たちが一番心配していることです。彼女が大学を卒業できることを最優先に考えています。

――二つの国で生活することをどのように考えていますか。

父親　よくないです。家族と離れてサウダージ（ポルトガル語でホームシックを意味する）を感じますし、父が亡くなりましたが、私は近くにいられませんでした。妻の父親も亡くなりました。私たちは何もできませんでした。長い間、ブラジルにいる親戚と離れているため、親戚との関係はだんだん冷たくなります。私は去年帰国をしたが、ブラジルに三ヵ月間いました。親戚と再び親しくなったと思ったら、また日本に戻る日が来ました。難しいです。ブラジルに残った友人との関係も変わります。かれらは新しい友人もできましたし、この間、かれらとの関係はだいぶ変わりました。

――あなたがたにとって心の故郷はどこですか。

父親　ブラジルです。

母親　日本にいると、日本が故郷だと感じます。

父親　私自身は、日本にいても、ブラジルが故郷だと感じます。日本は仕事をする場所だと思っています。

――来日した目的は何でしたか、またその目的は達成されましたか。

父親　自分の家を購入することと、経済的にもっと豊かで安定した生活を手に入れることが目的です。その私たちの目的は達成しました。サンパウロ州のカンピーナス市で家を買いました。

右のインタビューからも分かるように、南米日系人の〈デカセギ〉の目的は自分の家を購入したり新しい事業を始めるための資金を獲得し、より豊かで安定した生活を手に入れることにある。実際、日本経済がいまだ好調であった時期に来日したブラジル人家族の多くは、このインタビュー家族と同じく、このような目的を達成して帰国している。しかしバブルがはじけてわが国の経済が低迷期に入ってからは、当初の目的を達成することは困難になっている。またこの家族と同じく、大多数の日系ブラジル人は、日本とブラジルの間を何回も往復しており、〈リピーター〉と呼ばれている。かれらにとって日本は「金を稼ぐために仕事をする所」であり、「心の故郷」はブラジルであると同時に、「日本での生活におけるストレス[注1]を解消する場」となっている。これらの特徴から、日系ブラジル人は、〈リンボー[注2]〉と呼ばれる心理的状況で生活しているといわれる。日本に在住している日系ブラジル人にとって、このトランスナショナルな移住のもたらす生活状況にはある程度の気楽さがあることも事実である。なぜなら、はっきりした目標を立てて、その目標達成のためにいろいろ苦労をするよりは、目標達成のための努力をせず、その苦労を避けるほうがある意味で気楽だからである。この心理的なメカニズムは、〈デカセギ〉に見られる「不確定で、不安定な生活状況」に置かれた外国人移住者が、心理的安定を得るための自己防衛メカニズムであるととらえることができる。しかしながら、このような生活は同時に個人の心理的不安を高めることもまた事実である。将来どこに暮らすのか分からず、子どもの教育についても明確なビジョンを持たず、親の高齢化にともなう身体的な問題（生産工場での労働は加齢とともに厳しいものとなるであろう）、さらに社会保険（健康保険および年金）未加入による老後の生活の心配などが生じるからである。このように、トランスナショナルな生活をしている人々は、この「気楽さ」と「不安」との間で揺れ動きながら〈リンボー〉での生活をしているといえる。

（注１）かれらの生活におけるストレスを引き起こす要因としては、３Ｋと呼ばれる厳しい生産現場から生まれるストレス、ブラジルとは生活習慣を大いに異にする日本という異文化への適応を迫られることから生まれる文化変容ストレス、そして何よりも日本人から受ける差別などが挙げられる。

（注２）〈リンボー〉（Limbo）は、元来キリスト教（カトリック）の用語で地獄と天国との中間にあるとされている。ここから、〈リンボー〉はどっちつかずの不確実な状態で生活することを指している。日本に在住している日系ブラジル人の大多数は、ブラジルと日本との間でトランスナショナルな生活をし、どちらにも永住することを決めずに不安定な生活を続けていることに対する隠喩として〈リンボー〉という語が用いられる。

「派遣切り」で〈デカセギ〉家族に何が起こったか

わが国の生産現場で働く〈デカセギ〉労働者の大多数は非正規社員であり、派遣社員に代表される非正規社員は景気の変動に応じて採用・解雇が容易にできる〈調整弁〉として企業側にとって都合のよい労働力である。バブル経済によって国内の労働力不足が深刻化し、とりわけ3K労働と呼ばれる生産現場で単純労働に従事する労働者に対する需要が高まることによって、企業は人材派遣業者や請負業者が送り込んでくる南米日系人労働者を大量雇用するようになった。バブルがはじけてわが国の経済が長期停滞期に入ってからも、〈デカセギ〉と呼ばれる外国人労働者の数が大きく減ることはなかった。ところが、二〇〇八年秋のリーマンショックに端を発する世界同時不況によって企業は生産調整に追い込まれ、大量の従業員の解雇に踏み切ることを余儀なくされた。その際真っ先に大量解雇のターゲットにされたのは非正規社員であり、とりわけ外国人派遣社員であった。派遣社員が大多数を占める日系ブラジル人、日系ペルー人など南米日系人労働者の多くは、派遣会社が借り上げた公営住宅内の社宅や寮に住んでいたため、仕事を失うことは直ちに住む場所（住居）をも失うことを意味したのである。

いわゆる「派遣切り」に遭った南米日系人労働者とその家族は、日本での〈デカセギ〉を断念し故国に帰るか、それとも景気が回復するのを待って日本での永住の道を選ぶか、二者択一を迫られることになった。ここでは、自治体が実施した緊急調査、新聞各社の取材記事、筆者自身の聞き取り調査などに依拠しながら、「派遣切り」後の〈デカセギ〉家族に何が起きたかを明らかにしてみたい。

前述のように、「派遣切り」に遭った南米日系人労働者とその家族の選択として最初に考えられたのは、日本での〈デカセギ〉を断念し、家族を挙げて帰国するという道である。日本での貯金があり、金銭的に比較的余裕のある家族は自費で故国のブラジルやペルーに帰ったが、ゆとりのない家族は故国の家族や親戚からの送金に頼るか、日本政府や自治体の帰国支援事業などを利用して帰国している。

共働き夫婦のうちどちらか一人が解雇されずに仕事があるが、収入が激減したため生活費や子どもの教育費を賄えなくなった場合、主たる家計の担い手（通常は父親だが、母子家庭の場合は母親）だけが日本に残ってその他の家族は帰国するという道を選んでいる。単身日本に残され家族と切り離された日々の生活は、精神的にきわめて辛いものがあると推測される。

両親とも失職したにもかかわらず、帰国せず日本に永住する道を選択した家族は、景気が回復するまでの間、雇用保険からの給付金でなんとか食いつなぎながら、ハローワークなどで新しい仕事を探すという道を選んでいる。このような家族に私立のブラジル人学校などの外国人学校に通う就学年齢の子どもがいる場合は、親が高額の学費（月四～五万円）を負担できないために、子どもは外国人学校をやめて日本の公立学校へ転校せざるをえない。また、もともと日本の公立学校に通っていた生徒も、学校をやめて不就学になるケースが増えている。

ハローワークで再就職先を探そうとしても、多くの日系人は日本語が流暢に話せず、読み書きもできないために、新しい仕事がなかなか見つからないことが多い。こうして雇用保険が切れてしまって職種を選ぶ余裕もなくなった日系人は、当面の生活のつなぎのため、やむを得ず不安定で条件の悪い短期のアルバイトやパートで働かざるを得ないことになる。

上述のいずれの道をも断たれた者は、行政の窓口で相談し生活保護を申請するところまで追い込まれる。実際、リーマンショック後、東海三県の外国人集住都市では、行政窓口で外国人労働者が生活保護を申請する件数が軒並み増えている。

最悪のケースは、「派遣切り」で派遣会社の寮や社宅から立ち退きを迫られ住むところを失った者であり、かれらは生活保護の対象にもならないため、ホームレスとなって路上生活を余儀なくされている。

就学機会を奪われた子どもたち

急激な景気悪化にともなって、日本国内の外国人学校の経営が厳しさを増している。とりわけブラジル人学校やペルー人学校には、派遣労働者家庭の子どもたちが学んでおり、かれらは親の失業に直面し、学費が払えずに日本の公立学校に転校していくか、あるいは自宅で待機することを余儀なくされており、かつてないほどの厳しい環境が外国人の子どもを取り巻いている。経済不況による生徒減が外国人学校の経営を圧迫し、経営難から閉鎖に追い込まれる学校も出ている。愛知県国際課によると、県内のブラジル人学校一六校の在籍人数は、二〇〇八年五月の二六二四人から二〇〇九年一月には一四六九人と四四％も減少している。その後もこの傾向は続いており、二〇一二年五月の時点で学校数は一三校に、在籍人数は一一九六人に減少している。

日本国内の外国人学校はすべて私立であり、日本政府からの補助金の対象にもなっていないため、親はかなり高額の学費を負担してきている。親が「派遣切り」に遭い失職することによって学費が払えなくなり、やむを得ず比較的学費の安い日本の公立学校へ転校していく生徒が増えている。子どもをブラジル人学校へ通わせている親は、日本の公立学校の授業は日本語で行なわれるため、帰国後のことを考えて、あえて高い学費を払ってまで、母語であるポルトガル語による教育を子どもに受けさせているのである。

帰国後の子どもたちが直面する問題

親の失職によって日本での〈デカセギ〉を断念して故国に帰国した子どもたちを待ち受けているのは、きわめて厳しい現実である。彼らは突然の帰国で慣れない生活習慣や文化の中に放り込まれることによって、新しい環境に適応するまで多くのストレスにさらされることになる。新しい環境にうまく適応できないことに起因する心理的な問題（鬱状態や神経症など）を抱えて、精神科医に掛かる子どもも少なくない。このような子どもたちのブラジルの公立学校への復帰を手助けするために、ブラジル三井物産基金の後援を受け、サンパウロ州教育局との共同プロジェクトとして発足したのが〈カエル・プロジェクト〉である。このプロジェクトのコーディネーターを

日本のブラジル人学校で学ぶ子どもたち

務めている心理学者の中川卿子氏によると、これらの子どもは大きく分けて二つの問題を抱えているという（ニッケイ新聞　二〇〇九年五月一六日）。

その第一は言語の問題である。これらデカセギの子どもたちは一見したところ二ヵ国語（日本語とポルトガル語）が堪能であるかに見える。実際、かれらは日常の生活に必要な言語能力では全く不自由がない。ところが、学習に必要な言語能力という基準で見ると、二ヵ国語のどちらも年齢相応の学力がともなっていない（これを「ダブルリミテッド」ないしは「セミリンガル」という）。したがって、授業内容が高度になると理解するのが難しくなる。その結果、情報の単なる暗記や繰り返し以上の内容が求められるとき、例えば物事の抽象化を要するような複雑な推論を求められると、たちまち子どもに認識能力がないことが明らかになる。

もうひとつの問題は、日本の学校の教育課程にある。日本の学校に通っていた子ども、特に小中学校で授業を受けていた子どもの多くは、大部分の時間を国際学級（外国人クラス）で過ごす。そして、授業内容の理解度を問われることなく自動的に進級する。これらの子どもたちは日本の学校で、その子の学力と関係なく、単に年齢に見合ったクラスに入れられてしまう。そのような状況の中で、子どもの学習進度を正しく把握することなく日本の学校から発行された成績証明書がブラジル側の学校に渡されることで、その子の学力に対する誤解が生まれる。つまりこの子どもは、実際の学力とは関係なく、ブラジルでは日本の学校の成績証明書で示された通り、次の上級学年に編入されてしまうことになる。その結果、彼（彼女）はブラジルの学校での授業内容を理解できないで落ちこぼれていくのである。

外国人集住都市会議の緊急提言

以上見てきたように、リーマン・ショック後の未曾有の景気悪化により職を失い日本での〈デカセギ〉をあきらめ、故国ブラジルやペルーへ帰国する者が後を絶たない状況が続いているが、他方で日本での生活基盤が崩壊しているにもかかわらず、帰国することなく日本に留まる選択をする者が多く存在することも事実である。以前から指摘されていたことではあるが、今回の不況で在日南米日系人の定住化傾向がより明確となったといえる。このような外国籍住民の定住化傾向を受けて、外国籍住民が集住する東海地域をはじめとする全国の自治体の首長が集まり、二〇〇一年以降「外国人集住都市会議」を毎年開催してきている。この会議のねらいは、定住外国人を「一時的滞在者」あるいは「お客様」としてではなく「市民」ないしは「生活者」として位置付け、日本人住民との共生を図るところにある（村井　二〇〇七）。

外国人集住都市会議はリーマンショック後の緊急事態を踏まえ、二〇〇九年一一月二六日に群馬県太田市で会合を開き、外国人住民に関する施策を総合的に扱う「外国人庁」(仮称)の設置などを国に求める緊急提言を決め、会場に来ていた民主党の細野豪志副幹事長に提言書を手渡している。同提言書には国に対する以下の三つの緊急提言が盛り込まれていた。

第一に、今回の経済危機の経験を踏まえ、生活者としての外国人住民が自立し、日本人と同様に権利が尊重され義務の遂行を求められる「外国人受け入れ方針」を定めることを提言する。

第二に、前段の提言を受け、国の外国人受け入れ方針を強固に推進する組織の設置を提言する。外国人住民に関連する施策を総合的に企画・立案し、横断的な強い指導力を発揮されるよう、省庁を再編し「外国人庁」の設置を望むものである。

第三に、地域を構成する一員である外国人住民を対象とした日本語教育の充実などの環境整備や社会制度改正を早急に行うことを提言する。特に、外国人の子どもを受け入れる公立学校への十分な人的・財政的措置を行う一方、外国人学校の法的位置づけを明確にすること。

急がれる外国人の人権を守るための法的措置

外国人集住都市会議による右のような提言がなされるにいたった背景について、以下簡潔に述べることにしたい。

第一の提言がなされた背景には、わが国における在日外国人の人権に対する意識の低さがある。メディアの報道にあるように、近年わが国で外国人に対する「ヘイトスピーチ」や、「在特会」の運動が異常な高まりを見せている。このような運動を支えているのは「草の根の排外主義」、あるいは「外国人嫌い（xenophobia）」と呼ばれる日本人の心性に深く根付いている〈異質なもの〉を排除しようとする意識（habitus）であり、そこから生まれる偏見や差別から外国人の権利を法的に守るためには、日弁連なども早くから指摘している「外国人人権基本法」の制定がぜひとも必要である。海外の優秀な人材を受け入れるための不可欠の条件は、何よりもわが国が外国人に対する偏見や差別のない住みやすく魅力的な国になることであることは言うまでもない。

第二の提言では「外国人庁」（仮称）の新設が求められている。これまでわが国の定住外国人対策は、法務省、外務省、厚生労働省、文部科学省、国土交通省などの各省庁によりばらばらに管轄されてきており、いわゆる〈縦割り行政〉の弊害が指摘されてきた。定住外国人問題を統括する官庁の設置の必要性については、日経連などの経済団体の提言にも盛り込まれており、外国人集住都市会議でも毎年のように要望が出されている。すでに政府は二〇〇九年一月九日、内閣府に「定住外国人施策推進室」を設置しており、近い将来この組織が「外国人庁」（あるいは「多文化共生庁」）に発展していくことが期待される。

第三の提言の背景にあるのは、きわめて深刻な問題である。わが国では現在外国籍の児童生徒は義務教育の対象となっていないため、不就学の子どもたちは放置される傾向にあり、それが非行の温床につながっているとの指摘が早くから識者によってなされている。このような事態に対応するために、外国人の子どもの就学義務化と受け入れる公立学校への国による十分な人的・財政的措置を求める提言がなされたのである。この問題を放置した場合、将来に大きな禍根を残すことが予想される。そして、日本社会は必ずやそのつけを払わされることになるであろう。

むすび：日本政府は積極的な移民受け入れ政策に取り組め

最後に、これまでの議論を踏まえて改めて筆者の見解を述べると、日本政府は当面の不況対策としての対症療法的な施策にとどまることなく、より積極的な移民受け入れ政策に本腰を入れて取り組むべき時期に来ていると考える。フランスを代表する知識人として知られるジャック・アタリ氏（ミッテラン政権で大統領特別顧問を務め、大統領の知恵袋と言われた）は、「日本は並はずれた技術力をもちながらも、移民の受け入れを拒んだことにより、恐ろしいほどの国内の高齢化と人口減少という大きな問題を抱えることになった」と指摘している（『朝日新聞』二〇一〇年一月一九日）。また独特の家族研究で知られるフランスの人口学者エマニュエル・トッド氏も、同じく次のように警鐘を鳴らしている。「少子化は長期的には外交や経済より切実な問題だ。日本のように出生率が一・三前後という水準が続くのは、単なる人口減少というより『国の没落』というべきだ。（中略）欧州では移民を社会不安の原因と見なし、制限してきた。だが移民こそが、高齢化する欧州が生き残る手段というパラドックスもある。（中略）日本にとっても移民の受け入れは必要だ」（『朝日新聞』二〇一〇年一月二五日）。

グローバル化のなかで激しくなる一方の国際競争に日本が勝ち残るためには、海外の優秀な人材を積極的に受け入れるべきであるとする「積極的開国論」が政府や経済界の一部で盛んになりつつある。新聞報道によると、法務大臣の私的懇談会である「出入国管理政策懇談会」は、二〇一〇年一月一九日、高度な専門知識や技術を持つ外国人を対象に、在留期間延長など入国の優遇措置を取るべきだとする報告書を千葉景子法相に提出している。同報告書には、学歴や収入、語学能力などを点数化し、一定の基準を超えた場合に入国の優遇措置を講じる「ポイント制度」が盛り込まれている。高度の専門人や技術者を優遇する「ポイント制度」はカナダなど諸外国でも早くから導入され一定の成果を上げている。また高度の専門職と単純労働者の中間に位置する技能者である看護師、介護福祉士などの受け入れについては、すでにわが国政府は、インドネシア、フィリピン、タイなどアジア諸国との間にＦＴＡ交渉を進めつつあり、なお問題点は多く残っているものの実現へ向かいつつある。グローバル化した国際社会においては、ヒト、モノ、カネの移動にバリアーがなくなり、アジア諸国やラテンアメリカ諸国など発展途上国からの人口流入は避けられない状況にある。これまでのような鎖国政策をとり続けることなく、真の意味で「国を開く」ことで本格的な労働者の受け入れに対応できるシステムづくりを早急に検討することが、日本政府に求められる緊急の課題であろう（村井　二〇〇二年）。

〔参照文献〕

村井忠政「外国人労働者受け入れをめぐる諸問題―『日本型』モデルの構築をめざして―」『名古屋市立大学人文社会学部研究紀要』一三号、二〇〇二年、一一七～一四二頁。

村井忠政「自治体の外国籍住民施策の展開―東海地域における取り組みを中心に―」村井忠政編著『トランスナショナル・アイデンティティと多文化共生―グローバル時代の日系人』明石書店、二〇〇七年。

ルシアネ・パトリシア・ヤノ「トランスナショナルな移住と適応の問題―日系ブラジル人家族の文化変容ストレス―」名古屋市立大学大学院人間文化研究科博士論文、二〇〇八年。

c ó l u m n

外国人労働者の権利を守るために

「日本人は銀のスプーンを持って生まれている」

愛知県を含む東海地方は、我が国の代表的な外国人集住地域である。筆者は、入管法の大改正、日系人が大量入国した時期から、二五年、外国人労働者の切実な課題の法的支援に係ってきた。その中で、ある南アジアの難民申請者から、「日本人は銀のスプーンを持って生まれている」という指摘を受け、また、「born silver spoon in mouth」という英語の慣用表現を教えられた。

当地方の日系人の存在は、日本がかつて労働力の輸出国であったことの証であるが、今や、私たちは、ただ、日本人として生まれただけで、平均人として、アジアの人々から見れば、圧倒的に裕福な、銀のスプーンを持って生まれている存在だという自覚は薄れていて、十分ではない。

法務省入国管理局元幹部の「外国人は煮て食おうが焼いて食おうが自由だ」発言

外国人労働者問題は、法的問題以前に社会経済問題である。「国境を越える労働者」の動態を分析する手法・因子分析は、「PUSH要因」「PULL要因」即ち、一方に、外国人労働者供給国があり、他方に、受け入れ需要国があることが、外国人労働者の流れを生むことを教える。しかし、その需要と供給の間に、主権国家の「国境管理政策」が第三の要因として立ちはだかる。一人一人の外国人労働者は、家族の為、生活の為に決意し国境を越えるが、上記労働力受給要因と「国家主権」の三要因が作る構造を逸脱出来ない。

ここで、見出しに掲げた「国境管理」の主役である日本国の法務省入国管理局の元幹部発言（日韓協定に係った入管局参事官の、在日韓国人の国際法上の法的地位を巡っての発言。著書「法的地位二〇〇の質問」参照）が登場するのであるが、この言葉にこだわるのは、それが、入管・難民行政に係る一幹部の特異で個人的な意見に止まらない現状があるからである。

「イスラム国」と法治主義

ところで、二〇一四年から二〇一五年に掛けて、地理的には、遠いイラク、シリアで、イスラム国家を名乗る暴虐・非道なテロ集団が、世界を、日本を震撼させている。正に、彼らは、その独自の偏狭な思想によって、これまで世界が培い、その共通理解としてきた法や法的な確信となった基本的人権と国際法・国際慣習法を足蹴にして憚らない。

しかし、法的な視点に立ち、反面教師として、彼らの行動姿勢をみると、極端な形で、「世界は、法的な枠組みと、これを遵守する基本的な姿勢・精神を不可欠なものとして、切実に必要としている」ことを改めて教えているとも言える。

彼らの野蛮自体をただ非難することは容易であるが、他方、次元を異にするとしても、果たして、我が日本国は、入国・在留外国人に対し、人権尊重主義、国際協調主義、国際法を順守する国家であると胸を張れるか、真実、法的に野蛮を脱しているか、入管行政の現状には疑問符が付される。

難民鎖国と在留外国人の人権を巡るマクリーン事件最高裁判決

世界の難民条約加盟先進国では、毎年、何千、何万人というレベルの難民を受け入れているが、日本の難民認定数は、昨年度六名、一昨年度六名、二〇一二年度一八名というような極端な少数である。別に一五一名程度（昨年度）の「人道庇護」を認めてはいるものの、国内外から、「難民鎖国」との批判を受けている。その原因は、出入国管理及び難民認定法が、主権を守る灰色有罪の「国境管理法」と、国境を超えた「国際人道法」という異質な二法を一個の法律とし、難民認定業務を独立の第三者機関に委ねていないことにある。更に、問題の根本は、憲法の原理である国際協調主義と、憲法体系上、入管法の上位法である難民条約の無理解と軽視にある。

難民認定は、元々、自分は難民条約が定義する難民であると申請した外国人が、確かに難民であると確認する「確認行為」であることに争いはない。しかし、入管行政の長でもある法務大臣は、難民行政では排除されるべき政策的な判断を加え、「確認行為」を実質上「自由裁量行為」に変質させ、結局、難民条約上の義務を履行しない。

では、他方の「国境管理」では、どうか。この点、三七年前に、最高裁は、アメリカ人語学教師マクリーンさんの在留期間更新不許可処分取消請求事件において、外国人にも憲法上の基本的人権は保障されると「人権享有主体性」を肯定しながら、「その人権の享有も在留資格の範囲内でのこと」とした。そして、在留資格の判断は、自由裁量行為であって、ささやかな政治活動をしただけのマクリーンさんについて、在留資格の更新を認めなかった法務大臣の判断に違法性はないとし、結局、外国人の表現の自由を否定した。この最高裁判決後三七年、マクリーン判決を錦の御旗として在留を拒否されて泣いて来た外国人は、少なくない。見出しの入管元幹部の発言は、このマクリーン判決と呼応している。

ステファニ・レナート・イタリア人神父の思い

日本で長く出稼ぎ外国人の人権擁護に献身され、晩年、東チモールの地で活動中に交通事故死されたステファニ・レナート神父は、日本社会への深い洞察から、市民活動の重要性を強調され、この地方のＮＧＯ活動の生みの親ともなられた。神父の活動の一つに、日本で働く諸外国の労働者が、一日、集い、話し、歌い、食べて交流する「サングリア」という集まりがあった。「サングリア」は、様々な果物が溶け込んだ果実酒であり、多様な民族・国籍の人々が集い醸し出す文化の中から素晴らしい味わいが生まれるとの神父の思い、願いの込められた名称の集まりであった。

神父が残した活動の軌跡と思想は、それを法的理解に翻訳すれば、上述のマクリーン判決が、憲法の本来の原理である外国人を含む平等な人権尊重主義・国際協調主義という人類にとってかけがいのない法的原理からみなおされるべき時が来ていることを示唆しており、また、人類が、互いに外国人の人権を尊重して共生し、混沌、殺伐としたグローバル化社会を脱却する為には、市民自身が立ち上がる他ないという貴重なメッセージでもある。

（弁護士　名嶋聰郎）

iii
草の根から平和を創る

第3部では、名古屋からほんとうの意味での平和を創るために私たちに何ができるか考えるヒントを学びます。イラク派兵違憲訴訟は、憲法をわたしたち市民の手で活かしていくための実践の一つです。アメリカで息子を失った名古屋の夫婦が起こした運動は、アメリカの銃社会を変えるさざ波を生み出しました。平演会の長い活動は、平和を願うわたしたちの思いの結実といえるでしょう。最後に、一見平和とは遠く思える性に関する問題や野宿者（ホームレス）、アイヌ、外国人労働者などマイノリティの問題についての活動を学び、平和の内容を豊かにふくらませてください。

市民が勝ち取ったイラク派兵違憲判決

川口　創　Kawaguchi Hajime

二〇〇八年四月一七日、名古屋高等裁判所は、イラクでの航空自衛隊の活動を憲法九条一項違反とする違憲判決を下した。そして、二〇〇八年の年末、自衛隊はイラクから完全撤退をした。市民がまさに憲法を使い、憲法の力を発揮させたのである。

この裁判では、全都道府県から三二六八名の市民が名古屋の裁判の原告となった。名古屋以外の地域でも訴訟は起こされ、全国では五六〇〇名に上った。

その中でも名古屋訴訟の原告が三二六八名と圧倒的に多かったのは、最初に市民訴訟を起こしたのが名古屋であったため、全国から名古屋に原告が集まったという面は否定できない。しかし、航空自衛隊のイラク派遣の拠点が愛知県の小牧基地であり、戦争加害の拠点であったことから、「加害者になりたくない」という切迫感を持った市民が多数原告となったという面は十分強調されてよいと思われる。

私は、この裁判の弁護団事務局長として、裁判全体を見渡しながら進めてきた。このレポートでは、原告、市民の方達がどのように裁判に取り組み、当事者として力を発揮してきたのか、裁判闘争の経過を中心に記してみたい。

イラク戦争と自衛隊イラク派兵

まず、前提として、当時の情勢について簡単に振り返っておきたい。

二〇〇一年一月にブッシュ政権が誕生し、同年九月一一日、ニューヨークで同時多発テロが発生した。この事件はオサマ・ビン・ラディンが指導するアルカイダの犯行とされ、ブッシュ政権は、アフガニスタンのタリバン政権がアルカイダを支援しているとの理由で「対テロ戦争」の必要性を主張し、一〇月七日、米軍を主力とする有志連合軍はアフガニスタンへの攻撃を開始した。

翌年二〇〇二年一月、ブッシュ大統領は一般教書演説で、イラン、イラク、朝鮮民主主義人民共和国を「悪の枢軸」と批判し、その後イラクに対して大量破壊兵器を保有しているとして軍事攻撃も辞さないという姿勢を強めていった。ブッシュ政権のイラク攻撃に対しては、世界各国で反対の声が上がり、世界中でイラクへの武力行使反対の大規模なデモや集会が行われた。日本でも、二〇〇二年の秋頃からイラク攻撃反対のデモが行われ、これまでデモにも参加したことがない多くの市民がデモに参加し、デモの規模は日に日に大きくなっていった。

しかし、ブッシュ政権はこうした世界の市民の政争反対の声を無視し、ついに二〇〇三年三月二〇日、イラク攻撃を開始した。

日本の小泉政権は、いち早くブッシュ政権によるイラク攻撃を支持し、二〇〇三年七月には自衛隊をイラクに派遣する「イラク特措法」を成立させた。次いで、二〇〇三年一二月に航空自衛隊の先遣隊に派遣命令が出された。

こうした政府の動きに対して、愛知県民は二〇〇四年一月一七日、小牧基地を囲む人間の鎖行動で抗議したが、一月二二日、約一一〇名の航空自衛隊員が政府専用機で小牧基地を出発し、二六日にはC130輸送機三機がイラクに送られた。

イラク戦争に対する航空自衛隊の拠点として、小牧基地が位置づけられており、その後も一貫して小牧基地が航空自衛隊の派遣の拠点として重要な役割を果たした。私たち日本人、愛知県民が、イラクの市民に対して加害者としての立場に立つこととなったのである。

裁判の一つの起点

少しここで個人的な話をさせていただきたい。私は、イラク戦争が始まった当時は弁護士一年目であった。たまたま、当時住んでいた賃貸マンションの近くに、小野万里子弁護士の事務所があり、「セイブ・イラクチルドレン・名古屋」というNGOを立ち上げられ、人道支援を行っていたのを間近に見る機会に接した。その中で、イラクの子どもたちが置かれている状況に触れ、イラクに自衛隊が送られれば、わが国はアメリカ同様、イラクの市民からは敵視されることとなり、小野弁護士達が取り組んでいるような本当の人道支援が阻害されてしまう、という危機感を持つようになった。そこで、何とか自衛隊のイラク派兵を止めたい、仮に派兵されたとしても、一刻も早く撤退させたい、そのために何かできないか、と考えるようになった。

その中で、憲法九条を使って司法という場で自衛隊派兵の違憲性を訴えることができないか考えるようになった。

もっとも、弁護士になりたてとは言いながらも、日本の司法の限界は理解していた。日本には、もともと憲法裁判所がないため、国の行為が憲法違反にあたる、という理由だけでは訴訟を起こすことが許されない。一九九〇年以降、いわゆる湾岸戦争のため自衛隊が海外に送られるようになってから、海外派遣を違憲とする裁判が提起されたが、民事裁判の土俵で闘わざるを得ず、原告個人の何らかの権利侵害を主張しなければならなかった。そこで、原告らは平和的生存権の侵害を主張したが、裁判所は一貫して「平和的生存権は抽象的権利であり、訴訟で争える具体的権利ではない」として、憲法判断に踏み込むことなく、「原告の権利侵害がない」として門前払いの判決を言い渡したのである。

訴訟を起こしたとしても、門前払いの判決となる可能性は、確率の問題で考えれば一〇〇％であった（平和的生存権を認めた裁判例として、長沼訴訟一審判決があるが、長沼訴訟では自衛隊の海外派遣が問題となっていたわけではなく、事案が異なる）。

何人かの信頼できる弁護士に相談をしたが、裁判をし、あっけなく敗訴することで、自衛隊のイラク派兵反対の市民の運動の足を引っ張ることになる可能性が極めて高いとして反対された。真剣に考えている弁護士ほど、真剣に反対をされたと記憶している。厳しい意見を踏まえながら、その後も私なりに、訴訟と運動の両輪をどう作っていくかについて考えを深めていった。

そして、二〇〇三年一二月二三日、まさに航空自衛隊がイラクに送られようとしている時期に、名古屋市内で行われた自衛隊のイラク派兵反対の集会・デモがあり、そのデモが終了した後、そのデモで中心的な役割を果たしていらした池住義憲さんに、私たち弁護士が「裁判をしませんか」と声をかけ、喫茶店で議論を行った。池住さんとお話しするのは私自身は初めてであったが、真摯に話を聞いて下さり、池住さんのなかで「訴訟をする」腹を一気に決められたように思えた。「裁判をする」という機が熟していたのであろうと思っている。

一気に違憲訴訟提訴に動き始める

それからの動きは速かった。市民の数名と、弁護士数名との間ですぐに裁判の骨格や訴状の骨子などの議論を行い、同時にホームページ作成の準備にも取りかかった。翌二〇〇四年一月七日には、市民有志から市民訴訟を起こすことについての準備会の呼びかけがメールやＦＡＸなどで発信され、一月一九日に準備会を開いた。短期間の呼びかけであったにもかかわらず、準備会には八〇名を超える市民が集まった。皆、組織・団体によることなく、一個人として参加いただいた。

こういった訴訟では、いきおい、知名度のある人が先頭に立ち、注目を集める、という戦術がとられることが少なくない。しかし、この訴訟では、そうした考え方をとらず、一人ひとりの個人が、個人の意思で訴訟に加わり、そして原告は皆平等である、という立場を原則としようということとなった。この方針は、裁判に参加される一人ひとりの自覚を促すことにもつながった。

また、訴状は、多くの市民に共感してもらい、「訴状」を裁判を広げる大事なツールにしたい、という思いから、「ですます調」に統一し、しかも、原告らの事情、イラクの現状、なかんずくイラクにおける戦争の実態等を丁寧に示していくこととした。九条を巡る裁判では、いきおい九条の議論を前面に出す傾向が強いが、この裁判は、何より「事実」を伝えてゆくことが大事だ、という認識を基本に置き、この方針は最後まで一貫した。多くの原告が「私たちの訴状」と言ってくれていたことは、訴状作成に関わった者としては何より嬉しかった。

同時に弁護団も短期間で募り、委任状を作成し、ホームページにアップし、だれでも、どこからでも委任状をダウンロードできるようにした。また、年会費一人三〇〇〇円、とした。この仕組みが、全国から原告が集まることを可能とした。

一月一九日の準備会を経て、短期間のうちに訴状を完成させ、委任状をアップし、わずか一ヶ月の間に全国からの原告希望者は一〇〇〇名を越えた。

連日全国から集まる委任状や原告の情報を整理していく作業は膨大な作業であった。

しかも、今後も多くの原告とのやりとりが継続的に必要となることから、わずかな弁護士と市民だけでは何ともならないことははっきりしていた。

そこで、市民として、「イラク派兵差し止め訴訟の会」を立ち上げ、訴訟の会の事務局を名古屋青年学生センターの一室に置き、実務を具体的に担える体制を整えていった。

そして、二月二三日、一二六二名が原告となり、第一次訴訟を提起した。

裁判をしようという話が動き始めてから、二ヶ月で提訴に至ったが、その間の作業量や議論した内容や時間などを考えると、今から考えても、よく短期間でこれだけのことを進めてこられたと思う。同じことは、もう二度とできまい。それだけ、多くの市民も、弁護士も、イラクへの自衛隊の派兵を一刻も早く食い止めたいと真剣だったのだと思う。

イラク訴訟のキャッチフレーズは「強いられたくない、加害者としての立場を」であった。とかく、戦争の問題、平和の問題は、「自分が被害者になりたくない」ということから議論が始まることが多い。しかし、この訴訟の大きな特徴の一つは、市民が自身の加害者性に目を向けて裁判をおこした点にあると思っている。自覚的な市民が多く結集したことは、歴史的な財産であったと思う。

原告になりたいという市民はその後も増え続け、七次訴訟に至るまで、合計三二六八名の市民が全国から名古屋訴訟の原告となった（海外からの参加もあった）。法廷は、裁判所で一番大きな法廷を確保し、毎回午後一時半から四時まで、しっかり時間を確保して進めていった。しかし、一番大きな法廷とはいえ一〇〇名程度しか入らない。これに対して、裁判期日の都度、全国から二〇〇名を超える原告が法廷に駆けつけていたため、裁判の途中で原告の入れ替えを行う、ということが必要となった。

弁護団は、裁判所との協議の場で、全員の原告が入れるように、他の大きな会場を借りることができないかという要請も行ったが、残念ながら実現できなかった。

全国各地の裁判との連携

名古屋での提訴の前に、札幌では箕輪登元郵政大臣が、一人、自衛隊のイラク派兵の差し止めを求める訴訟を提訴した。

また、名古屋訴訟の後には、東京、大阪など全国各地で訴訟に広がっていった。

全国各地で連携する必要が生じ、二〇〇四年八月札幌に全国の弁護団、原告が結集し、「自衛隊イラク派兵差止訴訟全国弁護団連絡会議」を結成した。その会議には、砂川、恵庭、長沼、百里と戦後の憲法九条訴訟を戦い抜いてきた内藤功弁護士も参加されていた。

内藤弁護士から多くのアドバイスを戴いたことが、全国の訴訟を大きく力強くしていくことにつながっていった。その後も、内藤弁護士からのアドバイスは、弁護団にとっては宝であった。内藤弁護士を通じて、私たちは、イラク訴訟という「点」を闘っているのではなく、戦後ずっと続けられてきた憲法九条を守り活かす闘いの延長線上にこの闘いがある、という自覚を持つことができた。

イラク訴訟の名古屋高裁違憲判決は、確かに愛知およびその近郊の市民、弁護士が中心となったのは事実である。

しかし、この違憲判決は、水平的には全国弁護団、全国の原告の力であり、垂直的には、戦後一貫して九条を使って闘ってきた先人達の力を承継して勝ち取った結晶である。

この結晶は、全ての市民の財産であり、将来にわたって承継し、発展させていかねばならないと考えている。

二〇〇四年一二月には、名古屋において、全国原告交流集会が開かれ、原告相互の交流の機会が作られた。こうした全国のつながりが、困難な訴訟を進める上でお互いを励まし助言し合う関係を作り出し、裁判を前に進めていく原動力となっていた。

平和的生存権の具体化の道のり～法廷で市民が切実に訴えた

訴訟を提起した最初の一年間は、毎回法廷で原告四名ほどが意見陳述を行い、一人一五分程度、自身の思いを訴えた。全ての原告に、陳述書を作成してもらい、その中から原告らの思いや被害の多様性を訴えるに適切な原告を選び、その原告のために担当弁護士を決め、その弁護士が直接その原告に会いに東京や広島などに赴き、原告とともに法廷での陳述内容をともに作り上げる、という作業を行った。

多様な背景を持ちながら、いろいろな角度から自衛隊のイラク派兵に反対する市民とじっくり対話を重ねていく作業が、原告はもちろん、弁護団の中で「平和的生存権は具体的な権利だ」という確信を積み重ねていったのだと思う。

池住義憲さんは、世界ＹＭＣＡベトナム難民救済復興事業のワーカーとして、ベトナム戦争終結直前、当時の南ベトナム・サイゴンに赴任していたときの体験から語られた。善意の救済活動のつもりが、赤ちゃん殺害という結果に結びついたことについて「赤ちゃんを殺したのは私だ」と語った。

「イラク派兵が自分の負っている原罪に加え、さらに新たな原罪を背負わせることになる」「イラク派兵は、国境を越えた人々の結びつきの中で『非暴力』で平和を創り出そうとしてきた私の人生を否定されることになる」と訴えられた。

天木直人さんは、レバノン大使であった当時、イラク戦争支持に反対する思いを外務省に打電し、大使の職を解かれ、外務省をやめざるを得なくなった。当時の中東情勢から、いかにイラク戦争が誤っているか、また、憲法九条を活かしていくことが大事だと考えるに至ったかを自身の体験を通じて語られ、イラク派兵が、いかに自身の人格の根幹を傷つけるものであったかを具体的に語られた。

梅尾朱美さんは、全盲の視覚障がい者である。梅尾さんは、「戦争が新たな障がい者を大量に作り出すものであることは、これまでの歴史的事実が示すとおりです。今回の自衛隊派兵が、日本を戦争への道に駆り立てる、大きなきっかけになるのではないかと不安でなりません」と訴えた。

浅見裕子さんは、沖縄の辺野古の海を海兵隊の出撃基地にしないために闘う人々を写真取材した体験から、在沖縄米軍を支援することの加害性を訴え、同時に、セイブ・イラクチルドレン・名古屋のイラク人医師招聘研修プロジェクトの体験を述べ、イラク人を殺す前に、自衛隊をイラクから撤退させなければならないと力強く訴えた。

水田洋さんは、アダムスミス、ホッブス研究の世界的大家であるが、法廷では、自身が先の大戦時、インドネシアに送られていた戦争体験から出発し、如何に戦争が愚かであることか、また同じ過ちを繰り返していることの愚かさを訴えられた。

アフガニスタン支援のNGO「ペシャワール会」の一員である五井泰弘さんは、アフガニスタンでの体験から「イラクに自衛隊が派遣されてから、アフガニスタンの人々の態度が変わりました」「自衛隊が出かければ、反感を買い、危険は増すばかりです」「平和は軍事力以上の力がある。平和憲法をかなぐり捨て、平和主義を非現実的だと軽んずることは許されない」と訴えた。

長谷川正安さんは、憲法学会の大家であるが、もともと平和的生存権についての具体的権利性については否定されていたが、この戦争の実態と今の日本の状況を直視し、「平和的生存権は具体的権利である」と自説を大きく転換され、法廷で堂々と訴えられた。

他にも多くの方が法廷で訴えられ、その何十倍もの方達の胸を打つ珠玉の陳述書が裁判所に提出された。

多様な方達が、多様な立場から、イラク派兵が如何に自身の人格の根幹を奪うことであるか、ということを切々と訴え、平和的生存権の具体的権利性を裏付ける事実を積み重ねながら、裁判所を説得していった。

この訴訟は、決して通り一辺倒の、抽象的な議論のやりとりで前進を勝ち取ったものではなく、一人ひとりの人生と人間性に大きく踏み込み、市民自身の力の蓄積によって、平和的生存権の具体的権利性を勝ち取っていったのだと思う。

裁判所との激しい闘いにより、闘う原告・弁護団に成長

裁判の進行に話を戻したい。

訴訟を提起して二年が経った二〇〇五年四月、裁判長が交代となった。その直前に、右陪席、左陪席の裁判官も交代しており、短期間のうちに三人の裁判官全員が交代するという異例の事態となった。

そして、弁論期日である四月二二日を迎えた。弁護団からは、裁判官が短期間に三人も交代したこともあり、これまでの法廷の内容をしっかりまとめて述べるために、「更新弁論」の機会をしっかり確保して欲しい、と訴えた。

しかし、裁判長は、「今日は何もできないということになりますか」と述べ、「更新弁論をするなら、今すぐ、五分与えるのでやりなさい」と述べた。

弁護団からは、「とても五分ではできない」と強く抗議をしたが、裁判長は黙って時計を見つ

め、「更新するんですか、しないんですか」と言い、被告国の代理人に「従前通り」と言わせ、さらに被告代理人から、「更新は一方当事者が述べれば足りる」という戦前の大審院判決を持ち出させた。裁判所と被告国とが事前に準備していたことは明らかであった。

弁護団の猛抗議に対して、裁判長は「更新は終わりました」と繰り返し、完全に喧嘩を売っている状態のまま、次回期日を九月九日と一方的に指定して法廷を去って行った。

およそ五〇分間の間、裁判長の「訴訟指揮」は、もはや「訴訟指揮」とは言えず、裁判と言えるようなものではなかった。しかも、原告側を敵視し、被告国と事前に打ち合わせをしていたことが窺われ、許せることではなかった。

これでは違憲判決はおろか、実質的な審理自体が全く期待できない。原告、弁護団は、名古屋市内で抗議行動を行った。

まっとうな裁判が行われない。憤りを持った原告らは、四月二五日朝から、名古屋地方裁判所前で、裁判長、地裁民事六部の訴訟指揮がいかにひどいものであったのか、まっとうな訴訟をして欲しい、という訴えを連日展開した。チラシの表には裁判長の不当な訴訟指揮を示し（人格攻撃は一切しなかった）、裏にはイラクが今いかにひどい状況にあるのか、この裁判がどれだけ大事な裁判か、ということを示し、毎日、チラシを作り替えて宣伝を行った。チラシは、毎朝六〇〇枚作ったが、裁判所職員の受け取りが非常に良く、連日のチラシ配布にもかかわらず、毎日六〇〇枚のチラシがすべてさばける、という状況であり、励ましの言葉を投げかけてくれる職員も少なくなかった。

その後、弁護団と裁判所との協議を行い、あまりにもひどい訴訟指揮であったことなどを抗議した。そして、次回期日の持ち方について、しっかりと原告側に必要な時間を確保させることを約束させた。

九月九日の法廷では、四月に陳述ができなかった池田香代子さん、梶岡マリリンさんに加え、教師の岡崎勝さん、マンガ原作者で評論家の大塚英志さんの四人の意見陳述を行った。しかし、その間、裁判長は原告の方を見ることなく、貧乏ゆすりをしながら、「意見陳述など聞いていない」という露骨な態度を示した。原告弁護団がイラクの実態についての準備書面などの要旨の陳述を終えた後、裁判長は「次回結審の予定です」と述べた。

弁護団は、「実質審理を」と強く抗議をすると、「すでに法的見解は持っています」と予断を持っていることを開示した。公正な裁判が全く保障されていない。原告も弁護団もさらに強い憤りを持ち、裁判長回避（交代）を求める署名を集め始めた。

一一月一三日の第七回口頭弁論期日は、「もはや裁判に非ず」。弁護士として、後にも先にも経験できないようなひどいものであった。

裁判長は原告側の証人申請を合議もせず却下し、手元にあった書面をぼそぼそと読み上げた。弁護団は、「異議あり」と直ちに訴えたが、法廷の誰にも聞こえない小さな声でメモを読み続け、異議を黙殺。それに対し、弁護団から直ちに「忌避」の申立を行った。この時点で、訴訟は一旦停止すべきであるが、裁判長はこれをも無視し、自分が用意したメモを読み上げた（らしい）後、三人の裁判官は法廷から逃げ去った。

一体何が起こったのかも理解ができなかった。

原告も弁護団も、裁判長が述べた内容は、判決期日が四月一四日に指定されたことも含めて、司法記者クラブを通じて初めて知った。裁判を受ける権利の明らかな侵害であり、決して許されない歴史的暴挙であった。

あまりにもひどい事態に対し、忌避を改めて行い、また、法廷のテープを確保すべく証拠保全の申立を行った。その後、裁判長と、法廷で聞こえてもいない裁判長の発言を記載した調書を作成した書記官を被告とする国家賠償訴訟も提訴した。

二〇〇六年四月一四日の判決は、案の定、原告側の完敗であった。原告がかかげた旗は、「裁判に非ず」であった。

それでも前進を勝ち取る

私たちは、裁判長らとの闘いを全力で行いながら、しかし、焦点は常にイラクの実態に置き続けた。裁判長が憎くて闘っているのではない。イラクの実態を直視し、イラク派兵の違憲性を確信しているからこそ、まっとうな裁判を求めて全力で闘ったのである。

忌避など、滅多にするものではなく、まして裁判長を訴えることなど、ほとんどあり得ない。

それでも、このときだけは、覚悟を決めざるを得なかった。

今から思えば、私たちは、地裁の裁判長との闘いを通じて、闘う原告・弁護団へと成長していったことは間違いない。

レバノン大使を解任された天木直人さんについての裁判は、他の原告らの裁判と分離され、証拠調べが行われた。また、同時期に六次訴訟、七次訴訟が起こされ、その訴訟も行い、同時に忌避、国賠、控訴審の準備と、二〇〇六年四月以降は多くの裁判に、限られた数の弁護団員（実働は一〇人もいなかった）がフル稼働していった。しかし、敗訴判決で意気消沈している間がないくらい、多忙を極めたことは、前に向いていくためには良かったのかもしれない。

名古屋訴訟は七回にわたって訴えが提起されたが、七次訴訟として、たった一人の原告、李誠姫さんの事件が状況を大きく変えた。

李さんは、コリアンの父と日本人の母の間に産まれた「ダブル」である。李さんは自身の中で、「加害の国日本」と「被害の国韓国・朝鮮」を調和させているのが憲法九条であり、憲法九条が自身の人格の根幹であること、イラク派兵が北朝鮮の脅威を理由に進められていることで強い危機感を抱いていることなどを切々と語った。その具体的な訴えが、裁判所を動かし、二〇〇七年三月二三日、名古屋地裁民事七部は、「平和的生存権は具体的権利だ」とする画期的な判決を下した。この判決なく、名古屋高裁違憲判決は産み出されなかった。

李さんの提訴が遅れ、地裁民事六部でなく七部に一人かかったことが、偶然にも歴史を動かす結果につながることとなった。

名古屋高裁に舞台を移し、ついに違憲判決へ

二〇〇六年一〇月一七日、名古屋高等裁判所における控訴審の第一回口頭弁論が開かれた。控訴審が始まったころ、自衛隊のイラク派兵の内容に大きな変化があった。

二〇〇六年七月、陸上自衛隊がサマワから完全撤退。日本政府は、この引き替えにそれまで危険だとして活動地域としてこなかったバグダッドまで、航空自衛隊の輸送活動を開始することを引き受けた。日本政府は、「人道支援」と言うのみで、輸送活動の内容については開示を頑なに拒否。国会議員もその内容を知らされないままだった。しかし、その実態は、武装した多国籍軍兵士を激戦地であるバグダッドまで多数送り込むことで、アメリカのイラク戦争を支えていたのである。

そしてこの航空自衛隊のバグダッドへの米軍輸送が、名古屋高裁において憲法違反という厳しい審判を受けることになったのである。

名古屋高裁民事第三部の三人の裁判官は、地裁の裁判官らとは異なり、原告（控訴人）らの主張に真摯に耳を傾けた。原告（控訴人）らは、原告らがイラク派兵によって如何に耐えがたい精神的苦痛を強いられているかを訴え、また、イラク戦争の実態を丁寧に伝えた。そして、武力行使一体化の政府見解を引きだし、政府見解に立ったとしても、イラクでの自衛隊の活動は憲法九

条一項が禁止する武力行使にあたる、という主張を積み重ねていった（紙面の関係上、高裁の闘いについての詳細は述べることができない）。

そして、ついに山田朗明治大学教授、小林武愛知大学法科大学院教授の証人尋問を実現し、山田教授からは自衛隊派兵の実態とその軍事的意味について、また小林教授からは平和的生存権の具体的権利性について歴史的な証人尋問が行われた。

実質的な審理を経て、二〇〇八年四月一七日、名古屋高裁民事三部はついに、自衛隊のバグダッドへの輸送活動を憲法九条違反とする歴史的な違憲判決を下した。

言い渡しの瞬間、法廷では、多くの原告が涙を流しながら違憲判決の瞬間を共有していた。また、裁判所の外では、旗出しに走った二人の若い弁護士がかかげた「画期的判決」「自衛隊イラ

航空自衛隊の週間空輸実績

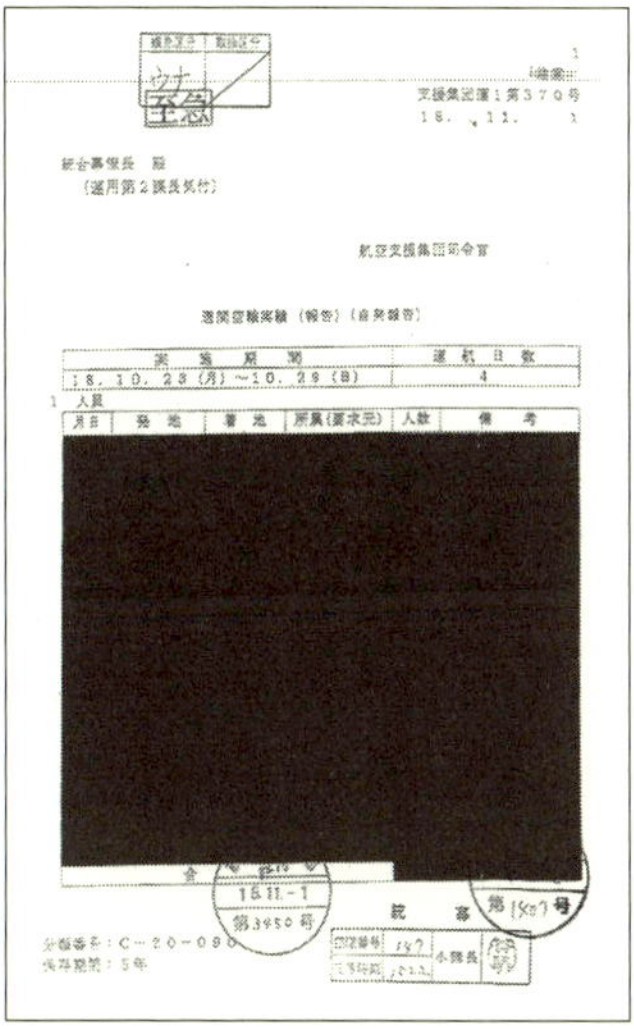

ウナ 至急

1

「注意」

支援集団運1第370号

18. 11. 1

統合幕僚長　殿

（運用第２課長気付）

航空支援集団司令官

週間空輸実績（報告）（自発報告）

実施期間	運航日数
18.10.23（月）～10.29（日）	4

1 人員

月日	発地	着地	所属（要求元）	人数	備考

[redacted]

18.11.-1 第3450号

統幕

第1507号

分類番号：C-20-090

保存期間：5年

処理番号 147 小隊長

2008 年以前に開示されたもの

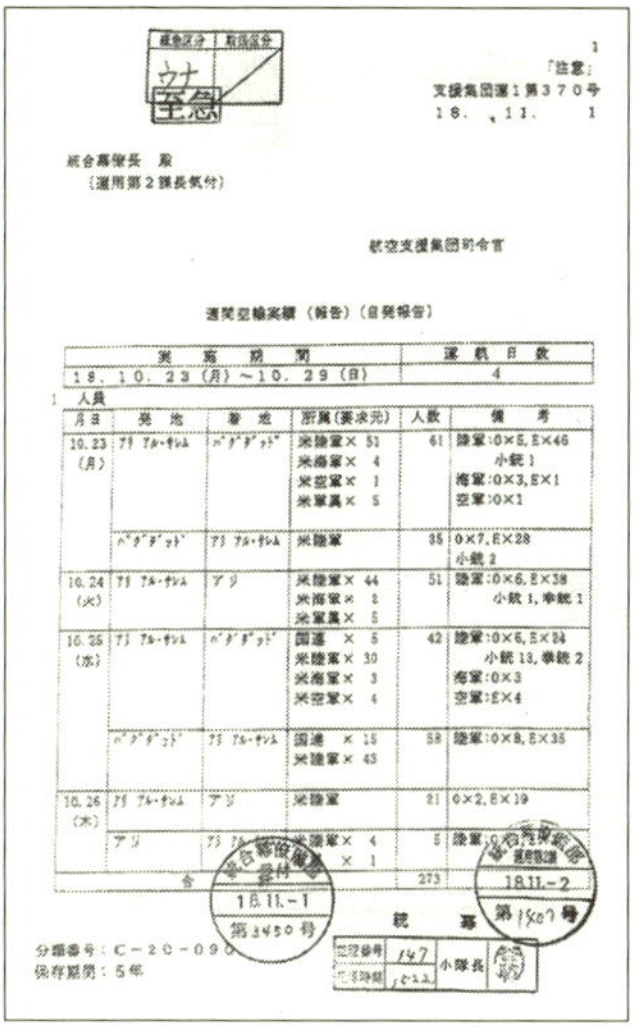

ウナ 至急

1

「注意」

支援集団運1第370号

18. 11. 1

統合幕僚長　殿

（運用第２課長気付）

航空支援集団司令官

週間空輸実績（報告）（自発報告）

実施期間	運航日数
18.10.23（月）～10.29（日）	4

1 人員

月日	発地	着地	所属（要求元）	人数	備考
10.23（月）	アリ アルサレム	バグダッド	米陸軍×51 米海軍×4 米空軍×1 米軍属×5	61	陸軍:O×5, E×46 小銃1 海軍:O×3, E×1 空軍:O×1
	バグダッド	アリ アルサレム	米陸軍	35	O×7, E×28 小銃2
10.24（火）	アリ アルサレム	アリ	米陸軍×44 米海軍×2 米軍属×5	51	陸軍:O×6, E×38 小銃1, 拳銃1
10.25（水）	アリ アルサレム	バグダッド	国連×5 米陸軍×30 米海軍×3 米空軍×4	42	陸軍:O×6, E×24 小銃13, 拳銃2 海軍:O×3 空軍:E×4
	バグダッド	アリ アルサレム	国連×15 米陸軍×43	58	陸軍:O×8, E×35
10.26（木）	アリ アルサレム	アリ	米陸軍	21	O×2, E×19
	アリ	アリ アルサレム	米陸軍×4 ×1	5	陸軍:
合				273	

統合幕僚監部 受付 18.11.-1 第3450号

統合幕僚監部 18.11.-2 第1507号

統幕

分類番号：C-20-090

保存期間：5年

処理番号 147 小隊長

2009 年９月に開示されたもの

違憲判決が出された直後の法廷前

ク派兵は憲法違反」の旗に、多くの原告・市民はどよめき、大きな歓声が沸き上がった。

判決後の報告集会では、部屋一杯に集まった原告と弁護団は、ともに違憲判決を勝ち取ったことを大いに喜び合った。翌日の新聞は全国紙も全て、一面にこの違憲判決の記事が大きく載った。

この判決は、形式的には控訴人（原告）敗訴であったため、国側は上告できず、原告側も上告しなかったため、二〇〇八年五月二日に確定した。

そして二〇〇八年年末、自衛隊はイラクから撤退した。

違憲判決が下されることについては、最後まで不安であった。これまで、高裁レベルで憲法九条違反の判決が出されたことは一度もなかったからである。確率の問題で言えば、〇%であったが、その壁を突破し、違憲判決を勝ち取った。市民が憲法を使い、裁判所を説得し、作り上げた歴史的な判決である。

違憲判決の内容について、詳細を紹介する紙面が残念ながらない。

端的に言えば、判決は、イラク戦争のすさまじい実態について正面からその事実を認定し、航空自衛隊のバグダッドへの輸送活動が米軍の武力行使と一体化するものであることを、丁寧に判断している。そして、平和的生存権の具体的権利性についても肯定し、その要件も詳細に定めた。

この違憲判決の憲法九条違反の認定部分と、平和的生存権の要件の部分は、憲法違反の行為を政府が再び行おうとしている時、市民が憲法を機能させるにあたって、極めて重要な役割を果たしていくこととなろう。

違憲判決の要因を考える

最後に簡単に、違憲判決の要因について簡単に私見を述べておきたい。

まず、諦めずに提訴したこと。どうせだめだと諦めていたら、違憲判決はなかった。私たちは、今後も憲法を守り活かす闘いを続けていくことになるだろうが、諦めてしまったら、何も産まれない。そのことをまず、教訓としたい。

次に、なぜ、名古屋だったのかについてであるが、航空自衛隊の拠点がまさに愛知県の小牧基地であり、戦争の加害者としての拠点であったという当事者性があった、ということが大きい。イラクへの自衛隊派遣は、陸上自衛隊の拠点が北海道であったのに対し、航空自衛隊の派遣拠点は愛知県の小牧基地であった。イラクに飛び立ったＣ１３０Ｈ輸送機は全て、小牧基地から送り出されて行ったのである。

自衛隊のイラク派兵の際には、多くの市民が小牧基地を取り囲んだ。そういった多くの市民の思いとこれまでのこの地域の地道な平和運動が、三〇〇〇人を超える大きな裁判を作る素地になったことは間違いない事実である。

また、「セイブ・イラクチルドレン・名古屋」などの活動を通じて、名古屋の市民の多くが、イラクの市民との結びつきを感じていたことも大きかった。

裁判に加わって下さった多くの市民の方達も、単に「九条違反」ということで動いたのではなく、戦争で傷ついていくイラクの市民達に思いをはせながら、立ち上がった。

この裁判のキーワードが「強いられたくない、加害者としての立場を」であったことも、イラクの市民を殺し、傷つける加害者になりたくない、という思いから作られたキーワードだった。

もし、「九条違反」というある種「政治的」なところだけを出発点に裁判を行っていれば、裁判所を動かすような裁判にはならず、違憲判決が出ることはなかったであろう。「事実」と「人間性」を原点に据えた裁判だったからこそ、力を持ったのだと思う。

裁判所が違憲判決を決意するに至った大きな要因は、あまりにも惨いイラク戦争の実態があり、自衛隊がイラク戦争に深く関わっていた実態が浮き彫りになったからである。

裁判を続けている四年間、田巻紘子弁護士がイラク戦争の実態を丹念に書面化し、裁判所に伝え続けた。地道に新聞を切り抜き、その情報を立体的に作り上げていくこの作業なくして、この違憲判決はあり得なかった。

四年にわたって、事実関係について詳細な書面を作り上げた弁護士、新聞の切り抜きをしてくれた市民の方達、そして、他のメディアが関心を持たなくなった後も、イラク情勢や自衛隊の情報を丹念に報道し続けた中日新聞（東京新聞）。こういった積み重ねが違憲判決を勝ち取るのに大きな力となった。

また、原告全てに、「陳述書」の作成を「原告の宿題」としてお願いし、その際、「イラク戦争は国際法違反、憲法違反」という「法律論」「政治論」は弁護団に任せていただき、皆さんはまず、「なぜ、イラク戦争を許せないと憤りや悲しみを覚えたのか、自分の生き方に照らして書いてください」と依頼し、その結果、それぞれの人間性、人生に深く根ざした陳述書が集まった。弁護団は、一通一通を真摯に受け止め、陳述書を通して、この原告の方達の中に、確かに「平和的生存権」が具体的な権利としてあるのだ、という確信を高め、裁判所に対して整理しながら届けていった。

法律上の主張については弁護団は学説も、政府見解も研究し尽くし、最高水準の議論を展開した自負がある。名古屋大学の愛敬教授（憲法）はこの判決後、コメントを求められ、「この判決は憲法を超えていないが、現在の憲法学会を超えた」と評された。

しかし、最終的に裁判所を動かしたのは、「理屈」ではない。

イラクの深刻で残虐な戦争の実態を突きつけ続け、そして、市民の皆さんの具体的な体験や切実な思いが重なり合ったことが、平和的生存権を具体的権利にまで高めるという成果をもたらした要因である。

原告の中心メンバーが、二週一度の訴訟の会の会議を四年間継続し、原告としてなすべきことを地道に継続的に取り組み続けた。その時間と労力は相当なものであったと思う（もちろん、弁護団の費やした時間と労力なども尋常ではなかったが）。

市民の方達の絶え間ない多大な努力なくして、この違憲判決はあり得なかった。

裁判となると、いったん提訴するとあとは弁護士に任せっきりになることが少なくない。しかし、この訴訟では、市民が自らの自覚を持ち続け、裁判運動の中心を担い、集会や学習会なども積極的に取り組み続けた。また、市民が弁護団会議にも必ず出席し、その後の飲み会などで親睦を深めることも大きかったのではないかと思われる。原告と弁護団とが最後まで信頼関係を高めていったことが、違憲判決を勝ちとる前提にあったと思う。

平和的生存権が「権利」として認められた、ということは、「平和」は政府が作るものでなく、「私たち主権者が作っていくものだ」ということを意味する。また、時の「多数者」が「戦争」を選択しても、個人の人権として、戦争を拒否し、食い止める権利を「法的権利」として認めたということを意味する。

このことは同時に、私達一人ひとりに、戦争を食い止めていく「責任」を課せられたことにもなる。この意味を私達は重く受け止めたい。

憲法が破壊されるつつある今こそ、市民の手によって自覚的に憲法を活かしてゆくべき時に来ている。

column

わたしのイラク医療支援

二〇〇三年二月、イラクへ

ブッシュ政権によるイラク侵攻が秒読みに入ったころ、私はイラクを訪問する機会を得た。世界中の市民の反対を押し切って今まさに侵略戦争がなされようとしている。まるでゲーム画面のようにイラクの人々が殺されていた湾岸戦争（一九九一）の残虐が、私の脳裏に思い起こされていた。イラクの人々は明るく親日的だったが、いざ開戦となれば不条理な爆弾の下で殺される。石油資源のために戦争に翻弄され続ける人々に心が痛んだ。

劣化ウラン弾の被害を知る

【劣化ウラン弾の使用】劣化ウランは、原子力発電のウラン燃料を精製する過程で不可避的に産出される核廃棄物である。アメリカはこれを対戦車砲としての兵器に転用し、一九九一年の湾岸戦争でイラク南部に大量に投下した。大地は放射能で汚染され、晩発性被害と見られるがんや先天障害がすでに激増していた。バグダッドやバスラの病院での悲惨な光景を思い起こすと、私は今でも涙を禁じ得ない。

【非人道的経済制裁】湾岸戦争直後から国連はアメリカ主導で経済制裁を行っていた。それは食料、日用品、医薬品など一切を制限する過酷なもので、弱者たる子どもを直撃した。国連自らの一九九九年報告でも「推定五〇万人の子どもが死亡した」とされている。当時のイラクの人口が二五〇〇万人程度だったことを思えば、この数字は「天文学的な非人道」以外の何者でもないだろう。日本の人口に換算すると二六〇万人の子どもの死亡なのだから。抗がん剤は制限され、放射線治療に至っては全く禁止されている。アメリカ中心の多国籍軍がおびただしいがん患者を生み出しているのに、さらに治療まで妨害するとは、恥を知れ、だ。侵略戦争の本質をはっきり見た。

医療支援のはじまり〜医薬品の支援

「私は何ができますか?」という質問に、がんセンター長のジャワド医師は「イラクで起きていること(劣化ウラン被害と経済制裁)を日本の市民に伝えて下さい。それから、当面必要な抗がん剤の援助をして下さい。」と答えた。それなら私にも少しはできそうに思え、日本への帰国後の二〇〇三年二月末、医療支援団体『セイブ・イラクチルドレン・名古屋』を立ち上げ、支援活動を始めた。

予想以上に市民の反応は良く、多くのマスコミが取り上げてくれ、学校を含む多くの団体・個人から報告会や講演会の申し込みをいただいた。寄付金も順調に集まり、隣国ヨルダンで医薬品を購入してはイラクにピストンで届けた。ジャワド医師からは「あなたはやはり日本人だね。約束を守った。」との名誉な一言をいただいた。

医師の研修支援と患者の治療支援

当初は(イラク戦争時の一時を除き)、イラクへの医薬品支援が中心だった。ところが、〇三年八月、イラクの実態を訴えるために来日したジャワド医師とジャナン医師から「白血病の子どもの治療と若手医師の医療研修を日本で引き受けてもらえないか。」との依頼がなされた。一二年間の経済制裁で、医師が他国で学ぶことすら禁じられ、医療技術の落ち込みが大きいという。名古屋大学病院小児科に相談したところ、快く引き受けていただけることになった。

〇四年一月、白血病のアッバス君と母親、アサード医師、モハメド医師が来日した。アッバス君の父は湾岸戦争で劣化ウラン弾を浴びた。彼は典型的なウラン犠牲児である。ともあれ、イラク人が長期的に日本に滞在することの意味は大きかった。彼らの考え方や文化を学ぶことができたし、イラクの医療現場の状態もよく分かった。誇り高い人々で、米英による占領を内心では決して許していないことも分かった。

高遠菜穂子さんら日本人三名の拘束事件が起きたとき、彼らは毎晩国際電話で「善なる人たちだ。ただちに解放を。」と訴え続けていた。他方で、自衛隊のイラク派遣に対しては冷ややかで、「私の望むところではない。」とため息をついていた姿が忘れられない。

アッバス君は順調に回復し、一〇ヶ月後に帰国した。残念ながら、その後イラクで命を落としてしまったが、父母の日本人に対する感謝の念は変わらなかったという。

医療研修の充実へ

イラク側から最も要請の強かったのが、医師や看護師の医療研修である。

イラクの病院から「〇〇の研修を〇〇ヶ月で実施してほしい。」という依頼があると、私たちが具体的受け入れ先を探す。研修は医療機関が無償で行い、私たちは渡航費・滞在費の費用負担と日々の生活支援を行う。当初は受け入れてもらえないこともあったが、イラク人医師らのまじめな研修態度や高度な基礎医学能力が知られると、県内4つの大学病院とあいち小児センターは積極的に受け入れてくれるようになった。二〇一三年末時点での実績は、医師二三名、看護師二名、医療機械技師二名である。本当はもう少し受け入れたいのだが、予算が乏しくこの実績にとどまっている。

国際理解と平和構築

二〇〇九年、私はイラクで開かれた国際がん会議に招待された。その際、あるイラク人医師から「愛知での研修から帰ったドクターが、あちこちに医療技術と日本文化を広げている。あなたたちはイラクに日本の支店をいっぱい作っているようなものだね。」と言われ、本当にうれしかった。

平和構築は、国際理解と交流によってなされるもので、武器によってなされるものではない。それを確信させてくれたのは、イラク人とともに過ごした11年にわたる日々である。

（セイブ・イラクチルドレン・名古屋 代表　小野万里子）

服部夫妻と銃社会アメリカ

平田雅己 Hirata Masaki

二〇一二年一〇月一八日、名古屋市民の服部政一さん、美恵子さん夫妻がアメリカ・ルイジアナ州バトンルージュ市庁舎にてメルビン・ホルデン市長を表敬訪問した。そこで夫妻は嬉しいサプライズに遭遇した。市長は突然何の前触れもなく「名誉市長」の認定証と市長室の鍵を模造した金色の記念鍵を夫妻に手渡しこう述べた。「絆は海を越える。我々はひとつの家族のようなもの。悲劇を二度と起こさないようにしたい。」（二〇一二年一〇月一九日付『朝日新聞』夕刊）彼はバトンルージュ初の黒人市長であり、二〇〇六年にニューヨークのブルームバーグ市長が結成した「違法銃器に反対する市長連合」にも名を連ねる銃規制派である。とはいえルイジアナは現在でも州民の約六割が銃を所持し、銃と日常生活の結びつきが伝統的に強い土地柄。この時、再選を賭けた選挙を数週間後に控えていた市長にとっては政治的に勇気の要る決断でもあった。（結果的に再選を果たした。）なぜ夫妻がこのような市長個人の思いが強い栄誉を授かることになったのか。

米バトンルージュのホルデン市長と服部夫妻（服部美恵子さん提供。左から長女の祥子さん、ヘイメーカー夫妻、右端が社会学者の賀茂さん）

その背景には二〇年前にこの地で息子・剛丈《よしひろ》さんを銃で失った無念を晴らすため、彼が愛したアメリカに向けて様々な形で銃暴力根絶を訴え続け、アメリカ人の理解を地道に獲得してきた服部夫妻の生き方が存在した。服部夫妻が従事した銃規制運動の足跡と心の変遷を辿りながら、その意義について考える。

一発の銃声と二つの裁判

一九九二年一〇月一八日（現地時間一七日）、バトンルージュに留学していた当時愛知県立旭丘高校二年生の服部剛丈さんが、ハロウィーンの仮装パーティー会場の民家を間違え、訪問先の家主男性ロドニー・ピアーズによって射殺されるという痛ましい事件が発生した。この悲劇は日本では「服部君事件」として大きく報道された。伝統的に銃の所持や使用を自衛の権利と認める傾向にあるアメリカ社会が絶えず過剰防衛の危険性と背中合わせにある現実を、銃犯罪とはほぼ無縁の社会に住む日本人の多くが意識する契機となった。

なぜ丸腰の少年が無残にも射殺されてしまったのか。果たしてピアーズの行為は正当防衛といえるのか。日米のメディアが注目する中、一九九三年五月一七日、刑事裁判「ルイジアナ州対ロドニー・ピアーズ」が東バトンルージュ郡地方裁判所で開廷した。裁判で争われたピアーズの罪状は「計画性のない殺人罪」（英語でmanslaughter：日本の傷害致死罪に近い）。約一週間後の五月二三日、地元住民から選ばれた一二名からなる陪審員団は全員一致の無罪評決を下した。剛丈さんが「Freeze!（動くな）」と言っても静止しなかったことによるピアーズ側の恐怖感を誇張した弁護団の主張が認められた瞬間であった。この裁判結果は服部家のみならず当時の日本社会全体に衝撃を与えた。公判を傍聴していた政一さんは判決後の記者会見で「ロドニー・ピアーズ氏の人間性に罪があったかどうかではなく、彼がやったことに罪があったかどうかを問う評決であってほしかったと思います。これがアメリカの実情だとしたら困ったことになります。というのは他人の家の庭に入ったら撃たれることを覚悟しなければならないのですから、一体どこの家を訪ねれば安全かわからなくなってしまうからです」と述べ、複雑な心中を吐露した。

陪審裁判は判決理由が提示されないため、公判における証言や証拠の何が決め手になったのかは推測の粋を出ることはない。政一さんと共にボランティア通訳として裁判を傍聴したルイジアナ州立大学の社会学者・賀茂美則さんは後に刊行した裁判記録の中で、陪審員に正確な法律や事件の知識を十分に与えないルイジアナの裁判制度のあり方が論理ではなく感情に訴える弁護側に有利に働いたと分析し、さらに陪審員がピアーズに同情を示す背景として、権力不信に基づく自己防衛意識や狩猟文化に象徴される独特な銃に対する価値観、そして非白人に対する人種差別といったアメリカ南部の特殊事情を指摘した。賀茂さんが示唆する銃社会アメリカの多様性は、当時ニューヨークタイムズ紙やロサンゼルスタイムズ紙など東部及び西部の主要紙がこの判決結果を厳しく批判する内容の社説を掲載したことからも明らかであった。判決結果も去ることながら、被告側の供述には矛盾や謎が多く事件の真相を求める服部夫妻には大いに不満が残るものであった。そして剛丈さんの目が悪くピアーズが構えた銃がよく見えていなかった可能性など被害者側の事情が公判の中できちんと取り上げられることなく、ピアーズ＝善人、息子＝変人イメージが法廷内で一方的に喧伝されたことが夫妻にとって何より悔しかった。

判決を不服とした服部夫妻は、ピアーズ、そして夫に銃をとるよう促した妻ボニーを相手取って損害賠償請求を求める民事訴訟を起こした。服部夫妻から依頼を受けた主任弁護士のチャールズ・ムーアさんはピアーズ夫妻を含む事件関係者から宣誓証言を広範に事前収集し、先の刑事裁判の内容を一つ一つ丹念に再検証した。一九九四年九月に開廷した公判（被告側弁護団の手続きミスで陪審裁判ではなく判事裁判になった）の中で、ムーア弁護士は事件現場の状況について、剛丈さんが撃たれた位置が実際にはピアーズが危険を感じるほど近い距離ではなかったこと、剛丈さんは撃たれる直前、体を横向きにして片手を上げながらピアーズに走り寄ったのではなく、正面を向いて両手を上げて「パーティーに来ました」と言いながら歩み寄ったことなどを科学的根拠に基づいて説明した。またピアーズが事件当夜に飲酒していたこと、ピアーズが子供の面会に訪れる妻ボニーの前夫を嫌い「あいつが今度来たらその場で撃ってやる」と隣人に豪語していたこと、そしてピアーズが過去に自宅の裏庭で犬を射殺した出来事など、刑事裁判ではまったく触れられなかったピアーズの別な側面に関する諸事実も次々と明らかにされた。

裁判三日目、刑事裁判ではなかった証言の機会が服部夫妻に与えられた。美恵子さんは息子の死を知ったとき「自分の一部を失ったような気がした」と母親の気持ちを切々と訴えた。このとき、法廷内からすすり泣きが聞こえていたという。（美恵子さんはこの裁判直後に発表した手記の中で「剛丈への思いの深さは、何をしてやったか、何をしてもらったかでは計れないのに」と証言行為そのものを内心もどかしく感じていたと述懐している。）政一さんは、葬式後も毎日線香をあげ、剛丈さんの机の上に花を絶やしたことがないと述べた上で「息子がいなくなって寂しい」と結んだ。

九月一五日、ブラウン判事はピアーズが剛丈さんを撃ったのは故意であり、危険な武器を使用する正当な理由は見たらない、常識のある人間ならあの状況でただ単にドアを閉めれば済んだはずだと述べ、原告側の主張を全面的に認め、ピアーズに対し総額で約六五万ドルの賠償を言い渡す判決を下した。ブラウン判事は美恵子さんの法廷発言を引用しながら、「子に対する親の愛情は普遍的である。子を失うことはひどい出来事であり、親であれば誰もが大きな喪失感を経験するものである」と述べた。そして彼は剛丈さんを「オール・アメリカン・ボーイ」つまり、文武両道に秀でた理想的な子供だと表現した。「そう聞いたときはうれしくなりました。剛丈があれほど好きだったアメリカに溶け込み、アメリカに愛されていたことの証のような気がしたからです」と美恵子さんは判決後の手記の中で感想を述べている。この判決を受けて服部夫妻は、事件で使用した銃を銃規制のシンボルとして夫妻側に提供することを条件に保険会社が支払う十万ドル以上の請求を放棄するとピアーズ側に提案したが反応はなかった。一九九六年、ピアーズ側の上告は棄却され、服部夫妻側の勝訴が確定した。なにより銃暴力の根絶を願う夫妻にとって、銃に対するピアーズの考え方が変わらなかったことは大きな心残りであった。

銃規制の請願署名運動とクリントン大統領との面会

服部政一さんと福谷（旧姓）美恵子さんは共に一九四七年、名古屋市で生まれた。農家の次男として育った政一さんは大学では工学を学び、卒業後は自動車部品会社に就職し、電子部品の設計技師となった。他方、警察官の父がいる家庭の長女として育った美恵子さんは、大学では国文学を専攻し、英語講師のアルバイト経験がきっかけで、卒業後は語学学校に勤務した。二人ともいわゆる「団塊世代」だが学生運動に深く関わることはなかった。（美恵子さんは友人の誘いで数回デモに参加した程度。）もともとキャリア志向が薄かった美恵子さんは政一さんとの結婚を契機に外での仕事をやめ、やがて授かった長女・祥子さん、長男・剛丈さん、次男・朗さんの子供三人の育児と自宅で開いた英語塾の運営などに素直に生甲斐を感じるようになった。他方、政一さんは家事のほとんどすべてを妻にまかせ、一家の大黒柱として外で猛烈に働き、休息のために家に帰る「企業戦士」の日々を送った。戦後高度経済成長期の日本社会を支えた典型的な中産階級夫婦の姿がそこにあった。

剛丈さんの突然の訃報はそんな服部家の平凡な日常を変えることになる。

事件の翌日、服部夫妻は事件現場のバトンルージュへ飛び立った。冷たくなった息子の遺体を前に、美恵子さんは「許して！私が悪かった」と泣き崩れた。自ら憧れるアメリカからの留学生をホームステイさせるなどして息子のアメリカ留学への関心を促す一方で、銃社会の現実を周知させることなく息子を送り出してしまったことに対する強い自責の念の表れであった。慟哭する妻に対し政一さんは背後から静かにこう語りかけた。「そんなことをいうもんじゃない。自分で選択して行ったんだから。」普段は寡黙な夫のこの言葉に触れ、美恵子さんは救われる思いがしたというが、その悲しみの深さは想像に余りある。一〇月二〇日、服部夫妻は市内のユニタリアン教会で開催された追悼式でスピーチを行い、次のように締めくくった。「このような不幸な事件の当事者になってしまわれましたピアーズ氏の苦しい心中をお察ししていることを申し添えさせていただきます。私どもにとりまして、銃のような危険な武器が簡単に入手できる、この社会のしくみは理解に苦しむものでございます。銃さえなかったら、ピアーズ氏も、自らこのような立場に陥ることはなかったのではないでしょうか。」

服部夫妻が示したこの問題意識は、剛丈さんの遺体を乗せた帰りの機中でさらに具体的な行動として結実していく。誰もが寝静まった機内で美恵子さんは、ふと「泣いてばっかおらんと何かやってくれ」という剛丈さんの声をきき、「このままにしちゃいけない」とアメリカ大統領に宛てた銃規制を求める署名活動を思い立った。そして着陸までの間に請願書の草稿を一気に書き上げた。剛丈さんの留学を支援した国際交流団体AFS（本部アメリカ）の協力もあって、帰国後二日目の剛丈さんの通夜の席で五〇〇〇名分の請願書が焼香客一人一人に配布された。アメリカ大統領と日本の総理大臣に充てた「米国の家庭から銃の撤去を求める請願運動」の開始である。請願書には「私どもがこの事件で憎まなければならないのは、犯人よりもむしろ銃の所持を許しておくアメリカの法律であると考えます。もちろん犯人を殺してやりたいほどの気持ちですが、犯人を罰したとしてもアメリカの法律が銃の所持を曖昧にしておくならば、何の解決にもなりません」と記された。服部夫妻は当時の名古屋の人口をイメージし目標署名数を二〇〇万と定めた。美恵子さんの友人たちで構成された「ＹＯＳＨＩの会」や剛丈さんの母校の級友達、そしてＡＦＳの学生ボランティアらの協力を得て日本全国から署名が瞬く間に集まった。

服部夫妻が当時抱いた「激しい怒りと悲しみ」（請願書の文言）はすぐに海を越えた。剛丈さんのホームステイ先だったヘイメーカー夫妻が服部夫妻の銃規制運動に同調したのである。事件直後にニューヨークタイムズ紙に掲載された彼らの寄稿文には「もしもピアーズ氏が武器を持っていなかったら、彼は言葉を交わす、質問をするという人間の本能に従って行動したかもしれません。しかし銃がその本能を誤らせ、良識の声は銃声にとって替わられました」と記されていた。夫妻はまもなく、首都ワシントンに本部を置く全米銃器暴力阻止連盟（ＣＳＧＶ）の支援を得て「銃入手の手軽さに抗議する請願運動」をアメリカで開始した。当時物理学者だったリチャード・

THE DAILY YOMIURI (1993)　THURSDAY, NOVEMBER 18, 1993　PRICE ¥120 (¥2,600 a month)—tax included

Hattori parents talk to Clinton

Deliver petition for gun control bearing 1.7 mil. signatures

By Shigekatsu Matsunaga
Yomiuri Shimbun Correspondent

WASHINGTON—The parents of the 16-year-old Japanese exchange student shot to death in Baton Rouge, La., last year, handed U.S. President Bill Clinton on Tuesday a petition containing some of the 1.7 million Japanese signatures collected in a drive for tougher gun restrictions in the United States.

Masaichi and Mieko Hattori, parents of Yoshihiro Hattori, who was killed after wandering to the wrong house on his way to a Halloween party on Oct. 17, 1992,

In addition to the Hattoris, Richard Haymaker and his son Webb, who was with Yoshihiro when he was shot also attended the meeting with the president. The Haymakers were Yoshihiro's host family. Also attending were Louisiana State University Prof. Yoshinori Kamo, who acted as interpreter, and a representative the Coalition to Stop Gun Violence, a gun control group based in Washington.

At a press conference after the meeting, the Hattoris said Mieko Hattori told Clinton, in English, that the signatures were an expression of Japan's love for the United States and a symbol of opposition to gun violence.

The president reportedly nodded when Masaichi Hattori expressed his hope that U.S. citizens would fight against gun violence.

When Mieko Hattori asked whether she could affix a gun control sticker to Clinton's lapel, he said "Sure," according to the Hattoris' account of the meeting.

Masaichi and Mieko Hattori share with Clinton an album of photos concerning their son Yoshihiro, including some of Clinton that the exchange student had taken at a campaign rally the day before he was killed.

クリントン大統領に面会し銃規制を求める署名を手渡した服部夫妻
（The Daily Yomiuri, Nov.18, 1993）

ヘイメーカーさんは典型的な学者肌で研究に没頭する人生を送っていたが、事件を契機に銃規制運動に身を投じることになった。約一年をかけて最終的に集まった署名数は日本側約一七〇万人、アメリカ側約二五万人、日米合わせて約一九五万人分と、運動開始時の目標数をほぼ達成させた。

一九九三年一一月一六日午後、服部夫妻はホワイトハウスを訪問し、クリントン大統領と面会した。夫妻は集めた署名の一部を大統領に手渡しながら、「息子のような悲劇を二度と起こしてほしくないという気持ちで持参した」と気持ちを述べた。すると大統領は「銃による暴力をなくさなければならない。銃は警察と軍隊だけのものであるべきだ」とかなり踏み込んだ言葉で心からの賛意を示した。実は剛丈さんは撃たれる前日、大統領選挙キャンペーンでバトンルージュを訪れていたクリントン候補の演説を聞いて感動し、クリントンの肩を後ろから叩いていた。夫妻にとって大統領のこの言葉は亡くなった息子が語らせたように見えた。この面会から四日後の二〇日、すでに十日前に連邦下院を通過していた、銃購入希望者の身元確認を義務付けるブレイディ法案が連邦上院でも可決された。連邦レベルの銃規制強化法としては二五年ぶりの画期的出来事であった。(翌月名古屋の徳川美術館で服部夫妻と面会したモンデール駐日大使は、「ご夫妻は雄弁に尊厳を保ち、米国人の良心に訴えた」「署名やクリントン大統領との面会などすべてが法成立に貢献した」と夫妻の活動に対し最大限の賛辞を送った。)

こうして今回のアメリカ訪問で大きな成果を挙げた服部夫妻は最後のスケジュールとして首都ワシントン郊外にあるアーリントン墓地を訪れた。故ケネディ大統領の墓前に立った美恵子さんは「運動を見守ってください」と手を合わせた。ケネディが凶弾に倒れて三十年の節目の日。生きていたらこの日に一八歳の誕生日を迎えるはずだった息子に対する鎮魂の祈りであった。

「YOSHI基金」による日米交流

剛丈さんはアメリカ留学直前、AFSの質問用紙の中で、AFSが掲げる「平和」のための国際交流理念に共鳴し、「どこの国へ行くにしても、その国を『第二の故郷』と堂々と呼べるようになれば素晴らしいと思う」と記していた。渡米後、剛丈さんはすぐに現地の生活に溶け込み、通学先のマッキンレー高校では得意のダンスを披露するなどしてクラスの人気者になったという。服部夫妻は事件直後から、このような悲劇があったからこそ日米の若者がこれまで以上に互いの文化を知り交流を深める必要があると感じていた。

刑事裁判の無罪評決を受けてアメリカから帰国した政一さんは、名古屋空港での記者会見で、新たに交換留学生基金を設置し、アメリカの高校生を日本に呼ぶ手助けをしたいという意思表明を行った。一ヶ月後の六月二二日、剛丈さんの死亡保険金と個人及び団体からの寄付金を合わせた約二五〇〇万円の原資の利子運用によって、日本留学に関心はあるが経済的に余裕のないアメリカの高校生に奨学金を支給する制度「YOSHI基金」が正式に発足した。服部夫妻は当時のAFSニューズレターの中で、この基金の運用によって、亡き息子のかわりに「安全で平和な米国社会を建設し、日米の架け橋となる人材が育っていってくれる」ことを願うと記した。

これまで一九九四年度のジェイミー・バークホルダーさん（モンタナ州）から二〇一四年度のベティ・バンさん（カリフォルニア州）まで毎年一名ずつ、計二二名のアメリカの高校生が「YOSHI基金」奨学生として日本留学を果たしてきた。選ばれた奨学生は一年間、日本の一般家庭にホームステイしながら日本の高校に通学する。滞在中一度は名古屋の服部家を訪問し、夫妻の説明に耳を傾け、事件を扱ったドキュメンタリー映画『世界に轟いた銃声』（一九九七年、クリ

ピースあいちで開催された事件20周年企画にて日本語スピーチを披露する高校生イボンヌ・ベナジーさん（2012年12月1日）

スティン・チョイ監督）を鑑賞するなどして剛丈さんの事件について学び、旭丘高校の生徒会が毎年一二月に開催する銃規制に関する意見交換会に出席することになっている。服部夫妻によれば、とにかくアメリカの若者に銃のない日本での生活を肌で感じてもらうことが第一で、銃問題に対する彼らの関心の度合いや立場のあり方にはそれほど拘りはないという。奨学生たちはこれまで、日本の新聞メディアの取材に応じて、銃について次のような言葉を残している。

日本人が米国の銃規制に取り組んでいる。米国人の私こそ、何かやらねばならない。
（二〇〇二年度奨学生、ミネソタ州から来たエリザベス・ラリーさん）

アメリカというと銃の印象が強いかもしれないが、多くは銃に反対している。銃は犯罪抑止につながらない。
（二〇〇七年度奨学生、ルイジアナ州から来たマシュー・プレッツさん）

銃の存在が銃の事件を引き起こす原因の一つ。でも安全のため銃を手放せない人もいて規制はなかなかすすまない。
（二〇〇九年度奨学生、ミズーリ州から来たジェームズ・クックさん）

銃を持つ人が減れば、銃で死ぬ人も減る。それが平和への近道であると米国の友達に伝えるつもり。
（二〇一二年度奨学生、カリフォルニア州から来たイボンヌ・ベナジーさん）

米国では憲法で銃を所持することが認められ、その権利を大切に考える人も多い。その一方、銃による事件も数多く起こっている。個人的には銃規制は必要だと思っている。（二〇一三年度奨学生、オハイオ州から来たオデッサ・バン・フーザーさん）

銃の教育が大切。規制の法律を作る前に社会が考えを変えるべきだ。（二〇一四年度奨学生、カリフォルニア州から来たベティ・バンさん）

夫妻が特に感銘を受けたのは二〇一〇年度奨学生のマックス・トリアさん（ケンタッキー州）が二人に残した次の感想文である。

日本に来てみて、アメリカ社会を良くするヒントが日本の社会にあると思いました。日本にはおたがいを思いやり、和を大切にする文化があります。それに人への信頼感も失われていません。階級の差もアメリカほどではありません。何よりすばらしいのは、銃がなければ自分を守れないと、だれ一人考えていないことです。（原文・日本語）

服部夫妻は「ＹＯＳＨＩ基金」の他にも、事件に心を痛めたルイジアナの酒造会社社長ピーター・ボルドーさんと日本の宝酒造会社社長の大宮久さんによって立ち上げられた、日本・ルイジアナ間の交換留学促進を目的とする「日本ルイジアナ友好基金」（一九九三－二〇〇七年）や、民事裁判で得た賠償金から裁判費用を差し引いた四万五千ドルを用いて、優れた銃規制運動を展開するアメリカの団体や個人に賞金を提供する「YOSHI'S GIFT基金」（一九九六－二〇〇四年）の運営に携わってきた。前者は日米で六十名以上の高校生同士の交流を生み、後者についてはハつのアメリカの銃規制団体を表彰し、アメリカにおける草の根の活動を支えた。夫妻は今後「YOSHI基金」を中心に日米の若者の交流を後押ししながら、息長く銃規制を地道に訴えていくつもりである。

事件から二十年、そして

冒頭で触れたバトンルージュ市長室訪問から二日後の二〇一二年一〇月二〇日、服部夫妻は長女・祥子さんと共に、剛丈さんの二十回目の命日に合わせてヘイメーカー夫妻が企画した市民集会「バトンルージュ銃暴力根絶会議」に参加した。美恵子さんは二〇〇名を超える聴衆を前に、これまで関わってきた銃規制運動を総括し、アメリカ側の運動の草の根的広がりとアメリカからの留学生との交流の経験が自分にとって「二つの希望」であると述べた。その一方で、かつての息子の事件と似ている約八か月前にフロリダ州で発生した黒人少年射殺事件を引き合いに銃を持つ人々が抱く恐怖心を問題視し、「人々が身の安全を感じることができれば、銃を持つことはなくなるはずです」と述べた。美恵子さんのこの発言の背景には、特に二〇〇一年の九・一一同時多発テロ事件以後のアメリカ社会の変化、つまり隣人に対する過度の警戒心から人々の間で自己防衛意識が高まり、銃規制の動きが停滞している現状があった。そしてアメリカ人が自らの判断で銃を置くことができる犯罪の少ない安全な社会をいかに築くか、そのために日米市民が知恵を絞って今後も協力すべきという力強いメッセージがそこに込められていた。

服部夫妻はこの会議開催直前に、会場となったユニタリアン教会のスティーブ・クランプ牧師に「YOSHIの会」のメンバーが名古屋で平和への祈りを込めて約三ヶ月をかけて折った千羽鶴の束を手渡した。会議翌日、剛丈さんの死を悼む日曜ミサではその束が解かれ、教会の出入り口やステージに個別に飾られていた。来場者の座席の一つ一つの上にも折り鶴が置かれていた。教会側のアメリカ人スタッフが準備したものであるが、同行した著者の目にその光景は、服部夫妻が二十年という歳月をかけて培ってきたものの証、つまり日本的な和の精神に基づく非暴力主義とアメリカ的な個の精神に基づく非暴力主義とが共鳴し見事な融合を果たした象徴のように映った。

Hattoris admonish gun violence at

BY CHRISTINE MORGAN ARCENEAUX
Advocate staff writer

Mieko Hattori's message to those gathered at the Unitarian Church of Baton Rouge for Saturday's conference was simple: Stop the gun violence.

Hattori's son, Yoshihiro "Yoshi" Hattori, a Japanese exchange student, was shot and killed in Central 20 years ago. Saturday's conference was aimed at commemorating his life and bringing the community together to stop gun violence.

Yoshi Hattori and Webb Haymaker were on their way to a Halloween party in Central on Oct. 17, 1992, but pulled up to the wrong house, belonging to Rodney and Bonnie Peairs.

Rodney Peairs shot Yoshi Hattori that night, thinking he was an intruder. Hattori died on the way to a hospital.

Peairs was found innocent of manslaughter in 1993 but was found liable in a civil suit filed by the Hattoris.

Mieko Hattori said Saturday that she hopes the outpouring

美恵子さんのスピーチをとりあげたバトンルージュ地元紙の記事（The Advocate, Oct.21, 2012）

このバトンルージュ訪問から二ヶ月後、コネチカット州で児童二十人と教師六人が射殺されるアメリカ史上最悪の小学校銃乱射事件が発生した。この悲劇はアメリカ社会に衝撃を与え銃規制派が圧倒的多数となる国内世論が形成されることになった。事件後の記者会見で涙を見せたオバマ大統領は新たな銃規制強化法を提案したが、二〇一三年春、銃規制に消極的な議員が多数派を占める連邦議会で否決された。服部夫妻は剛丈さんの写真を同封した書簡を名古屋のアメリカ領事館を通じオバマ大統領に送った。そこにはこう記されていた。「多くのアメリカ人は恐怖から身を守るために銃を持つと考えています。しかしその方向性は果たして正しいのでしょうか。私たちはそう思いません。それは推進すべき良い手段ではないのです。」

むすびにかえて――服部夫妻の行動の意義

振り返れば、服部夫妻が息子の死を契機に銃規制運動を開始した一九九〇年代初頭の日米関係は、深刻な日米貿易摩擦を背景に戦後最悪の状況にあった。未曾有の財政・貿易赤字と長引く不況に喘いでいた当時のアメリカにとって、対米貿易黒字を増大させながら経済発展を謳歌する日本が疎ましく見えた時代である。「冷戦の真の勝利者はアメリカではなく日本ではないか」あるいは「日本は同じ資本主義の同盟国でありながら、アメリカとは異なる商慣行を維持し、不当に金儲けをしているのではないか」という疑念がアメリカ側の素朴な国民感情として存在していた。『日本封じ込め』や『カミング・ウォー・ウィズ・ジャパン』といった好戦的なタイトルの書物がアメリカで広く読まれ、一方で日本人の多くは「スーパー三〇一条」経済制裁法を武器に日本市場の開放圧力を強めるアメリカに脅威を感じるようになっていた。一九九二年暮れに実施された日米市民を対象にしたある世論調査によれば、日米関係は「よくない」と見る人は日本側で四七％、アメリカ側で五九％であった。（『朝日新聞』一九九二年一二月二八日付朝刊）

もし服部夫妻が日本側の外交担当者であったなら、こうした険悪な時期の行動は慎んだであろう。実際、行動を起こした夫妻に対し、「アメリカとの同盟関係を損なうような内政干渉は慎んだほうがいい」といった日本人の声や、かつての日米戦争の記憶から「真珠湾攻撃をした国の人間に銃についてとやかくいわれるのはごめんだ」といったアメリカ人の声が多く寄せられたという。後者についていえば、一九九五年に剛丈さんの記念碑をバトンルージュ市庁舎の敷地内に建設する話が市側の計画として持ち上がった際、主として地元の退役軍人たちからの強い反対で中止に追い込まれたという出来事もあった。（この年は日米戦争終結五〇周年にあたっていた。）

それでも夫妻が怯むことなく運動を続けたのは、放置すれば息子と同じような悲劇がアメリカで起こりかねない、そのような事態を息子が望むはずがないという、親としての強い信念があったからであった。アメリカで日本人留学生が銃で亡くなる事件は剛丈さん以前にも存在した。被害者家族として服部夫妻はこの問題をめぐって明確な異議申し立てを行った初めての日本人であり、彼らの運動を通じて一般のアメリカ人が初めて国際的視点に立って自国の銃社会の有り様を再検討する機会を得ることになった。夫妻に寄り添った賀茂さんは「服部夫妻の粘り強く、毅然とした、それでいて個人的な恨みを表に出さない態度」は、一般のアメリカ人が抱いてきた「権力には従順に従い、政治的にはもっともおとなしい」日本人イメージとは異なるものだったと述べている。服部夫妻が求める日米交流は互いの国にとって不都合なことには触れないお飾りのものではない。その姿は戦後現在に至る国レベルの日米関係のあり方とは対照的である。

一方、銃社会アメリカの変化に目を向けると、服部夫妻による署名活動が成立を後押ししたブレイディ法は、その後法律が施行された一九九四年から二〇一四年までの二十年間に、重犯罪歴、薬物歴、精神疾患歴などを理由に累積で約二一〇万人（一日平均三四三人）の銃購入を拒否してきた実績を残している。同時期に成立した民間人の軍用銃売買を禁止する攻撃用武器禁止法が二〇〇四年に失効し、また発砲者有利のラディカルな正当防衛概念を提示した「スタンド・ユア・グランド」法が州レベルで相次いで成立するなど、二一世紀に入りアメリカにおける銃規制が全体として緩和傾向にあることは確かである。このように法律状況だけを見ると後退した感があるが、実はこの二十年間で顕著なアメリカ社会の変化が別に存在する。それは殺人など重犯罪発生件数の低下傾向である。米連邦捜査局のデータによると、一九七六年以降アメリカで発生した重犯罪数は徐々に上昇し、実は剛丈さんの事件が発生した一九九二年が約一九三万件とピークであった。以後は逆に低落傾向を示し、二〇一二年年度は一二〇万件と過去二十年間で最低であった。とりわけ都市部における犯罪率の顕著な低下と銃所持率の低下はパラレルの関係にあるようである。つまり、美恵子さんが事件二十周年会議で述べたように、犯罪に対する恐怖心が取り除かれれば、銃法制のあり方に関係なく、銃を手放すアメリカ人が今後増える可能性があるということである。

一粒の麦もし地に堕ちて死なずば、ただ一つにてあらん、死なば多くの実を結ぶべし
（ヨハネ伝、第一二章二四節）

美恵子さんが大切にしている聖書の言葉である。剛丈さんの死の直後に日本全国から服部夫妻に送られてきた無数の励ましの手紙の中にあった。美恵子さんはこの二十年を「命と向き合った」年月と振り返った。息子の命という「一粒の麦」から少しでも「多くの実」を収穫したい。絶望を希望に変えた夫婦の闘いは今後も静かに続いていく。

〔参考資料〕
坂東弘美・服部美恵子『海を越えて、銃を超えて―留学生・服部剛丈の遺したもの』風媒社、一九九六年
賀茂美則『アメリカを愛した少年―「服部剛丈君射殺事件」裁判』講談社、一九九三年
平義克己、ティム・タリー『フリーズ―ピアーズはなぜ服部君を撃ったのか』集英社、一九九三年
服部政一「アメリカ人よ、銃を捨てよ」『文藝春秋』一九九三年一月号
服部美恵子「（独占手記）息子・剛丈はやはり米国に愛されていた」『週刊文春』一九九四年九月二九日号
賀茂美則「服部夫妻の民事勝訴の意味」『朝日新聞』一九九四年九月二七日付
チャールズ・ムーア「（独占手記）服部君裁判　勝利の瞬間」『文藝春秋』一九九四年一一月号
『中日新聞』『朝日新聞』『The Advocate』などの新聞記事及び『AFSニューズレター』
服部夫妻へのインタビュー（二〇一四年三月一九日）

平和を演じる――平演会の三十年

なか　としお Naka Toshio

正式名称を「愛知・県民の手による平和を願う演劇の会」と言い、演劇公演を通じて平和の問題を考え訴える活動をしている。一九八四年に名古屋で結成された。発足前に二年にわたって実行委員会方式で公演が打たれ、その発展として結成以後、毎年八月に公演を続けて三三年になる。本稿は、その歴史に関わってきた一員として活動を紹介しつつ、その足跡を辿るものである。

そもそものはじまり―『勲章の川』との出会い―

それは、一本の戯曲との衝撃的出会いから始まった。本田英郎作『勲章の川』である。この戯曲は、一五年戦争末期に秋田県花岡鉱山で起きた中国人虐殺事件―所謂「花岡事件」―をテーマにして書かれていた。

長期化する日中戦争と太平洋戦争の開始により生まれた国内労働力不足の対策として、政府は中国人三万人の内地移入計画を立て、花岡鉱山にも約千人が送り込まれていた。彼らは過酷な労働条件に耐えきれず、一九四五年六月三〇日夜、蜂起して獅子ヶ森に籠ったが、憲兵、警察、自警団などに包囲され捕まったあと、共楽館広場に繋がれ、拷問・虐待を受け、計四〇〇人余が虐殺された事件である。しかもその虐殺には、村民も関わっていた……。

戯曲は、高校社会科教師・庄司とその教え子・成田浩二を軸に展開する。庄司は「事件」が花岡では戦後タブーとなり、真実が子供たちに隠されていることを知る。そしてある時、決心を固めた庄司は、教室で語りだす、「花岡で何があったか。……戦争があったど。日本人と中国人の間でな。」

生徒たちは、さすがにショックを受ける。それを聞いた成田浩二が家で、授業で聞いた「事件」のことを話題にすると、父・与吉から強烈なビンタを受け、庭にふっとばされる……。庄司は校長に呼ばれ、脅迫電話も掛かってくる。更に、浩二の母・そよが訪ねてきて庄司に「古傷をほじくるな、授業をやめてくれ」と泣いて頼みに来る。父・与吉が中国人を殺していたのだ。衝撃を受けながら、「これこそが、ぼくに加えられた花岡事件の痛烈な一撃なのです。こんどこそ、ぼくは自分の存在をかけて花岡事件を語れます。」とますます決意を固める庄司。次の授業で、庄司は続きを語る。

庄司　二日目になった。今日も焼げつぐ太陽。共楽館広場の中国人は死の一歩手前だ。そういう彼らに、もっともひどい言葉を叩きつけだのは、ある小学校の校長だったのだ。生徒を引率シて、見物に来て、こう叫んだ、〝チャンコロの人殺シッ。さっさどクタバレッ〟。〝みんな石を持で。ぶっつけろッ〟。怖エ校長の命令だ。生徒たちは中国人めがけて、石を投げだ。何百という石をだ。（中略）その校長は庄司始どいう名前だった。その男は……ぼくのオヤジだ。おれは、ただ告白するために、死んだオヤジをこごさ引きずり出シたのではない。おれがもし、あのときのおやじだったら、生徒だちに石を投げさせだがもシれない。それを言いたいのだ。

この戯曲には、あの戦争に駆り出されて、辛い加害責任まで背負うことを強いられた戦前世代、「戦争を知らない子供たち」である我々戦後世代、そして「戦争なんて関係ない」とうそぶく戦無世代、それぞれの平和への思いと突き付けられている課題が見事に表されていた。

「これだっ！これこそ、求めていた本だ！」と思った。これをやる、必ず舞台化する！と心に決めたのだ。

私は芝居とどう関わってきたのか―芝居と社会の関わり―

『勲章の川』との出会いは、一九八二年のことだ。戦後四〇年に手が届こうかという年である。「もはや戦後ではない」という言葉が使われたのは意外に早く一九五六年「経済白書」だが、一一月には中曽根康弘が「戦後政治の総決算」を掲げ総理大臣に就任した年である。

私は、大学生に入ってすぐ演劇サークルに誘われ、その面白さ・楽しさに心を奪われた。それは、一九七〇年代初頭、アングラ演劇・不条理演劇が華やかかりし頃だったが、（あとで分かったのだが）私が入ったサークルは幸か不幸か新劇系だった。アングラ演劇は、新劇のアンチテーゼを旗印にしたが、根底に反体制・反商業主義があり、そういう点では、彼らが叛旗を翻した新劇の伝統とも通底するものがあった。

私が、高校の社会科教師になってからも、劇団を作り、芝居の世界から離れられなくなったのは、演劇・芝居の持つ「社会性」かもしれない。音楽も美術など全ての創造活動がそうであろうが、特に芝居は、どんなに荒唐無稽な想像上の舞台であっても、「社会の縮図であること」から逃れられない。

実際、私が関わった芝居は、何らかの意味で、社会と繋がった内容や問題意識を持つものだった。例えば私は、『勲章の川』に出逢う前に、ヒロシマ原爆を描いた『ゼロの記録』、沖縄返還をテーマにした構成詩『沖縄』、科学と権力の関係の原点を説いた『ガリレイの生涯』、部落差別を背景にした『大阪城の虎』、ナチスに殺された『アンネの日記』、戦場における女性兵士の運命を描いた『夜明けは静かだ』等に演出や役者として関わっている。私と芝居の関係は、そういう中で揉まれ、深まり、学んだものである。

芝居＝舞台創りという創造活動は、それに関わる人間一人ひとりに対して「おまえはどうなんだ」と迫るところがある。「この芝居のテーマをおまえはどう考えるのだ?」「おまえは、自分の役をどう考えるんだ、肯定するのか、否定するのか?」。こうして戦争と平和の問題は、私の中で避けて通れない問題になっていった。

勿論当時、戦争の実相を描いた芝居は多々あった。だが、それらを見ながら、(こう書くと怒られるだろうが)私はどこか押し付けがましく思っていた。「おまえら知らないだろ、戦争ってのはこんなに悲惨で過酷で、筆舌に尽くしがたかったのだ」と上から目線で言われているような気がしたのである。平和を守り、日本が再び戦争を起こさないために「戦争体験の継承」はとても重要である、重要であるが、舞台上から観客にそれを押し付けるような芝居はしたくない。が、戦争を体験していない私が、戦争は頭の中のことでしかない私が、「芝居」で観客に対してどう示すことができるというのか。

しかし、一方で「戦争体験の風化」が言われ、平和の危機が進行しているのも事実であった。ジレンマだった。戦争体験の継承を「戦争を知らない世代」ならではの形でできないものかと思っていた。

そういう時の出会いであった。

それは居酒屋で始まった —こだわり・その一　戦争体験の継承—

問題は、どう上演を実現するか、である。私は、一〇年ほど前から大学サークルのメンバーを中心にアマチュア劇団を作っていたが、そこで上演できるような作品ではない。さあ、どうしよう。しかし、案ずることはなかった。

そこにもう一つの出会いが待っていたのである。私は運命などというものを信じているわけではないが、『勲章の川』との出会いを運命と呼ぶなら、もう一つの運命的出会いがあった。

それは、一九八二年三月、ある夜の居酒屋で始まった。私の横には、その年に同じ勤務校に転勤してきた国語教師Ｋさんが座っていた。彼とは演劇部顧問として活動を共にしていたが、私は、酔いに任せて『勲章の川』のことを話していた。すると、Ｋさんが「よし、分かった」と言ったのか記憶はないが、あっと言う間に公演体制が構築されていったのである。演出に俳優の舟木淳さん、装置照明はじめスタッフは手作り、キャストは教師や舟木さんの指導する役者の卵・アマチュア集団、制作に教職員組合・演劇部顧問、実行委員会方式で半年後の九月初旬に上演！と決まっていった。

それから半年、馬車馬のごとく、本番に向けて、準備や稽古が進むことになる。手書きの募

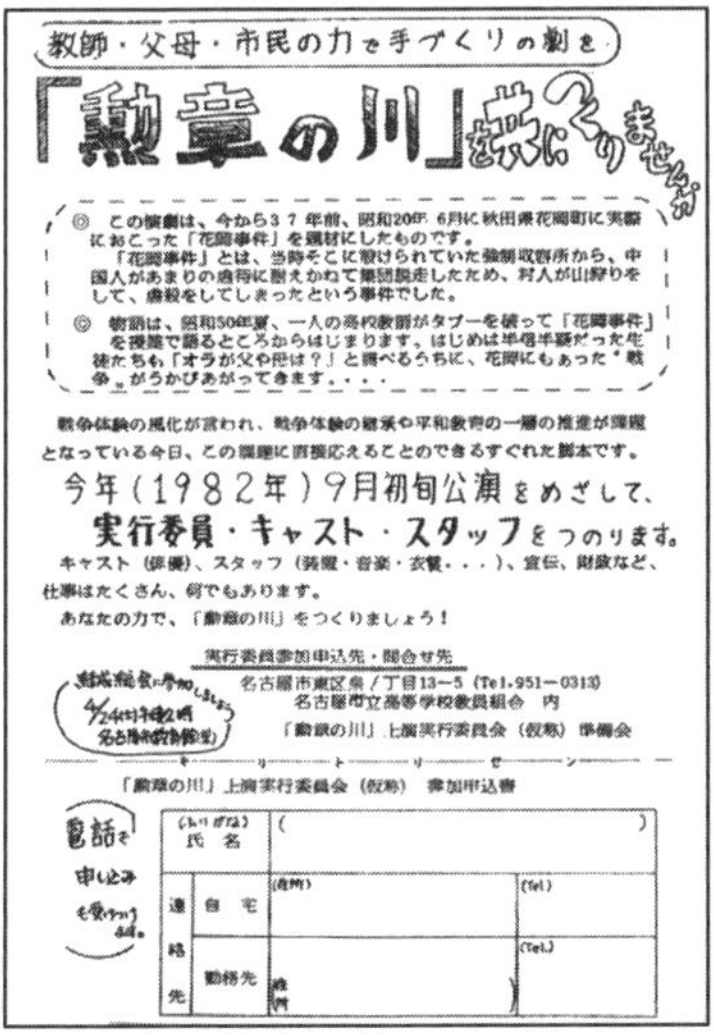
教師・父母・市民の力で手づくりの劇を

「勲章の川」を共につくりませんか

◎ この演劇は、今から37年前、昭和20年6月に秋田県花岡町に実際におこった「花岡事件」を題材にしたものです。

「花岡事件」とは、当時そこに設けられていた強制収容所から、中国人があまりの虐待に耐えかねて集団脱走したため、村人が山狩りをして、虐殺をしてしまったという事件でした。

◎ 物語は、昭和50年夏、一人の高校教師がタブーを破って「花岡事件」を授業で語るところからはじまります。はじめは半信半疑だった生徒たちも「オラが父や母は？」と調べるうちに、花岡にもあった"戦争"がうかびあがってきます。・・・

戦争体験の風化が言われ、戦争体験の継承や平和教育の一層の推進が課題となっている今日、この課題に直接応えることのできるすぐれた脚本です。

今年（1982年）9月初旬公演をめざして、

実行委員・キャスト・スタッフをつのります。

キャスト（俳優）、スタッフ（装置・音楽・衣装・・・）、宣伝、財政など、仕事はたくさん、何でもあります。

あなたの力で、「勲章の川」をつくりましょう！

実行委員参加申込先・問合せ先

名古屋市東区泉1丁目13−5（Tel.951−0313）

名古屋市立高等学校教員組合　内

「勲章の川」上演実行委員会（仮称）準備会

結成総会に参加しましょう

キリトリセン

「勲章の川」上演実行委員会（仮称）参加申込書

電話で申し込みも受けつけます。

(ふりがな) 氏名		（　　）	
連絡先	自宅	(住所)	(Tel)
	勤務先		(Tel.)

平演会結成につながった、最初の募集チラシ

集チラシで訴えた「戦争体験の継承や平和教育の一層の推進」が必要だという危機感は、かなりの人達が感じていたことなのだろう、一緒にやろうと訴えるとあれよあれよと「よし、やろまい」と集まってきた。毎日が驚きの連続だった。この共通する危機感は、四月二一四日実行委員会結成総会で決定された規約前文にも反映されている。

「核戦争」の危機が身近に迫り、「人類の存続か滅亡か」の選択が世界的・人類的規模で問われています。日本でも、「軍事費突出」の82予算が組まれ、アメリカの世界戦略の一翼を担う「軍事大国化路線」が着々と進行しています。

戦後生まれの世代が人口の半分を超え、一部では戦争体験の風化が言われる今日、教師や父母が平和教育・平和運動の発展に一層寄与することがますます重要になっています。

戦争体験の継承、戦争と平和の問題を真正面から取り上げたこの台本「勲章の川」上演の意義は、このような情勢の中でまことに大きなものがあると考えます。

本会は、教育関係者、父母・市民が中心となって、手創りの創造運動、平和教育、平和運動として、「勲章の川」上演の成功をめざします。

当時の「実行委員会便り」には、三回目の稽古には稽古場に入りきらない五二名もの参加があったとして、一ノ瀬実行委員長の挨拶の言葉を紹介している。彼は、この台本を読んで、考えさせられたという。

私が『花岡』で教師をしていたら何をしただろう。

私が『花岡』の住民だったら何をしただろう。

私が『花岡』で中国人だったら何をしただろう。

作家森村誠一も『悪魔の飽食』を書いた動機について、「ぼくだってもう一〇年早く生まれていたら、どうなっていたか、悪魔の狂気にふりまわされていたかもしれない、いやきっとそうにちがいない、それが戦争というものだ」と述べている。

戦争体験の継承とは、知識として、やってはならない戦争をした、その「過去」を知ることではない。それで終わっていては、「戦争体験の継承」にならないのだ。

思えば、こうした思いをキャスト・スタッフで共有できたことが、公演の大成功に繋がったのだった。稽古も熱が入りっぱなし（ほぼ毎回稽古終了後飲みに行った記憶がある）、スタッフ打合せや大道具・小道具作成等も、素人が集まってワイワイと手作りで進められ、チケット普及も赤字は絶対に出せないと必死で取り組まれ、直接創造活動に携わらない実行委員も稽古場に通って「実行委員会便り」を出したり、それぞれが得意分野で活動した（実行委参加団体一三、キャスト三五名、スタッフ二五名、成功呼びかけ人〈再演時〉一三一名）。

そして、迎えた二回の本番（八二年九月四・五日、名古屋市教育センター講堂）。立ち見で超満員、観客一六八六名（うち高校生三六六名）を数え、チケット売上は二一〇二枚に及んだ。観られないけどカンパということでチケット買ったるわということである。もちろん大黒字（Kさんとは万一に備えてボーナスは残しとかなあかんと話していたが、幸い杞憂に終わった）、大反響を呼び、名古屋市立定時制高校（当時六校あった）合同演劇鑑賞会の候補になったり（実現はしなかった）、求められて翌三月再演、三六五名を集め、合計二〇五一名に観ていただいた公演となった。

「平演会」の発足へ ―こだわり・その二 毎年毎年、新たな気持で舞台創りを―

「勲章の川」上演実行委員会は、成功裡に公演を終了し解散、幕が降りた。……はずだった。なにせ、ただただ『勲章の川』の成功に向けて、がむしゃらに突き進んできただけなのだ。しかし、多大なる黒字は残っている……、これで終わるのか?と言う声があちこちから聞こえてくる……、でも継続的に続けるつもりなど全くないのだけど……。議論を重ねた結果、とにかくもう一回公演を重ねようということになった。

『勲章の川』が日本の加害体験を扱ったものとすれば、今度は被害体験を扱った『汝等青少年学徒』という二回目にふさわしい台本が見つかり、一回目と同様な活動が営まれた（実行委参加団体二三、キャスト四六名、スタッフ二一名、成功呼びかけ人一一一名）。本番二回は、八月二七・二八日、名古屋市教育センター、観客数一〇九〇名（うち高校生三二五名）、チケット売上一一三七一枚。一回目の黒字を使い果たす（冗談）どころか、またもや大成功。勿論、これは喜ばしいことであった。

やめるにやめられなくなった。一回目はやめるか続けるか、であったが、二回目も成功裡に終わった今は、やめる選択肢はありえない。続けるしか選択肢はない、問題はどう続けるかであった。

毎年毎年「実行委員会」を結成していくのか、或いは継続的な会を結成するのか、議論が続けられた。当時、私は、継続的な会の結成には抵抗が大きかった。今は日の出の勢いであるが、早晩必ず行き詰まる。マンネリや組織的停滞を乗り切って継続するのは生半可なエネルギーではできないと思われた。

かといって、内外とも圧倒的に「続けるべきだ」との流れの中で、毎年「実行委員会」というのも不自然である。

こうして生まれた平演会であった。よって平演会の規約は、初回の「勲章の川」上演実行委員会規約がほとんど踏襲されている。例えば、「勲章の川」実行委員会の目的には、

1　「勲章の川」上演を成功させること
2　平和教育・平和運動の発展に寄与すること
3　地域の文化運動の発展に寄与すること

の三点が列記されているが、「平演会」のそれには、

（一）演劇公演を通じて平和の問題を広く市民に訴える
（二）平和教育・平和運動の発展
（三）地域の文化運動の発展

とある。つまり、実行委員会方式による公演形態の精神が、平演会の原点なのであった。演劇創造を通じて平和や社会問題を訴える「平演会」という組織を立ち上げるけれども、あくまでも一年単位である。毎年毎年会員を公募して会を立ち上げる、だからやろうという者がいなければ、その年はやらない。継続せねばならないという責を自らに課すことはしない、という議論をした記憶がある。

演劇は、観客の皆さんに観ていただいて初めて成立する。その演劇によって平和の重要性、戦争の愚かさを訴えていこうという平演会の舞台創りは、集まってきたメンバーの意気込みが圧倒的に左右する。「しゃあないなあ、やるか」という惰性や「テーマとして気乗りするのがないけど、何かやらなかんで、これでやるか」という必然性のない公演では、観客と一緒に力や元気をもらう舞台になりようがないのは、明白である。

だから、今三〇年続けてきた歴史を振り返ると、よくぞ継続してきたものだと思う。いつ無く

なっていても不思議ではないのに、三〇年以上続いてきたその力、「平和を願う」人々の意思の強さを改めて思う。日本は今再び「戦争をする国」に戻ろうとしているが、なんのなんの、そうはさせない、まだまだ日本も捨てたものではない。

平演会のこだわり・その三 ―市民運動と演劇運動―

長い歴史の中で、強調されてきたことの一つが、「平演会は劇団ではない」ということである。前身の実行委員会は、まず素晴らしい戯曲との出会いから始まったのであるが、その動機は「芝居をしたい、演劇をやりたい」ではなく、「戦争の真実の姿を知りたい、知ってほしい」であった。だから、経験不問、意欲のある人なら誰でもどうぞというスタンスであった。

第七回公演『ミシンよ廻れ』ではベトナムへミシンを送る運動を劇化したのだが、そこにキャストとして参加した会員は、プログラムの「参加者から一言」に、こう書いた。

「平演会、初参加。演技も初体験！世界中の平和を願い、少しずつ何かをしていきたいと思います。他の人の足手まといにならないようがんばります」（保育士）

「この公演に参加したおかげで、ベトナムへミシンを送る運動がどんなものであったのか、理解できてよかったです」（高校生）

演劇活動はあくまで手段で、それを通じて、キャスト・スタッフも学びながら観客と共に考えるという位置づけである。よって稽古と平行して、多くの学習会を実施して、題材・テーマへの理解を深めながらの舞台づくりをやってきている。

この市民運動と演劇運動の連動は、意識的に取り組まれたものではなく、流れの中で自然に生まれたものである。それは当然のことながら、功罪相生むことになった。キャストは、役作りを通じて通り一遍ではない問題への理解を求められ、熟成され、より深い理解が生まれる。それは、良い舞台への必須の条件だし、参加者に強い平和への意思を育み、本番では、演技の拙さ・未熟さを乗り越えて、感動を生む。その結果、観客からは、毎回多くのアンケート（ほぼ三〇％以上、この回収率は一般的な演劇公演ではなかなかあり得ない高さである）が寄せられる。例えば、

「私たちは戦争を知りません。戦争中に起こったことの大半を知らない私にとって、今日の劇は、新しいことを教えてもらい，更に考えさせられるものでした。少女たちの心の叫びが聞こえてくるようでした。そして最後の歌にとても感動しました。少しだけ彼女たちの痛みがわかるような気がしました。現在一七歳の私にとって、彼女たちの身にふりかかったことは他人事ではありませんから。（女・一〇代）」〈第二〇回公演『ほうせん花』アンケートより〉

他方、平和を守るためにできることをしたいと集まってきた会員の思いを優先すると、「稽古

にあまり参加できないんですけど」という会員に「じゃあ、キャストはご遠慮ください」というのは趣旨に反する。「いいですよ、できる力を出し合っていい舞台を創りましょう。」ということになる。そのため、どうしても稽古不足で未熟な舞台になりやすいし、意思一致も阻害され、演出助手が「事情はあるだろうけど、可能な限り出席してください！　稽古が成立しません！！」とわめき続ける事態となる。そのストレスに耐えぬいた演出助手が、打ち上げで堪らず泣き出すことは、しょっちゅうとなった。

こうした弱点はあるものの、この二つは、平演会の欠かせない両輪である。両立を目指す努力が今も続けられている。

関連して、「事件」を記しておかねばならない。一九八六年のことである。刈谷に建っていた八本の鉄塔（米軍通信基地、今は撤去されている）を描いた第二回公演『鉄塔』に対して名古屋市文化課に公演補助金を申請したのだが、却下された。その理由に曰く、「平演会は、芸術文化創造団体ではない」！　行政が平演会の性格を正確に理解していたと言えないことはないが、「文化創造団体でない」とは何事だ！　と怒ったものである。

行政とは、もう一つ「大事件」があった。特攻として命を落としていったプロ野球選手を描いた二〇〇八年の第二五回公演『グラウンド９』のチラシには、「名古屋市」の後援が無い（チラシの右下）。

「三〇年記念誌」の編集後記を紹介しよう。

第二五回公演『グラウンド9』においては「名古屋市の後援がもらえないという珍事が起きた。第二四回公演『がんばれ！日本国憲法』のプログラムに載せられていた「憲法九条を改正して、日本を戦争する国、戦争できる国に……」という一文が世論の誘導につながるから、賛否両論あることに名古屋市は後援できないという理由。すぐ市役所へ乗り込み談判したが撤回はなかった。

憲法九九条曰く「天皇又は摂政及び国務大臣、国会議員、裁判官その他の公務員は、この憲法を尊重し擁護する義務を負ふ。」富士山もいいが、憲法九条こそ世界遺産にすべきだ。

会員一同、怒り心頭であったのは当然だが、そういう行政にしてしまったのは誰か、深く考えさせられた事件であった。

毎年続いた「名古屋市」後援が無いチラシ

平演会のこだわり・その四　―テーマ・題材の多様性―

戦争が無いから、だから平和だと言えるのか、言っていいのか。平和の問題は、今日本が戦争をしてないから平和なのだと単純に言えるものではない。

戦争がいきなり起こされることはありえない、というよりできない。国同士の戦争は、人間同士のケンカとは決定的に違う。戦争は、遂行体制を周到に用意し準備しなければ、起こすことはできない。それは、あの一五年戦争がどのように起こされたかをみれば明らかである。

第二〇回公演『ほうせん花』は、「朝鮮女子勤労挺身隊」の戦中及び戦後の苦しみを描き、日本国と三菱重工に謝罪と補償を求めた原告及び支援する会と一体となって劇化し、一八三六名もの観客を集め、感動を呼んだ。その中で、主人公の勝男はこう告白する。

勝男　わしは　その果てに……挺身隊の娘も……死なせてしまった……蛙を熱い湯の中へ入れると……飛び出すけど……水からだんだん暖めると気付かずに死んでしまう……わしたちは……蛙と同じだった。

水面下で国民の目につかないところで密かに進められる戦争準備。気が付いた頃はもう遅い……では済まされないのが、平和の問題である。今は平和でいいなあとのんびりしている時代ではない。

平和の問題は、社会全体に関わる問題である。だから、平演会は、狭い意味での戦争に拘らず、幅広く様々な社会問題に材を求めてきた。列挙すると、教育・女性の生き方・ゴミ・マスコミ・ベトナム支援・法曹界・高齢者・水問題・クレサラ・少年法・不安定雇用・原発、よくもこんなに様々な問題を取り上げてきたものだと思う。勿論、戦争問題が最も多く、三三回の公演のうち一九回（五八％）は、一五年戦争体験（加害・被害）や現代の戦争をテーマにしている。

平演会の舞台創りは、前身の実行委員会方式の時とは違い、戯曲から始まるのではない。作品のテーマ・題材を検討し決めるところから始まる。もう一つは、会員の出演希望最優先である。オーディションで落とすなんてことはしない。キャスト希望者は必ず役がつく。だから、圧倒的に創作が多い（八五％）。アマチュア精神に徹しているということであろうか。

平演会のこだわり・その五　―プロもアマも手弁当の舞台創り―

実行委員会からはじまり平演会公演にキャスト・スタッフ・会員として参加したメンバーは延べ六四〇名にのぼる。

私の手元には一〇周年毎に発行してきた三冊の「周年記念誌」があり、そこには、公演チラシ・プログラム、そして参加者の名前が全て掲載されている。その名前を眺めていると、今も参加している人、途中で泣く泣く去った人、逝去された方など様々で、多くの感慨が湧いてくる。六四〇名の中で、実行委員会当初から続いているメンバーは、数人にすぎない。一〇年以上続けているメンバーもいれば、たった一年で去っていった者もいる。家庭や仕事との両立ができなくなった者、平演会のあり方に疑問や物足りなさを感じた者など、事情はそれぞれである。だが平演会をやめても、平和を願う気持ちは変わらずにいてくれるだろうと信じる。

だからこそ、「来る者は拒まず、去る者は追わず」。毎年会への参加を確認し、年会費をいただくことからはじまる平演会である。毎年少なくとも五人、多いと一〇人以上、新顔を迎えて創ってきた。

活動の中核となる運営委員会は、一定の継続性が必要であろうが、これも一年が任期、毎年選出である。だから平演会は、運営委員がいなくなれば存続しない。それがここまで続いてきたのは、誰かが事情で去って行っても、誰かが引き継いで存続させてきたということである。

創造の中核となる劇作担当や演出はじめスタッフも多彩で、多くのプロ・アマが交替して、その任にあたってきた。

劇作	九名	装置	一二名
演出	一二名	小道具	二〇名
演出助手	六一名	照明	二六名
舞台監督	九名	音響	一八名
制作	六五名	衣裳	二七名

音楽　七名　振付　四名

劇作や演出は平演会の舞台が初めてという会員も多くいるし、素人の会員も工夫をこらしながら創ってきた。因みに平演会は、実行委員会時代からアマもプロもボランティアで、手弁当で創ってきた伝統がある（最近は会員の状況が変わり、プロに依頼することが多くなっている）。

改めて強く感じる――文字通り「平和を願う」多くの人々の共同作業で、舞台を創ってきたのだと。これこそ、芝居創りの醍醐味である。

まだまだ続く平演会―存続の危機と世代交代―

いつでもやめようと始めた平演会だが、組織というものは、一度出来上がるとそう簡単にはやめられない。しかし組織は、年数を経れば確実に疲弊し、メンバーは歳をとり、数十年経つと、中心メンバーの若返りが必ず必要になる。しかしそれはなかなか実現できず、疲れてくる。平演会も他聞に漏れず、ほぼ一〇年毎に、続けるか幕を下ろすかの議論が湧き上がった。「平演会は必要だと思うが、俺はもう続けられない、限界だ」「みんながそう言って降りたら、平演会は終りだ、それでいいのか」「いいわけがない」「だったら、やめるなんて言うな」と深刻な議論が沸騰したこともあった。

それでも議論の果てに、「やっぱりやろう、続けよう」と存続してきた。続けている会員一人ひとりの心中まで推し量ることはできないが、幾つかの理由が考えられる。

一つは、平演会の大きな柱である「戦争体験の継承」が、ますます必要な社会になってきているということである。ここで説く必要はないだろう、この国は、急速に「戦争ができる国」に変わろうとしている。あの首相を始め、戦争を知らない世代が戦争の実相を「知る」ことの真の意味は、ますます深く大きくなっている。

第26回公演「明日ハレルヤ〜怒れるワーキングプアたち」

二つ目は、（現在すぐに中心的に活動できるわけではないが）平演会を担う若い世代が着実に育っているということである。若い世代への橋渡しは、平演会が意識的に取り組んできたことであった。『勲章の川』から第二回公演『鉄塔』までの四回の公演の観客のうち、高校生の割合は、最低二〇%、最高は三七%なのである。直接的には、会員に公立・私立の高校教師が多かったことに因るが、キャストにも若い世代を意識的に配置してきた。現役教師の参加も減って、さすがに現在はかつてのような観客構成ではなくなってきているが、若者と共に舞台を創る姿勢は衰えていない。

やめるにやめられない平演会である。

最後に、『勲章の川』で高校教師・庄司の「花岡事件」の授業のまとめの言葉を引用して、本稿を閉じることにする。

私の、そして平演会会員の思いを見事に語っていると思うからである。

庄司　人間はまっとうでもあるし、狂ってもエる。ンだから、もし、君だちがいつか誰かを狙って、その手に石を握ったとぎ、真剣に考えでもらいたい。

おれのこの手は正しいのだろうが？　たしかだろうか？
この石は本当は誰にむげられるべきものが？
くりがえし、くりがえし考えてくれ。
ぼくはエま、ぼくのすべてを君たちに見せた。君たちを信じるからだ。
戦争を知らないが、戦争を心から憎み、拒否する君たちを信じる。……
新しい時代はそのためにある。その時代は君たちのものだ。

cólumn
未来のために戦争体験を発掘・継承する

「日本人なんか見たくなかった」と訴えたフィリピン女性（2000 年）

戦後世代が戦争の傷跡に直面

「日本人なんか見たくなかったのに、何であんた達はフィリピンに来たんだい！」

二〇〇〇年、年老いた女性がそう訴えてきた。

バーバラ・ベダッドと名乗った彼女は、戦争未亡人だった。一九四三年、村に日本軍がやってきて、結婚一年目の夫をスパイ容疑で連れ去った。その後の消息はわからない。遺骨も見つかっていないとのことだった。

そう話すと、細い身体を震わせ、涙で濡れた顔を手でおおった。

これは、大学四年の時に私が参加した、フィリピン体験学習での一コマである。事前学習で日比の歴史を学んではいたが、予期せぬ出来事に私達七人の学生は衝撃を受けた。

「日本人だからというだけで、卑屈になる必要はない」

「いや、申し訳ないという気持ちをもっていないと本当の友人にはなれない」

そんな堂々めぐりとも言える議論を重ねていた私達だったが、いざフィリピンで被害者を目の前にすると、自分達が意識していた以上に日本人であるという現実を突きつけられた。

「戦争世代」でなくとも、一歩国を出ると「あの日本人」として見られることが、肌でわかった。国際社会では「学校では教わらなかった」、「自分とは無関係」という考えでは通用しなかったのだ。

帰国後、就職しても、この体験は心の深い部分によどみ続けた。

引率した先生から「知ったことに対して、何もしないのは知的搾取だ」と言われたこともあり、「戦後世代の私に、いったい何ができるだろう」と、もやもやした気持ちを抱えたまま月日だけが過ぎていった。

過去の戦争を知り、未来のかたちを考えるきっかけをつくる

二〇〇三年、ふいに転機が訪れた。

ある住職から、自分が犯した残虐行為を悔やんで亡くなった元日本兵がいたと聞いたのだ。加害者の元日本兵も苦しんでいたのを初めて知った。

「被害者も加害者も、戦争で負った心の傷には通ずるものがあるのではないか」。

そう感じた私は、元日本兵の今の想いをフィリピンへ届けることで、何かが生まれるかもしれないと、いても立ってもいられない気持ちになった。ぶつけるところのない怒りがいまだに渦巻いているフィリピンへ、元日本兵の想いをビデオ・メッセージとして届けよう。

こうして、ブリッジ・フォー・ピース（以下BFP）は、二〇〇四年に産声をあげた。

取材した元日本兵は二〇〇人に及ぶ。彼らの声を、毎年のようにフィリピンで上映してきた。フィリピン人からは、次のような感想が聞かれた。

「元日本兵も苦しんでいる。日本は金持ちになり、戦争やフィリピンのことは忘れていると思っていたので驚いた」。

「クリスチャンだからもう彼らを赦している。元日本兵にもフィリピンに足を運んでほしい」。

毎年のように訪問したことで信頼関係は深まったが、戦後七〇年目を迎えるいま、戦争体験者の高齢化は否めない。終戦時に一〇歳だった方は八〇歳、二〇歳だった方は九〇歳だ。

残される私たち戦後世代がしていくべきことは、過去と向き合い、同じあやまちを繰り返さないこと。法人化した二〇一〇年からは、戦争体験者のビデオ・メッセージを用いたワークショップ授業に力を入れている。「過去の戦争を知り、未来のかたちを考えるきっかけをつくる」ことをミッションに掲げ、実施校は五〇校を数え、実績も三〇〇回に及ぶ。

「想像力」を豊かにし、未来に活かす

現在、活動拠点は二地域だ。活動を始めた関東に加え、二〇一二年には岡崎市で法人登記をした。岡崎はもちろん、名古屋などの近隣地域で活動している。

BFPを始めるきっかけとなった体験学習の主宰者、青山学院大学名誉教授雨宮剛先生の出身も三河である。先生はここ数年、少年時代に見た朝鮮人農耕隊の研究に取り組んでいる。著書『もう一つ

の強制連行—謎の農耕勤務隊』を参考に、2日間のフィールド・ワークを豊田市で開催したこともある。

このように、「戦争体験者のメッセージ記録」、それを用いた「ワークショップ」、それに加えて地域に残る記憶から過去を探ることも行ってきた。今後、戦争体験者が減少する中、私達はあらゆる資源を活用し、想像力を働かせていく必要がある。

BFPを通して得た一番の収穫は、「戦争はやっぱり嫌だ」と心から思えるようになったことだ。実体験を聞く機会に恵まれ、戦争が身近に感じられるようになり、その悲惨さや当事者が味わう心理状態を少し理解できるようになった。

取材した戦争体験者の中に、「もう一度戦争を体験したい」と言う人は皆無だった。「同じ体験を誰にも繰り返させたくない」皆さん、そう訴えられた。

関西の高校でのワークショップ授業（2014年）

国に身を捧げることに憧れを抱いている人は、戦争になるとどんな目に遭うのか十分に想像できていないのかもしれない。戦争もやむなしと思っている人は、戦争のない社会をイメージする力が乏しいのかもしれない。これまでの社会は戦争があってこそ成り立っていたのだから必要悪だと唱える人は、既存の社会システムに単に縛られているだけかもしれない。

体験したら戦争は避けるべきと考え、体験してないとそれもやむなしと言うならば、すべてに共通するのは「想像力」の欠如だ。

戦争のない未来を切り拓くためには、まず過去と向き合い、そこから真摯に学ぶこと。そして、未来の舵取りを誤らないためには、「想像力」を豊かにすることだ。

（ＮＰＯ法人ブリッジ・フォー・ピース代表理事　神　直子）

地域から広げるセクシュアル・マイノリティの運動

安間 優希 Anma Yuki

現代社会とセクシュアル・マイノリティの人権

セクシュアル・マイノリティとは、同性愛や性同一性障害など、性的指向（どの性別に惹かれるか）や性自認（自らが認識する自己の性別、「心の性」）などの性のあり方が一般的な異性愛者とは異なる性的少数者のことである。「マイノリティ」という言葉にネガティブな印象を持つ人もいるため、最近では、レズビアン（lesbian）、ゲイ（gay）、バイセクシュアル（bisexual）、トランスジェンダー（transgender）の頭文字をとって、「LGBT」と表現されることも多い。

近年では、テレビのバラエティ番組に「オネエ系」とよばれるタレントが数多く出演し、人気を博している。また以前と比べれば、新聞やテレビのドキュメンタリーで、セクシュアル・マイノリティの問題が取り上げられることも増えてきた。しかし、大学の講義などで学生に「身近にセクシュアル・マイノリティがいるか？」と質問すると、年々「いる」と答える学生も増えてはきているものの、まだまだ「いない」とこたえる人が大半だ。（実際には、同じ授業の中に「自分はセクシュアル・マイノリティです」とカミングアウトしてくる学生もいて、身近にセクシュアル・マイノリティがいるはずなのに…などと思ったりもするのだが。）

セクシュアル・マイノリティがどれぐらいの人数がいるか、正確な数を推計することは困難だが、一般的には人口の三％～五％程度ではないか、といわれている。二〇一五年四月に電通ダイバーシティ・ラボが行った全国六万九九八九人対象の調査によれば、人口の七・六％がセクシュアル・マイノリティであるとされている（電通ダイバーシティ・ラボ「ＬＧＢＴ調査２０１５」）。しかし、根強い社会の偏見によって、自分がセクシュアル・マイノリティであることを周囲にカムアウトできる人は少ない。その結果、多くの人々は「身近にセクシュアル・マイノリティはいない」と考えることになる。存在が見えないのである。

「存在が見えない」ことは、社会の中ではセクシュアル・マイノリティが「存在しない」ことを意味する。今日の日本では、後述する「性同一性障害特例法」（性同一性障害者の性別の取扱いの特例に関する法律）など一部の例外をのぞいて、セクシュアル・マイノリティが存在しないことを前提に社会制度が構築されている。婚姻はもちろん、婚姻を前提とした世帯単位の社会保障制度全体から、セクシュアル・マイノリティが排除されているのだ。国連が、各国における国際人権規約の実施を監督するために設置している国際人権（自由権）規約委員会からも、日本政府に対して、公営住宅の入居が事実上異性間カップルにのみ限られていることなど、セクシュアル・

マイノリティに対する差別についての懸念が示されている。日本のセクシュアル・マイノリティの人権をめぐる状況は、国際的水準から大きく遅れているのである。

このようにセクシュアル・マイノリティに対する差別が人権問題であるという認識自体が薄い。「オネエ系タレント」が芸人として視聴者から笑いをとることは当然であるが、「同性を好きであるということ」「生物学的男性が女性的であること」それ自体が笑いの対象となっている現状は、障がいや人種など他の人権問題と比しても大きな隔たりがある。セクシュアル・マイノリティの人権は、未だ「守るべき人権」としての社会的合意が確立されていない状況だといえよう。

「性の多様性」を理解する

「性別は『男』と『女』の二つしかなく、それぞれ異性に惹かれあうもの」――こうした異性愛主義的な性別二元論は、セクシュアル・マジョリティである多くの人々にとって、日常生活のなかで特に違和感を感じることは少ないかもしれない。しかし、同性愛や性同一性障がいが存在するように、実際の性のあり方は、異性愛や性別二元論で説明できるものではない。性は多様である。

筆者自身も、男性から女性へと性を移行したＭＴＦトランスジェンダーの当事者の一人である。男性から女性へ性を移行した人をＭＴＦ（Male to Female）トランスジェンダー、女性から男性をＦＴＭ（Female to Male）トランスジェンダーという。

筆者は身体的には男性として生まれたが、思春期から性別に対する違和感が生まれはじめた。家族に内緒で姉の服を着たりしていた十代だったが、当時は「性同一性障がい」という言葉すらなかった時代であり、性別に対する違和感を言語化することはできず、「『女装』という他人に言えない恥ずかしい趣味がある」という思いを抱きながら過ごしていた。同時に恋愛対象（性指向、sexual orientaion）は女性であったため、男性として女性と恋愛もしながら青年期を過ごした。

二十代の頃は、多少女性的な服装をしていても、周囲からは「中性的で個性的なファッションの男性」と認識されてきたが、さすがに三十代になると、そうもいかない。周囲からは「男性としての貫録」のようなものを求められるようになるのだ。こうした中で、次第に違和感をつのらせていた時、後述する「性同一性障害特例法」などの社会的影響もあり三十八歳の時、女性として生きることを決意した。家族や職場の理解もあり、戸籍名を女性的な名前に変え、女性としての生活を始めることができた。周囲に理解してもらえず、自分のセクシュアリティを隠したまま生活している当事者も少なくない中で、私の場合はかなり恵まれた環境だったといえよう。現在は、女性として、レズビアン女性のパートナーとめぐりあい、戸籍上の性別は男性のまま、「同性カップル」として結婚生活を送っている。

さて、このような話をすると、身体的な性別は男性でありながら、女性の心を持っているにもかかわらず、女性が好きとはどういうことであろうか、と頭を悩ます人もいるかもしれない。そこで、このような「性の多様性」を説明する際に、性別を「身体的性（sex）」、「性自認（gender identity）」、「性表現（gender presentation）」、「性指向（sexual orientaion）」の四つの概念を用いると理解しやすい。

身体的性とは、生物学的な意味での性別のことである。人間は出生時に、外性器の形状（ペニスの有無）を判断して男・女に区分され、戸籍の性別が決まる。決して、染色体（XYか、XXか）で決まるわけではない。

一見すると、身体的性は、男女に明確に区分されると考えられがちだが、いわゆるインターセックスといわれる人たちは、身体的性が典型的な男性、または女性でなく、男女の判別が難しい。医学的には、性分化疾患（DSD）といわれ、一つの疾患ではなく、様々な疾患（卵精巣性性分化疾患、クラインフェルター症候群（XXY）、ターナー症候群（X）など）の総称である。出現率は、二〇〇〇人に一人程度といわれる。

出生届の際、性別を留保することができるが、どちらかの性別に割り当てる場合が多い。また、外性器の形状からは性分化疾患を判断できず、どちらかの性別であることを疑わず生育していたが、第二次性徴時や染色体検査によって性分化疾患が判明する場合もある。

性自認とは、自分がどのような性別であるかという主観的な認識の性で、「心の性別」ともいわれる。gender identityを直訳して「性同一性」という場合もあり、身体的性と性自認が一致しない状態を、「性同一性障害（gender identity disorder、GID）」という。

性別適合手術などの要件を満たせば戸籍の性別を変更できる「性同一性障害特例法」の成立（二〇〇三年）などによって、性同一性障害という呼称は日本ではかなり一般的になっているが、これはあくまでも医学的な用語であり、「病気である」という意味合いが強調されてしまうため、用いることを好まない人もいる。身体的性と異なる性自認を持つ人たちを広く指す言葉として、「トランスジェンダー（transgender）」を用いたほうが適切であろう。なお、アメリカ精神医学会は、二〇一三年疾病分類を改定し、「性別違和」（gender dysphoria）と名称変更している。

性表現は、性自認と関連する概念であるが、服装、立ち振る舞いなど、見た目の性別のことである。何が「男性的」「女性的」かは、社会によって異なるため、「社会的な性別」といえる。

身体的性別と性自認が一致していても、身体的性別と異なる服装をする者を異性装者（クロスドレッサー）、あるいは医学的な概念を用いて「トランスベスタイト」という。異性装をする理由は、異性装をすると落ち着く、異性装に性的興奮を覚える、同性愛者が異性装をして楽しむなど、実に様々だ。テレビでおなじみの「オネエ系タレント」の中にも、クロスドレッサーは存在するが、彼・彼女らのセクシュアリティも様々である。

性指向は、恋愛や性欲の対象がどの性別に向かうか、という概念である。異性に向く場合は、異性愛者（ヘテロセクシュアル）、同性に向く場合は、同性愛者（男性同性愛者はゲイ、女性同性愛者はレズビアン）、両方に向く場合は、両性愛者（バイセクシュアル）、どこにも向かない場合は、無性愛者（アセクシュアル）などという。ただし、同性愛か異性愛かは、身体的性ではなく、性自認を元に判断するべきである。ＭＴＦトランスジェンダーが、男性に性愛が向く場合は異性愛、女性に向く場合は同性愛（レズビアン）である。

以上四つの概念を、「女」「男」を二極とした軸として表すと、図のようになる。性の多様性を理解するうえで、この図式はわかりやすいが、実際には、この四つの軸のそれぞれがグラデーションとなっており、あらゆる組み合わせが存在している。この節においていろいろセクシュアル・マイノリティに関する用語を説明してきたが、カテゴリーでとらえるのではなく、性はもともと多様な存在であるという認識が必要だ。

【身体的性】	女	←-------------→	男
【性自認】	女	←-------------→	男
【性表現】	女	←-------------→	男
【性指向】	女	←-------------→	男

日本におけるコミュニティ形成と運動のはじまり

セクシュアル・マイノリティは、以前から一定の割合で存在してきたと考えられるが、セクシュアル・マイノリティが、人権問題として議論されるようになってきたのは、日本では一九八〇年代以降のことである。一九七〇年代からの女性運動の流れを受け、「れ組スタジオ・東京」などのレズビアンの活動が生まれたことに加えて、一九八〇年代にエイズが「男性同性愛者の病気」として日本社会でも知られるようになり、その予防啓発の必要性から活動団体が形成された。一九八七年には、「動くゲイとレズビアンの会」（「アカー」／ＯＣＣＵＲ）が、セクシュアル・マイノリティ当事者への電話相談などの支援活動を始めている。

アカーは、一九九〇年に東京都の青少年施設「府中青年の家」から宿泊を拒否されたことに対する損害賠償を求めて提訴し、一審（一九九四年東京地裁）二審（一九九七年東京高裁）とも勝訴した。東京高裁は、「都教育委員会を含む行政当局としては、その職務を行うについて、少数者である同性愛者をも視野に入れた、肌理の細かな配慮が必要であり、同性愛者の権利、利益を十分に擁護することが要請されているものというべきであって、無関心であったり知識がないということは公権力の行使に当たる者として許されないことである」（東京高裁）との判決を下している。セクシュアル・マイノリティの権利が公に認められた画期的な事件である（府中青年の家事件）。

また、セクシュアル・マイノリティの存在を可視化するために世界各国で行われている「ゲイパレード（ＬＧＢＴパレード）」も、一九九四年に「東京レズビアン・ゲイ・パレード」が開催されたのを皮切りに、一九九六年には「レインボーマーチ札幌」（当時の名称は「レズ・ビ・ゲイ・プライドマーチ札幌」）が始まっている。

こうした一九九〇年代の「ゲイムーブメント」は、主に同性愛者らが担ってきたが、一九九〇年代後半には、トランスジェンダーの運動も始まった。日本では、一九六〇年代に、性転換手術（睾丸摘出）を行った医師が優生保護法違反とされた事件、いわゆる「ブルーボーイ事件」（東京地裁　四十四・二・十五判決）によって、「性転換手術は違法」との認識が広まり、性別適合手術は一部の「闇医者」しか行わないアウトローな状態が続いてきた。しかし、一九九五年に、埼玉医科大学でＦＴＭ当事者への性別適合手術が申請されたことをきっかけに、治療のためのガイドラインづくりが始まった。同時に、治療を終えた当事者に対する戸籍の性別変更を可能とする法律制定の動きもすすみ、様々な活動団体が生まれた。これらの団体の運動の成果もあり、二〇〇三年に「性同一性障害の性別の取り扱いの特例に関する法律」（性同一性障害特例法）が制定された。

筆者自身も、自らの性別に対する違和感を抱えながら、周囲の誰にもカミングアウトせずに過ごしてきたが、二〇〇三年の特例法制定により状況が一変した。それまで、「ニューハーフ」など、性風俗の文脈でしか語られなかったトランスジェンダーが、人権問題として語られるようになったのである。法律の制定を前後しながら様々な自助グループが活動するようになった。

こうした同性愛者やトランスジェンダーたちの活動は、世代交代をしながら、また地域的にも全国各地に広がりながら、現在の運動につながっている。

名古屋のコミュニティ活動とＮＰＯ法人「ＰＲＯＵＤ　ＬＩＦＥ」

名古屋においても、セクシュアル・マイノリティのコミュニティ形成と活動は、エイズ／ＨＩＶの予防啓発活動から始まっている。二〇〇〇年には、ボランティアグループ「ＡＮＧＥＬ　ＬＩＦＥ　ＮＡＧＯＹＡ」が生まれ、ＨＩＶ予防啓発に関する勉強会の開催やゲイバーなどへのコンドーム配布などの活動を始めた。二〇〇一年には、「ＮＬＲ２００１」（Nagoya Gay Revolution 2001）というＨＩＶ予防啓発の屋外イベントが開催された。翌二〇〇二年からは、ＮＬＧＲ

者や行政の支援も受けながら、現在まで毎年開催されている。

しかしながら名古屋では、二〇一〇年代までは、こうしたエイズ／HIVの予防啓発を主とした活動以外に、目立ったセクシュアル・マイノリティの活動は行われてこなかった。東京、大阪と並ぶ三大都市圏といわれながら、地元出身者の割合が高いといわれる名古屋は、カミングアウトしにくい土地柄とも言われ、いわゆる「顔バレ」の心配が高いパレードなども開催されてこなかった。

そこで筆者が中心となり、セクシュアル・マイノリティを支援する本格的な運動体をつくる準備を始めた。当事者だけの運動ではなく、医療、教育、法曹関係者なども加わり、二〇一一年七月に「PROUD LIFE」（二〇一二年には法人化され「特定非営利活動法人PROUD LIFE」）が設立された。東海地域では初のセクシュアル・マイノリティに特化したNPO法人である。PROUD LIFEは、名古屋市の後援もうけ、電話相談「レインボーホットライン」を開始し、年間一〇〇件を超える相談を受けている。

また、PROUD LIFEが母体となって、名古屋でもLGBTのパレードが開催されるようになった。二〇一二年に第一回が行われた「虹色どまんなかパレード」である。当時までに、東京、札幌の他、「関西レインボーパレード」（大阪／二〇〇六年から）など主要都市ではLGBTパレードが開催されるようになっていたが、名古屋では、パレードが開催されていなかった。地

第１回虹色どまんなかパレード（2012年）

元出身者の割合が多くカミングアウトしづらいなど、大都市の割りに保守的といわれる土地柄にもかかわらず、第一回のパレードは、行進参加者四〇〇名、応援含めて八〇〇名の参加で成功した。ドラァグクイーン（派手な女装でパフォーマンスするゲイパフォーマー）をはじめとしたゲイバー関係者も多く参加し、コミュニティあげてのパレードとなっているのが名古屋の特徴である。

さらに、近年、名古屋の学生サークルの活動も、盛んになってきた。「中京大学セクシュアリティ研究会」など、セクシュアル・マイノリティに焦点をあてたサークルのみならず、「淑徳大学ジェンダー研究会」など、もともとはジェンダー系のサークルだったものが、セクシュアリティを取り上げることが多くなり、セクシュアル・マイノリティ当事者も多く参加するようになっている。

このように、東京や大阪などの都市と比べると時期は遅くなったが、名古屋においてもセクシュアル・マイノリティの支援と権利擁護のための活動は、着実に歩みをすすめている。

世界の流れと同性婚・パートナーシップを求める動き

日本において、セクシュアル・マイノリティに関する法的な整備は、前述の「性同一性障害特例法」を除いてほとんどない。同性同士の婚姻が認められていないことはもちろん、結婚に準じたパートナーシップを形成する法整備もない。

世界に目を向けると、二〇〇〇年にオランダで同性婚が認められたのを皮切りに、ベルギー（二〇〇三）、スペイン（二〇〇五）、カナダ（二〇〇五）、南アフリカ（二〇〇六）、ノルウェー（二〇〇八）、スウェーデン（二〇〇九）、ポルトガル（二〇一〇）、アイスランド（二〇一〇）、アルゼンチン（二〇一〇）、デンマーク（二〇一二）、ウルグアイ（二〇一三）、ニュージーランド（二〇一三）、フランス（二〇一三）、イギリス（二〇一三）などで同性婚を認める法整備がすすんでいる。メキシコシティや、ブラジル、アメリカの各州など、一部地域で同性婚が認められている国もある。アメリカ連邦最高裁は、二〇一三年六月、連邦法における「結婚」を男女間に限ると規定した「結婚防衛法（ＤＯＭＡ）」を、違憲とする判決を下した。さらに二〇一五年六月、アメリカ連邦最高裁が、同性婚を禁止する州法は違憲であるという画期的判決を下したことで、すべての州で同性婚が認められることとなった。アジア地域では、いまだ同性婚が認められた国はないが、台湾では、すでに法案が提出されたこともあり、議論がすすんでいる。また、結婚に準じた制度（パートナーシップ法など）を設ける国も広がっている。

こうした状況と比べると、同性婚・同性パートナーシップをめぐる日本の現状は、大きく遅れているといわざるを得ない。日本では、「パートナー法ネット（特別配偶者法ネットワーク）」（二〇一〇年設立）、「EMA日本」（二〇一四年設立）などが活動を行っているが、いまだ国政レベルでは同性婚が議論の俎上には上っていない。しかし、二〇一五年四月に、東京都渋谷区で、同性カップルのパートナーシップを公的に証明する全国初の条例が成立した（「渋谷区男女平等及び多様性を尊重する社会を推進する条例」）。パートナー証明のために、お互いを任意後見人とする公正証書が必要となるなどの問題点もあるが、社会的なインパクトは大きく、他都市でも、同様の制度を検討する動きも生まれている。今後は、こうした地方自治体での動きや国際的流れも追い風にしながら、パートナー法ネットなどの取り組みを中心に、現状の改善と世論喚起を行っていく必要がある。

地域におけるセクシュアル・マイノリティの支援と権利擁護のために

以上見てきたように、日本でも、また名古屋・東海地域においても、セクシュアル・マイノリティの活動が広がりつつある一方で、行政や教育機関の動きは、さらに遅れている。

名古屋・東海地域では、近年になり、ようやく行政職員や教員を対象とした研修が行われるようになってきた。またセクシュアル・マイノリティ当事者を講師にした市民講座なども行われており、「名古屋市男女平等参画推進センター」は、二〇一二年度より市民講座の企画運営の公募に当たって、テーマの一つにセクシュアル・マイノリティを明示し、選定している。大阪市淀川区では、行政が「ＬＧＢＴ支援宣言」を行い、二〇一四年より、区の事業として相談事業などを開始した。画期的な取り組みである。こうした事業が他都市に波及することを期待したい。

日本におけるセクシュアル・マイノリティの運動は、政治参加の分野でも遅れている。当事者であることを明らかにして活躍している政治家は、日本では、まだほんの数名しかいない。筆者は、二〇一五年の統一地方選挙で、名古屋市会議員選挙（中区）に無所属で挑戦した。残念ながら議席獲得には至らなかったが、多様性の尊重について政治の世界に一石を投じることができたと自負している。

マイノリティの人権は、マイノリティのみならず、社会的弱者を含むあらゆる市民の人権を尊重することにつながる。今後は、当事者のみならず、支援者も大きく巻き込んだ、さらなる運動の発展が期待される。

〔参考文献〕

風間孝・河口和也著『同性愛と異性愛』岩波新書、二〇一〇年

平和を創る現場から

オリパク エサマン Oripaku Esaman

※本章は、名古屋で個性的な運動を多数展開しているエサマンさんに、これまでの活動を振り返ってもらった。エサマンさんは名古屋在住の活動家。なお「エサマン」とはカワウソを意味するアイヌ語である。

名古屋の寄せ場・笹島で日雇いデビュー

本稿では、この地域で「活動」をしてきたものとして、個人的な経験を通して語ってみたい。筆者は、いろいろな事情があり高校中退後、日雇い労働者として働いた。だいたい一九九〇－一九四年頃の話である。もちろん当時は「活動家」ではなかった。

日雇い労働者の集まる地域は「寄せ場」と呼ばれる。大阪の釜ヶ崎（通称カマ）、東京の山谷（通称ヤマ）、横浜の寿（コトブキ）、名古屋の笹島（通称シマ）が代表的な「寄せ場」である（山谷にある玉姫労働主張所では「寄り場」と呼んでいる）。

これら地域には日雇い労働者と、日雇い労働者を対象とした宿などが集まり「ドヤ街」を形成している。ドヤとは宿を意味する。寄せ場地域の特徴として、安い宿（一日一二〇〇－二二〇〇円程度。釜ヶ崎には六〇〇円の宿も現存）があり、日雇い労働者向けの立ち飲み屋や、荷物預かり屋、作業着などを売る店がある。

現在では大阪の釜ヶ崎などのごく限られた地域でしか「ドヤ街と日雇い労働者」の世界は成立しなくなってきているが、自分が働き始めた当時は、まだ名古屋でも日雇い労働者は沢山おり、それなりに仕事があり、業者もたくさんいた。

釜ヶ崎や山谷では、ドヤ街らしい特徴が強くでた町並みがある。名古屋の笹島の場合は少し特殊で、中職安と笹島交差点の周辺の地域が早朝のごく限られた時間「寄せ場化」するというもので、日中のこの地域自体には「ドヤ街」としての特色はほとんどない。早朝（だいたい三－五時の間）にこの地域に行くと、手配師の車があちこちに待っており（業者ごとに場所が決まっている）、その時間に、手配師がこの周辺にいる働ける格好をしたものに声をかけて車に乗せて仕事に向かう、という光景が毎朝繰り広げられていた。

このような光景が繰りひろげられるのは、早朝のごく限られた時間のみなので、この地域に日中勤めている人も、ここが「寄せ場」であることを知らない人が大半だったのではないかと思う。

笹島の寄せ場が「時間限定」の存在になった原因には、中職安の周辺に存在していたドヤ街（おもに安宿や一膳飯屋、安酒場などの集合地域）で大火事があった際（七六年）、違法建築の多かったドヤの再建を行政が禁止したことが原因と言われる。なお名古屋の「寄せ場」は、笹島の他に大曽根、熱田にもあったが現存しない。

筆者が「日雇いデビュー」をした当時は、業者の車もかなりの数が来ており、独特な活気のようなものもあったが、現在では携帯メールなどで募集されるスポット派遣などもあり、対面で日雇いを雇う形態が下火になってきているため「シマ」に来る業者の車もかなり減ってきている。

この早朝のドヤ街での対面求人で仕事を獲得できなかったもので、過去二ヶ月間、ある程度日雇いとして働いていたものに支給される失業保険として「アブレ手当て」がある。日雇いはその日によって雇用主が違うので通常の雇用保険が成立しない。そのかわりに働いた日ごとに雇用主に印紙を貼ってもらうスタンプ帳があり、このスタンプ帳に、印紙が二ヶ月間で二六枚たまると、翌月から仕事に「アブレ」た日に、職安に持っていくと、失業した日ごとに失業保険が日払いでもらえるという制度である。このスタンプ帳は表紙が白いので白手帳と呼ばれる。業者によっては登録をしていないのか印紙を貼れないところもあるが、適度に日雇いで働きつつ支給をちゃんと受けると、ある程度まともな収入になった。

ただしある程度の収入といっても、正規雇用者と比べると低いものである。また日雇労働者向けの社会保険（雇用保険と同じく毎日印紙を貼る）も存在はするが傷病手当の支給期間も少なく年金が含まれていない。また対応している業者も極めて少ない。またアブレを確保するためには寄せ場周辺に拘束されるので、さまざまな活動に制限があり、日雇労働者の多くが現在生活保護になっていることを非難できるかといえば、別の問題である。

印紙も手帳も全国どこの寄せ場でも共通であり、たとえば笹島で仕事がなくなったので釜ヶ崎に行って仕事を探したがアブレたという場合でも、それぞれの地域の窓口で手続きをすれば「アブレ手当て」が支給されるので、仕事を求めて全国を移動する日雇い労働者にとっては大変便利な制度である。

この「アブレ手当て」を支給する窓口は、それぞれの寄せ場の中心にある職安である。名古屋だと中職安がそれにあたるが、通常業務の窓口ではなく、建物の横の部分に別の入り口がある「労働課」という場所があり、そこに手帳をだして手続きをすると、その日のアブレ手当てが受け取れる。シマの中職安も、ヤマでもカマでも寿でも、日雇いの窓口はシャッターとブラ板に守られており、さながら要塞か拘置所の面会窓口のようになっている。

全国各地に点在する「ドヤ街」に、それぞれある程度の仕事があった当時、日雇い労働者の多くは、筆者もそうであるが、このアブレ制度を活用しつつ、各地を渡り歩いていた。その地域の日雇い仲間、あるいは社会での人間関係に疲れたので、他地域のドヤに無言で消える人、あるいはなんらかの理由があり一般社会から姿をくらました人が、ドヤ街に流れてきたりしていた（殺人事件を起こした人が日雇い労働者として違う名前で働いていた、という事件は最近でも発生している）。それぞれの理由があって、ドヤ街に流れ着いた日雇い労働者の多くは、過去のことを語りたがらないし、また人にも聞かない。

ドヤ街は、いかなる過去があろうとも「名もない馬の骨」となって、漂白の人生をおくれる場所ともいえる。筆者は、そのような境遇から社会生活（？）をスタートした。

あるアイヌとの出会い・笹島事件

そのように「漂泊者」の集まる寄せ場だが、集まってくる人達にはあきらかな傾向が見られた。過去を問わない傾向から、刑務所上がりの人、過去に暴力団の構成員だった人などが多くなるのは、ある意味自然な流れかもしれないが、筆者にとって意外だったのは、元自衛官も割りと見られたことである。自衛隊には所属していられる期間のようなものがあり、その期間を過ぎて自衛官でなくなった場合、うまく再就職できる人と、そうではない人が一定数いるようだった。

また、東北、九州、沖縄や周辺の島々などの遠隔地の出身者も多かった。北海道出身者も多くみられたし、そのなかにはアイヌもそれなりの数がいた。この場合の「多い」「それなり」とは、名古屋で遭遇する一般的な割合に比べて目立つという意味である。

ここで紹介する事件は一九九〇年八月に発生した事件である。北海道出身のアイヌで笹島周辺で生活していたT氏が、中村区の則武公園（笹島労働会館近く）で、同様に笹島周辺で生活していた人物にアイヌであることを理由に長時間絡まれ、あまりの内容に反撃したところ、その人物が死亡し逮捕された事件である。

T氏は、筆者としては「親類」以外で初めてそれなりの期間接して話を聞いた「アイヌ」であったが、筆者は、この「事件」をリアルタイムでは知らなかった。これから書く内容は、T氏が出所後に知り合い、いろいろと話を聞いたことと、周辺から聞いたこと、記録物（『笹島労働会館二一周年に寄せて』二〇〇六年発行など）によるものから、流れを簡単にまとめたものである。

事件で逮捕後、笹島周辺で活動している活動団体らによる救援委員会がつくられ支援に当たるが、裁判をアイヌ差別を訴えていく場にすることで活動をするも、途中で拘置所内のT氏から絶縁状が届き、支援活動は難航した。裁判の結果は懲役三年未決一二〇日でT氏は服役した。筆者がT氏と知り合ったのは、この服役後である。「絶縁状」の原因は、支援活動の過程で取材をうけた共同通信社の記事が北海道新聞にも配信されたことに一因があるようだった。支援者側は、共同通信という通信社の記事が北海道にある新聞社にも配信されることは「後から知った」と説明している。

生前のT氏は、普段は非常に真面目で折り目正しい人であったが、何かの折に、感情の起伏が激しくなるときもあり「誰なら信用できるのか」ということをよく筆者に話していことが記憶に強く残っている。

ドヤ街での生活は楽なものではない。しかし底辺の生活であるとはいえ、刑務所上がりであったり、もとヤクザであったり、あるいは逃亡犯であったりしても（もちろん官憲の追跡はあるにしても）、過去のしがらみや人間関係から離れて「名もない馬の骨」となって埋没して生活できる、社会の底辺にある「漁礁（ほかに良い言い方が見つからない）」のような機能をもった場所であったとも、言えるのではないかと筆者は考えている。

しかしT氏には、北海道を遠く離れた名古屋のドヤ街でも、名もない漂泊者としての生活は許されず、差別は容赦なくつきまとってきていた。

名古屋での日常生活でも、アイヌだとわかると、初対面で失礼なことを聞かれたり、よくわからない話を振られるというのは、いまでも起きることだが、過去に直接因縁のある相手とのしがらみならいざしらず、何の縁もない相手から、アイヌを理由に絡まれるというのは理不尽である。

昨今、和人社会において、アイヌ民族はいないとか、単に面罵される以上のヒドイ話が出てきているが、その原因には、この事件だけでなく、アイヌを巡る諸問題（その実態の多くは和人問題である）がながらく放置、あるいは「入り口に触れる（たとえば文化に触れる）」どまりでズレた対応を延々とされており、全く取り組まれていなかったことに根本的な原因があると思われる。この機会に記しておく。

海を渡ってきた、ある日雇い労働者の話

笹島界隈ではボリさんと呼ばれていたNさんは、日系（沖縄）ボリビア移民二世である。笹島界隈に長くすんでおり、組合活動などにもよく参加していたので覚えている人もいると思う。

ボリさんはとても陽気な人で、組合の集まりや炊き出しなどで人が集まると、かなり巧みな踊りを披露していた。日本語・スペイン語が話せたが、文字の読み書きはどちらもできなかった。

日本に来て二〇年ほど。ボリビアにある「オキナワ」という名前の沖縄からの移住者が住む町にある実家から家出をして、森の中に住んでいる先住民族（なんと、怒ると人を食べることもあったそうである）と暮らしたあと、日系人であったので日本にやってきて、各地で日雇労働者として働き名古屋に落ち着いた。一時期ホームレスとして名古屋駅などに住んでいたこともあった。ボリさんの話によると、両親はボリビア本国で大きな土地を持っており、兄弟も沢山居る、とのことであった。

ボリさんの証言を元に、インターネットを使って色々と調べてみたところ、オキナワという名前の都市は確かに存在し、ネット上に上がっている同市の写真にはいくつか見覚えがあったようである。

あるとき、中南米地域で風土病の研究をしている大学の先生を介して、ボリさんの両親と連絡をとることが可能となった。高齢になるボリさんの両親は、二〇年以上前に行方不明になった放蕩息子は、既に死んでいたと思っていたようであるが、名古屋で日雇労働者として生活していることを知り、沖縄本島で長寿の祝いをするため日本にやってくる際に、ボリさんを引き合わせることになった。

ボリさんの両親は、戦後まもなく、沖縄からボリビアに移住した。当時の沖縄は米軍に占領されており、土地のかなりの部分が米軍に接収されるだけでなく、仕事も少なかったので、夫婦でボリビアに新天地を求めたそうである。移住先では、ネズミが大量発生したり、苦労して開墾した土地に植えたトウモロコシがカラフルなオウムに食べられてしまったり、人間の子供ほどの大きさの猫のようなものが家畜を食べてしまったりと、かなりの苦労をしたそうである。

入植当時には周囲は原生林といっても差し支えないような土地で、家具や生活用品、味噌、酢など、あらゆるものを手作りして生活した。入植した地域には、入植した自分達と似たような生活をしている先住民族とされる人たちのほかにも、森の中に住み近代社会とは距離をとって生活する集団がいたようである（ボリさんが一緒に住んでいた、怒ると人を食べるのはこちらの人たちのようだった）。いまでは一緒に沖縄から苦労して入植した第一世代の多くは亡くなっており、その子孫はオキナワのほか、ボリビア各地で生活している。

両親との再会の後も、ボリさんはしばらく名古屋で生活していた。ボリビアに帰らないかという話には、帰りたいと言ったり、名古屋に居たいといったり、すったもんだしていたが、何年かしてボリビアに帰ったようである。

ボリさんは手紙もメールもしないので、いまでは、風土病の研究をしている大学の先生を通じて、時折消息を聞くだけとなったが、日本を懐かしんでいるらしい。

社会の底辺で闘う労働組合・笹日労

笹日労は正式名称を「笹島日雇労働組合」といい、一九八二年ごろからこの地域で活動する日雇労働組合である（七八年八月寄せ場労働者有志の会、八一年一月笹日労準備会、八二年六月笹日労発足）。

大阪の釜ヶ崎で活動していた大西豊が名古屋にやってきて結成したものと聞いている。

笹日労は、そもそも組織として厳密な体裁をもっておらず、つい先日、後述の監禁レストラン事件関連で警察のガサ入れが入る直前（二〇一三年一一月）まで、構成員全員を把握している組合員名簿自体が存在していなかった。日雇労働組合はどこでもそうかもしれないが、日々の活動が、日雇い労働者の労働相談だけでなく生活相談、ホームレス支援活動の様相も呈しており、一般的な労働組合のように、毎月組合費を払うという活動形態はなじまず、なにか問題があったときに駆け込み、未払い賃金などのなんらかの成果を会社側から「ぶん捕った」場合にいくらかのカンパをする、という形態になっているため、どこまでが厳密に組合員であるかが明確にはなっていなかった。

しかしながら、日雇労働者は「日々雇用・日々解雇」であり、収入や立場、場合によっては住居までもが不安定な人たちには、笹日労の組織としての緩さは必要であったともいえるので、一概に非難できるものではない。

最近では、笹島の寄せ場での労働者募集は非常に少なくなっており（一時期百台近くきていた手配師の車は、現在では二－三台である）笹日労の活動は、時折寄せられる外国人労働者の労働相談をうけること、日雇い経験者も多いホームレスを支援することなどになりつつある。また、笹日労関係者は、引退後も日雇い現役時代の豊富な現場闘争経験を活かして、ヤクザやマフィアの出てきやすいキャバクラ関連の労働争議（主に筆者の関わるユニオン愛知の案件）でも最前線で体を張って活躍している。

またそれ以上に重要な役割としては、引退した日雇い労働者の人たちの「溜まり場」として機能している点にあるといえる。笹日労の事務所には、とくに用事がなくても、毎日それなりの人が集まってきており、かつて日本の経済を底辺で支えた日雇労働者達の引退後の社会参加の場として機能している。

笹日労の事務所は、二〇一四年四月、長年拠点にしていた笹島労働会館（中村区則武二丁目八－一三）の閉鎖に伴い、中川区の百船町に一時移転、一年後の二〇一五年三月には、おなじく中川区の高畑に再移転した。

監禁レストランK事件

監禁レストランK事件は、二〇一一年八月に発生し、笹日労が闘った労働事件である。笹日労が闘った大きな争議としては「インドヤ闘争（〇一年）」「キャバレードミンゴ闘争（八三－八四年）」とともに三大闘争といえるものである。筆者はインドヤ闘争とK闘争に参加した。

この事件は、愛知県にあるレストランKにて、ネパール出身の労働者夫妻（ヒラ・タラ、タパ・タラ）が、賃金未払いの状態で何ヶ月も働かされ、賃金の支払い請求をし、転職したい旨の話を行ったところ、経営者夫妻によって一ヶ月ほど監禁されるという事件だった。

ことの発端としては、以前からネパール人や外国人労働者の労働問題に笹日労が相談に乗っていることを知っていたネパール人から「同僚が監禁されている」と相談があり、笹日労メンバーが駆けつけ解放しかかるが、単純なミスと警察の経営者寄りな対応により再び監禁。経営者側は監禁場所を何回か移動させ、最終的には電動ノコギリを用意した警官隊と笹日労メンバーが経営者宅（働いていた店舗の隣で最終的な監禁場所）の周囲におしかけるなか、炎天下の倉庫から夫妻は解放された。

解放後も経営者側との交渉は難航し、またコックさん夫妻が両者ともネパール語しか話さず、母国語の読み書きもできないことで意思の疎通に困難があったが、経営者側の不当な扱いへの怒りを共有して、共に闘った。コックさん夫妻はレストラン敷地内に三ヶ月以上にわたり泊り込み抗議を行ったり（当時、韓国で大型クレーンの上に篭城する労働事件なども発生していた）、店舗に残って働いていた中国人労働者とグーグル翻訳を使って交渉し、自主営業する計画でレストランを実力占拠して泊り込みを行ったりした。

また抗議の過程で、警察署の不当な対応も目に付いた。警察が経営者夫妻がコックさんらを本国に送り返す旅券を手配するために署内のＦＡＸを貸していたり、解放後のコックさんらが署で取調べをうけた時に刑事らが「このまま（署の外で待つ支援者らと会わずに）本国に帰る」ことを強く勧めたりするという、警察の経営者寄りの不当な対応が多数存在した。

本件は現場闘争から裁判での争いに移り、一審の判決が二〇一四年一一月二七日に出され、経営者側の未払い賃金三九五万の支払いを認める実質的な勝利判決となった。一方、経営者側は、笹日労や支援団体、何故か当時笹日労が入居していた笹島労働会館やコックさんらを応援していたキリスト教組織までを被告にして総額三七〇〇万円の損害賠償を提訴してきており、最終解決までの道のりは長そうである。判決では、コックさん夫妻のうち、タパ・ヒラ（夫）の未払い賃金は認められたが、タパ・タラ（妻）の賃金、監禁による損害賠償は認定されなかった。

市民活動をめぐる資本と運動のせめぎあい・愛知のアースデイ発足

現在も継続的に開催されている愛知のアースデイの流れは、二〇〇四年から始まった。二〇〇〇年前後から、愛知県では「環境」をテーマとした市民参加型の愛知万博に向け、リニモ建設、あおなみ線開発などの様々なインフラ整備が多数行われていた。

環境万博と銘打ちながら、会場予定地とされていた海上の森を万博後に住宅地として開発する計画すら存在した。ところが、市民らにより絶滅危惧種オオタカの営巣が発見され（一九九九年四月）、反対運動が盛り上がり、ＢＩＥ（博覧会国際事務局）からの勧告も行われ、会場の設営計画が大幅に見直された。具体的には、近くにある愛知青少年公園がメイン会場となり（長久手会場）、海上の森（瀬戸会場）の会場と規模が大幅に縮小され、跡地を住宅地にする計画も消滅した。

同時に「市民万博」開催にあたり、市民を巻き込むべく、自然保護団体や地域住民に向けた説明会なども開催された。万博の抱える問題も多岐にわたり、反対派にも様々な立場の人が含まれており、万博会場の縮小計画にたいする評価も、また政治家の対応も様々であり、状況は混乱し

アースデイあいち 2011・LOVE& ビンボー春まつり

ていた。さまざまな分野にかなり広範囲に存在していた万博反対派は、反対の声も届かず推進されていく巨大事業に対して「参加しない」「失敗を見守る」という姿勢になりつつあった。

この時期には、市側で初の市民万博の成果として、愛知万博でアースデイを結成し、愛知万博の跡地で毎年開催しよう、という計画が万博協会の意向を受けた、あるいは便乗してなにかをしたい周辺からもちあがっていた。この動きを察知した筆者らは、先手を打つ、あるいは、状況に乗っかる形で二〇〇四年に愛知でアースデイを組織した。

万博を翌年に控えた二〇〇四年四月、愛知のメーデーの発祥地でもある鶴舞公園で、万博反対派、賛成派の両者を招いて、アースデイを開催した。開催当日はデモ行進なども行った。そして二〇〇五年には万博協会と協働して万博会場内で「アースデイＥＸＰＯ」を開催することになった。呉越同舟ではあるが、万博協会と広告代理店が主導するイベントではなく、いちおうは市民が主導する万博会場内でのアースデイの実現となった。当日は地域の環境団体だけでなく、万博に出展していた人たちの参加も得た。アイヌ工芸の出展やアラブ諸国の参加も少数ながら実現した。

アースデイＥＸＰＯでは、万博側スタッフが用意していた「来年以降も万博記念公園で集まろう」というフィナーレでの表示を、市民側スタッフ達は確信犯的に直前までうやむやに対応し、使用できなくした。これは愛知のアースデイを翌年以降も万博の跡地で開催したいという万博側の意図を拒否するものであった。この出来事は、圧倒的な物量をもつ巨大資本が万博を推進し、イシューの簒奪をしていくことにたいし、市民運動や環境運動が微力ながらも、断固反対、絶対阻止路線が敗れた後にもあきらめず、巻き込まれつつ抵抗をはじめた時期といえたかもしれない。

そして、万博翌年の二〇〇六年以降、愛知のアースデイの開催は、愛知万博記念公園ではなく名古屋の中心部の久屋大通公園で開催。この流れは現在まで定着している。

さらに、市民によるアースデイの開催が定着した二〇〇八年、筆者らが中心となって「アースデイあいち・ＬＯＶＥ＆ビンボー春祭り」を立ち上げた。これは、環境問題と貧困・労働問題を「地球と地域の大問題」として共に扱う、大規模イベントを目指さないもうひとつのアースデイである。環境系の市民運動の人たちばかりでなく、当時、東京などで盛り上がりをみせ、全国に広がりつつあった、自由と生存のメーデーなどの「インディーズ系メーデー」といわれる若手の労働運動体との連携を図り、若者、非正規労働者、生き辛さを抱える人たち、アングラ系アーティスト、ホームレス支援運動に関わる人たちと一緒にアースデイを作ることを画策した。

このような「ビンボーアースデー」の開催が定着した二〇一〇年度より、メジャー労組である大手労組開催のメーデーとの連携を強化するとともに、久屋大通公園で開催される大きなアースデイとも、お互いを連携イベントとして紹介し、参加者や実行委員のメンバーも相互に行き来する協働を開始した。

そして二〇一二年からは、二つのアースデイは同じ会場で開催することとなり、愛知県限定ではあるが、アースデイ運動に、従来の労働組合の活動が間接的に合流している状況が形成されている。

様々な立場の交錯する発信基地・Ｑｕｅｅｒ＋ｓ

Ｑｕｅｅｒ＋ｓ（クィアーズ）は、新栄にあるダイニングバーである。筆者が、知人と共に二〇一一年一二月に開始した店である。

「クィア」という言葉は、英語で「奇妙な」と辞書にはあるが、実際に使われる場合、日本語の語感としては「オカマ」「ヘンタイ」に近いような言葉である。もともとは、あまり良い意味合いではないが、セクマイ（セクシュアルマイノリティ・性的少数者）の権利や存在が認められてくるにつれ「クィア」と名指しされる当事者がプライドをもって使い始めている言葉でもある。

Ｑｕｅｅｒ＋ｓは、その言葉に＋「ｓ」したものである。この「ｓ」は、ストレート（一般的に多数派の性指向・性自認の人。ノンケ）を足したものである。これは、セクマイ当事者だけでなくストレートな人たちも共に楽しめる場にしたい、という店の方針を表した言葉である。

さらに、Ｑｕｅｅｒ＋ｓの「Ｍ・ｉｘ」は、セクマイ業界でのＭ・ｉｘだけではなく、広く社会全般に向けたＭ・ｉｘでもある。筆者も他のスタッフも、様々な社会運動に関わっているので、セクマイ関連の人たちが混ざれるＭ・ｉｘだけでなく、様々な社会運動に関わる人たちと、セクマイの人たちが混ざり合う場を提供することが、社会にとってもセクマイ業界にとっても良い影響があると考えて「ｓ」をつけて店をつくることにした。この方針は功を奏し、Ｑｕｅｅｒ＋ｓには女装、トランスなどのセクマイの人たちだけでなく、労働運動や社会運動に関わる人、創作活動をする若手アーチスト、セクマイには入ることの少ないフェチ業界の人、女装業界の人など、様々な人たちが来店したりイベントを計画したりする場所となっている。

デモからストリートへ・路上ちゃぶ台

「ちゃぶ台路上ミーチング」は、現在（二〇一五年八月）も、ほぼ毎週開催されている活動である。場所は、名古屋の交通の要所である金山総合駅の南口。金山駅には名鉄・ＪＲ・地下鉄が乗り入れており、繁華街であると同時に、駅周辺には住宅とも隣接している。この駅から帰る人、駅に帰ってくる人などが集中する駅である。三河や知多方面に住む人たちは、金山駅からの終電を夜遊びの基準にしている人も多い。また、夜には酔っ払いも多い。

金山駅の南口は広場のようになっており、特に催事などが行われていない時は、路上で歌う人たちや、占い師、パフォーマーなどが、それぞれの活動をしている場所である。金山南口がこのような場所になったのは、いつのころからか分からないが、筆者の記憶では、一〇年前にはすでにそのような場所になっていた気がする。

ここで「ちゃぶ台路上ミーチング」が実施されるようになったのは、二〇一三年五月一〇日からである。具体的には、当時日本政府が参加すると言い出したTPP（環太平洋戦略的経済協定）に反対するアクションを、筆者周辺の数名で企画していた。その当時、名古屋の市民運動界隈の人たちは、老いも若きも「脱原発」一色であり、急務であったTPPに対抗するアクションを主催する人が極めて少なかった。

筆者は、二〇―三〇代のメンバー二、三人ほどでデモやフラッシュモブを多数実施。デモには宣伝不足にもかかわらず、右から左まで、それなりの人数の人たちが集まってくれたが（日の丸を掲げた人も売国許さずと応援に来た）、デモの企画や運営は、非正規フルタイムで働きつつ関わる若者たちにはかなりの負担となっていた。また、通行人の芳しくない反応から、デモという旧態然とした手法の効果に疑問をもつ声も出てきた。そこで、デモ用に作られたプラカードなどを多数の往来のある場所で掲げて、興味のある人を捕捉して話をするほうが効果的なのではないかという発想から、金山総合駅での「路上ちゃぶ台」がスタートした。

「TPPちゃぶ台」は開始早々、通行人も多数参加して盛り上がることになる。理由としては、連日メディアなどで「TPP」という言葉は聞くが、意味が分からないという人や、中小企業で社長は「ビジネスチャンスだ」と息巻いているが、本当は餌食になるだけじゃないのかと不安に

初期の TPP ストリートミーティング @ 金山駅南口

思っているが口にできない人や、実は株に投資しているが市場がどうなるのか知りたいという人や、誰に話を聞いてよいのかわからない人などが「ＴＰＰ」と書かれた看板のあるちゃぶ台に興味を示し、参加してきた。

　筆者は、もちろんＴＰＰ参加には反対である。しかし、市民運動にみられがちな「反対して当たり前」という姿勢への反省から、ちゃぶ台では筆者の意見は言わず、参加者同士の自由な議論にまかせることにした。参加者の中には、ＴＰＰや経済の自由化に賛成な人、右よりで反対の人、右よりで賛成な人もいる（左寄りで賛成の人はいないかもしれない）。デモや集会などでは、まずお目にかからない類の人たち、しかし世の中には多数いる人たちに「いかに語りかけ説明するか」ということを学ぶ場としても、有効に機能していたといえる。

　「ちゃぶ台」は当初、数回でやめる予定であったが、予想外の反響に、毎週開催されることになった。第三金曜日は、筆者も関わる「なやばし夜イチ（納屋橋）」に場所を移動して開催されるが、やっていることは同じである。参加者が増えるに連れ、ＴＰＰ以外のことも話題にしたいという声が出て、ＴＰＰが外れて、脱原発、選挙、情報化社会、秘密保護法など、様々なことが話題にされるようになった。

　また、ちゃぶ台の噂を聞いた人が遠方から参加し、地元で真似て開催するという現象も発生した。現在（二〇一五年八月）も桑名駅前で隔週「ＴＰＰストリートミーティング」として開催されている。

　長く続けるなかで、七夕には笹を持ってきて短冊を書いてもらったり、夏にはスイカ割りをしたり、キャンドルナイトをしたりと、便乗していろいろな企画を行った。もちろん、ただの余興ではなく、スイカ割りはＴＰＰと書いたスイカを割り、短冊には「自分の願い事と、世界の願い事を」を書いてもらい、社会的な性格が入っている。

　最後に、路上でちゃぶ台を広げることへの、警察の対応について少し説明する。開催当初は、スタッフの一部が警察へ過剰な警戒をして、騒然としたこともあったが、ちゃぶ台でやっていることは、実際には座って話をしているだけなので、とくに警察に取り締まられることはなかった。公道であったら確かに問題だったかもしれないが、金山南口は違う。当初は、酔って絡んできたひとや「勝手にそんなことをするのは違法だ」とか、警察に「通報」して、事情もわからずにやってきた警察にヘンなことを聞かれる、早く帰れといわれる、ということもあったが、実は違法行為はひとつもなく、催事などでどこかが借りている以外は、使用許可も必要ないので、問題になってはいない。金山南口には、もともと「無許可」の路上アーチストや占い師、絵を売る人などがたくさんいる。そのような人たちをまとめて排除することは文化の破壊とも言える。ちゃぶ台が、すでに「板についた」現在では、警察の不審な対応も減ってきている。これには、ちゃぶ台参加者には、不当な扱いにしつこく文句を言う人が多いので警察も面倒くさい、という点もあるかもしれない。

ちゃぶ台から派生したフラッシュモブと「落選候補者を囲む集い」

ちゃぶ台を継続する中で、立場や意見の異なる人たちと多数知り合いになった。その繋がりをもとに、様々な企画を実施した企画の中に、大きなものとして「フラッシュモブ」と「落選候補者を囲む集い」がある。

「フラッシュモブ」は「瞬間の群集」を意味するとされる言葉で、口コミやネット上で呼びかけられた不特定多数の人が、街頭で、ある日時に、同じようなことを一斉にすることで空間をジャックするものである。二〇〇三年頃からはじまったとされる。日本のネット空間では、何故か政治的主張を含むものはフラッシュモブと呼ばない、ということが随分と流布されているが、国際的には根拠がない。ただし、旧来型のデモ行進はモブとは呼ばれないようだ。最近では、企業のプロモーションによるフラッシュモブのようなものも増えてきたが、こちらのほうはモブ本来の遊び心を資本が回収しているようで、いかがなものかと思われる。

ちゃぶ台で知り合ったメンバーらは、デモを企画するのはしんどいので、その時期に話題になるトピックごとに有志が集まって街頭でフラッシュモブを展開してきた。もちろん、課題となる議題は放射能だったり秘密保護法だったりして、参加者それぞれに賛否もわかれるので、それぞれの回でメンバーは固定ではない。

二〇一四年には、ちゃぶ台で知り合ったメンバーが実施したモブは何回か新聞に掲載され、その中には一面に掲載されたものが二回あった。ちゃぶ台有志が実施したモブは、具体的には数人でアノニマスの仮面を被ったり、アフロヅラにサングラスなどの匿名性を高めた格好で、「戦争はヤバイ」などの短いメッセージを書いたプラカードをもち、街頭に並んで立つ。あるいは、仮面をつけて街頭に数人で並び、監視カメラを無言で指差す。仮面に防護服という姿で放射能マークをつけ、無言で街を清掃するなどのアクションを展開した。

大須・清掃モブ

これらのモブのポイントとしては「匿名性」「無言であること」「メッセージは短く」である。効果としては、匿名性を高めることで、通行人がこちらが誰かを気にせず、プラカードの中身や行為に集中するようになる。無言であることで、プラカードや行為の意味

非戦アピール 視線くぎ付け

休日の雑踏に突然現れた仮面の集団。手には集団的自衛権行使容認への反対を訴えるプラカード。「少しでも集団的自衛権への関心につなげてもらえれば」とアピールした＝22日、名古屋・名駅で（畦地巧輝撮影）記事㉛面

2014年7月1日 22

若者よ 戦場行けますか？

集団的自衛権 関心低く

特報

気軽に政治語る場を

（上段）『中日新聞』2014年6月23日付　1面
（下段）『中日新聞』2014 年 7 月 1 日付　22 面

への想像力が高まるなどの効果がある。とくに、行為中に無言であることはとても大切な点で、声を発してしまうと、途端に「魔法が解けてしまう」かのような感じになり、印象にのこらなくなるので注意を要する。フラッシュモブは、ジャンルとしてはデモの小さなものではけっしてなく、ハプニングやパフォーマンスアートの親戚のようなものである。

また、ちゃぶ台の実施時期が選挙に重なった場合、ちゃぶ台は選挙に際しては全ての候補者にたいして中立なので、候補者が訪れることも時折みられた。有志メンバーで「選挙に行こうキャ

ンペーン」（旧来型のデモやフラッシュモブ）などが行われた。

そして選挙後の取り組みとして「落選候補者を囲む集い」が開催された。この企画は、二〇一三年の参院選のあとに企画されたもので、選挙で闘った候補者のうち、落選した候補者を一人ずつよんで、選挙戦を戦って感じたことや次回への野望などを語ってもらう企画である。

この企画は、発端としては二〇一三年の参院選で、革新系の候補者が非常な接戦で惜しかったので、直後に囲む会をしたら盛り上がるだろうという発想で行われたものであるが、特定の政党の候補者だけでは偏りがあるので、全ての候補者に声をかけてみたものである。参加者数は得票数に比例して増減するようなところはあったものの、人数がすくない場合は、それなりに深い議論ができて大変面白かった。

減税日本の候補者の会には河村たかし市長が参加したり、新人・無所属の候補者をお呼びした会では、選挙活動ではわからなかった意外な素顔が見れて盛り上がったりした。とくに政治的な主張がまったく異なり、普段は接点のない相手を呼ぶ会のほうが話の内容は面白くなったと思う。支持者だけをあつめるのではなく、普段は接点のない主張の違う人たちが膝を突き合わせて話をするという部分は重要であり、この取り組みはそれぞれの選挙区で試みられるとよいのではないかと思う。

まとめ（菊地夏野）

以上語っていただいたように、エサマンさんは名古屋を中心として多様な運動を生み出す渦の中に居続けている。二〇代・三〇代が運動に関わりにくくなっている時代の中で貴重な存在だ。平和とは、どこか遠い世界にある理想、あるいはなんとなくそこにあるものではなく、わたしたちの日常生活のなかにある様々な問題に積極的に関わっていくことで見えてくるものだということをこれらの活動は教えてくれているようだ。

Life is Like a Dream

楠田 晴正

行きたいとこあるなら
何処へでも出掛けよう
海の底までも宇宙の果てまでも Oh Oh Oh

願い事あるなら
何でもかなえよう
月の裏側に家でもたてようか Ah Ah Ah

手を伸ばせばすぐそこに
幸せひとつくらいあるもの
掴まないだけの事
気がつかないだけきっとそうだろう…

Life is like a dream Dream of dream
欲しいものがあるなら
何でもあげよう
君が望むなら全てを差し出そう Ah Oh

ほんの短い人生
何故に傷つけ奪い合う
瞳をそむけず Open your eyes
僕らに何が出来るだろう

Life is like a dream Dream of dream
Life is like a dream Dream of dream
Dream of dream dream of dream
Dream of dream dream of dream

人類愛、平和 ビートルズに学ぶ

中区の白山中 カバー演奏 聞いて歌う

楠田晴正さん㊧らが歌うザ・ビートルズの曲に乗って舞台前に集まる生徒たち＝中区の白山中で

2012年11月3日付「中日新聞」より

（楠田晴正さんのプロフィール）

1984年から1999年まで名古屋・栄にあった伝説のビートルズ専門ライブハウスYa! Ya! Ya!の専属バンド40BUCKSのリーダー。2000年に新栄でライブバーMENLOVE AVENUEを開業し、ビートルズやジョン・レノンの音楽を通じて平和を世に訴える地道な活動を今日に至るまで継続している。今回本書の趣旨に賛同しご提供頂いた歌詞／曲は、JUNKジャンク（楠田晴正・香川浩一）『Long Story　ロング・ストーリー』（1997年）に収録されている。楠田晴正・MENLOVE AVENUEオフィシャルHP（http://homepage3.nifty.com/menlove-avenue/）にて販売中。

終章▼個からつながる平和

平田 雅己 Hirata Masaki

終章では、本書に記された名古屋地域における平和の歴史と現状を念頭に置きながら、地域で平和を創造し、地域から世界に平和を発信するために必要とされる平和理解の視座を提供する試みを行いたい。

平和とは何か

すべてはこのシンプルな問いかけから始まるのだろう。

平和とは何か。

こう突然尋ねられたら、あなたはどう答えるだろうか。例えば筆者が勤務する大学の授業の中で学生に尋ねると、「戦争やテロがない世界」、「差別や偏見がない状態」、「自然と人間が共生できること」といった理想の社会を説いたものから、「明日に希望が持てること」、「充実した時間を過ごしている実感があること」、「納得できる人生が送れること」といった個人の内面や生き方を表現したものまで様々な回答が寄せられる。中には「平和という言葉を必要とされなくなる状況」といった逆説的な内容もある。いずれも回答者個人の信条や経験が反映されたものであり、どれが正しいということはない。大切なことは、平和の定義に思いを馳せることで、人が人らしく生きることが最も大切な価値であることを自覚し、それを阻害する要因を取り除くことが平和の達成に繋がるというイメージが自然に得られることである。（ちなみに筆者自身の平和の定義は「近所の居酒屋で最愛の女性《ひと》と心おきなく好きな酒が呑める環境があること」。冗談抜きである。）

人類の長い歴史において、平和を考えるという行為が民衆の間で切実かつ広範に受け止められるようになったのは二〇世紀に入ってからである。その背景にあるのは人類史上初となる二つの世界大戦に象徴される大規模戦争の多発である。この世紀だけで一億人以上が戦死したと推計されている。ある研究によれば、この数は紀元前三〇〇〇年から現在までの約五〇〇〇年間に発生した総戦死者数の九割以上を占めるという。この世紀が「戦争の世紀」といわれる所以である。特に第二次世界大戦を契機に戦争になれば兵士が死ぬという従来の図式が一変し、兵士よりも圧倒的割合で民間人が死ぬ傾向が顕著になったことで、戦争に対する国際社会の感受性が一気に高まり、各国政府やNGO・NPOの代表が国際会議の主要テーマとして戦争の違法化や軍縮について真剣に議論し一定の成果を挙げるようになった。またそれまで研究対象として扱われてこなかった平和をめぐる諸問題を本格的に考察する「平和学」という学問領域が戦後登場し、暴力に頼らない平和創造の理論と実践に関する研究が進むようになった。

地域の平和観

日本人の平和観の変化に多大な影響を与えたのは、一九三一年の満州事変から足かけ一五年に亘って続けられ、近代国家日本にとって初の敗戦経験ともなったアジア太平洋戦争である。戦争は軍国主義的な国家総動員体制で遂行され、加害・被害の両面で筆舌に尽くしがたい惨禍を招いた。それは日本とアジア諸国合わせて二千万人以上という戦死者数が端的に物語っている。終戦後、日本人の多くは「二度とあのような戦争を繰り返してはならない」という信条を共有することになった。一九四七年、名古屋出身の憲法担当国務大臣・金森徳次郎（一八八六―一九五九）は、戦後日本が追求すべきは文武両道ではなく「文一道」であると主張したが、それは当時の国民の多くが広く共有した理想の国のかたちでもあった。その素朴な思いは、反核運動、日米安保反対運動、ベトナム反戦運動、沖縄返還・基地撤去運動、日本国憲法擁護運動などタカ派的な日米の軍事政策や日本社会の軍事化傾向に警鐘を促す草の根の市民運動を通じて具体的に表現されることとなった。

名古屋・愛知に特徴的な市民運動の一例として戦争記録運動を取り上げたい。アジア太平洋戦争末期に米軍による日本本土への空襲作戦の実態を掘り起こす空襲記録運動として一九七〇年に東京で始まったこの運動は瞬く間に日本全国に広まり、この地域にも記録団体が数多く誕生した。一九八五年、「半田空襲と戦争を記録する会」世話人の佐藤明夫を中心に地域の諸団体を束ねる

2014 あいち・平和のための戦争展の様子
（写真提供：矢野創）

「東海交流会」が結成された。一九九二年八月、この組織を中心に戦争の加害・被害・加担・抵抗の実相を後世に伝えることを目的とする「あいち・平和のための戦争展」が名古屋の市政資料館で初開催された。その後も途切れることなく毎年開催され、今年二〇一五年で二四回目の開催となる。この間に参加団体数も四十を超え、また過去の戦争のみならず現代の戦争も幅広く扱うようになった。この伝統的な市民ネットワークの最大の特色は実証性、特に地域の埋もれた戦争記録の発掘に長年貢献してきた点にある。具体的な成果物として刊行された『愛知の戦争遺跡ガイド』（一九九七年）と『戦時下・愛知の諸記録』（二〇〇〇年・二〇一五年［改訂増補版］）は資料価値の高い貴重な記録文献である。

こうした平和を願う市井の民による自発的な活動を通じて、地域に根差した平和観が徐々に育まれていく。例えば、戦争と平和の資料館ピースあいちの展示の中にその姿を見出すことができる。建物一階の大型常設パネル「現代の戦争と平和」（二〇一二年設置）には、国家が主導する戦争の現実と対峙しながら、反戦・非戦を訴え続けてきた日本人を含む世界の民衆の闘いと英知の歴史が表現されている。展示は二〇世紀を「戦争の世紀」と捉えると同時に「平和を求める運

ピースあいち「現代の戦争と平和」パネル

動」が本格的に始まった時代と位置づけ、一九一〇年代から二〇一〇年代に至る戦争の歴史と平和の歴史が上下二段のパラレルで時系列に理解できる工夫がなされている。戦争の歴史を扱う下段の写真群からは、帝国主義戦争から米ソ冷戦下の熱戦、そして内戦・テロリズムへと戦争の性格が国家対国家からしだいに国家対個人へと変容する様が伺える。他方、平和の歴史を扱う上段の写真群からは、平和を求める主体としてガンジーやキング牧師など傑出した個人が目立った時代から、普通の名もなき市民が自発的に立ち上がり国際連帯を形成し異議申し立てを行う時代へと変貌を遂げてきた過程が視覚的に理解でき興味深い。

　チェルノブイリや福島の原発事故の写真が戦争の歴史の一部として展示されている。特に二〇一一年の福島第一原発事故の大惨事をきっかけに、戦争がなくても平和な日常を一瞬にして破壊する暴力要因が身近に存在しているという感覚を多くの日本人が共有するようになった。広島、長崎の原爆投下に象徴される世界唯一の戦争被爆国の日本がなぜこのような深刻な放射能汚染の憂き目を再び経験しなければならなかったのか。重い問いが日本人一人一人につきつけられた。

　ピースあいちの展示説明文にはこうした歴史的経緯を踏まえて、平和とは「戦争がないこと」

だけではなく、「飢餓、貧困、差別、核の恐怖」などがない「人々が普通に暮らせること」であり、人々には「平和に生きる権利」があると記されている。日本国憲法の平和理念や、「現代平和学の父」ヨハン・ガルトゥングの「構造的暴力」論、さらには憲法学者・星野安三郎などが提唱した「平和的生存権」論などが誰しも理解できる平易な言葉で表現されている。それらはこの地域の人々が抱く平和への思いであり、戦後の日本人が育んできた平和観の到達点ともいえよう。

現代日本社会と戦争

世の中の数ある暴力行為の中で、戦争はその圧倒的な犠牲の規模からいって人類が最も回避すべき社会現象であり、したがって戦争そのものの実態に関する学びが重要であることはいうまでもない。特に日本では、かつて自国民が体験したアジア太平洋戦争の記憶を通じて平和の意味を考える行為が最もポピュラーである。毎年、原爆投下日や「終戦記念日」にあたる八月になると、日本の戦争を扱った番組や映画が主要メディアを通じて数多放送され、また戦争関係の展示会・シンポジウム・文化行事も全国各地で数多く開催される。小中高の教育現場において、広島、長崎、沖縄など国内の戦争被害地が修学旅行先に選ばれるケースも相変わらず多い。日本国憲法の平和理念を精神的支柱とする様々な草の根の平和活動の後押しもあって、その結果、戦争を絶対悪と捉え、世界に核兵器廃絶を訴える使命が日本にあるという反核意識が日本社会に定着したといえる。

他方で、戦争体験世代の減少とともに日本社会全体として戦争をリアルなものとして捉えにくい状況が生まれていることも確かである。戦争体験者の話を聞いて「戦争はしてはならない」と頭で理解できても、「今一つピンとこない」あるいは「リアリティーが感じられない」という正直な声が特に若い世代から漏れ聞こえてくる。例えば、比較的最近のニュースとして、ある中学生の一団が修学旅行先の長崎で、語り部である被爆者の男性に対して「死に損ない！」と暴言を吐いたという出来事があったが、これをどう受け止めるべきか。少なくとも本件を例外的と位置付け、当該生徒を批判するだけでは問題の本質的解決には何ら至らないはずである。

戦争のリアリティーを感じる最も端的な方法は、今も世界各地で現実に起こっている戦争の只中に直接身を置くことである。しかし、命と引き換えに成りかねないこの方法は想像力を働かせる平和学習の範疇を超えるものであり、少なくとも学校現場では強要はできない。ただし物見遊山で戦場に入るのではなく、戦争の現実を世に伝える、あるいは戦場で置き去りにされて苦しむ人々を助ける活動に従事する、といった利他的で公益性の強い目的がある場合は、本人や家族の覚悟を前提に最大限尊重されるべきであろう。戦争のない国々で暮らす人々の大半が、戦場と化した外国で苦しむ人々に直接手を差し伸べようとはしない。「殺されたくない」あるいは「平和な自分の生活を守りたい」といった心情は人間の生存・快楽本能に根ざしたものであり、そのこと自体は決して批判されるべきものではない。その一方でそういう選択をしない人も少数ながら必ず現れる。二〇〇四年にイラクで発生した日本人拘束事件で明らかになったことは、個人の良心に従った非暴力原理に基づく戦場の「国際貢献」活動が日本では理解され難い現実であり、「(渡航自粛を促す)お上の命令に背くこと」(ニューヨーク・タイムズ紙)を美徳としない日本人の国民性であった。この事件について、当時パウエル米国務長官は日本メディアのインタビューに応じて次のように答えている。

まあ、危険地域に赴くことで負うリスクは各自が承知しておくべきでしょう。しかしそのリスクを誰も取ろうとしなかったら、決して前へは進みませんよ。我々の世界はまったく前進できなくなる。彼ら日本の民間人が高邁な思いを胸に、良かれと願い、あえて危険に身を投じたことを私はたいへん嬉しく思いますよ。日本の皆さんも、そのような行動をあえて取った日本人を大いに誇りに思うべきです。

(金平茂紀『ホワイトハウスから徒歩五分』リトルモア、二〇〇七年)

自ら紛争地に足を運ぶことがなくても、少なくとも自らの命を賭して他者の命を救おうとする行為を賞賛し、支援できる人間を育てることが平和を学ぶ重要な目的として意識されるべきではなかろうか。

話をもとに戻そう。先述した戦争記憶の風化以外に、反戦・非戦のメッセージが社会的に伝わりにくくなっている別な要因として、特に一九九一年の湾岸戦争を契機に、国際的な正義と自由を守るために武力行使が必要な時もあるとする考え方を支持する風潮が強まっている点が挙げられる。「多額の戦費を拠出したのに国際社会から感謝されなかった」という一国中心的な湾岸戦争反省がまことしやかに信じられ、そこから「今後日本は金だけではなく人も出さなければならない」という政策立案上の強迫観念が生まれた。その結果今日に至るまで日米安保体制「再定義」の名のものに、自衛隊の海外派遣任務の増加、有事法制の整備強化、米軍と自衛隊の一体化、武器輸出規制緩和に象徴される国際的な軍事ビジネスの育成といった安保政策上の新機軸が、十分な国民的議論を欠いたまま時の政治家によって選択され続けることになった。この路線を支持する人々は、これらはあくまで有事の「備え」であり、あるいは外国による日本攻撃の企てを「抑止」する効果を狙ったものであり、日本が自ら戦争を起こすことはありえないと主張する。そうかもしれないし、そうでないかもしれない。この立場を論理で完全に反駁することはできない。なぜならこれらすべてが主観的な脅威認識に根ざした議論だからである。（そもそも「安全保障（security）」とは、潜在的な脅威に対して人々が抱く恐怖心や不安を和らげる方策を求める概念である。）同じ「備え」や「抑止」の論理で平時の戦時体制を戦後維持してきた世界最大の軍事超大国アメリカが侵略的で冒険主義的な軍事介入を繰り返してきた事実が、この力によるもう一つの「平和主義」の危うさを何よりも雄弁に物語っている。

個人の生き方として戦争を捉える

このような日本社会の困難な現状にあって、過去の戦争記憶だけに頼らない、平和の学び方がこれまで以上に求められていることは確かであろう。筆者は日頃、大学において戦争と平和の問題を考察しようとする学生に対し、そもそも自分が何者なのか、個人の立場性を意識させる指導を重視している。特に毎年、共同研究発表を行う学部のゼミ生に対しては、「右でも左でもハトでもタカでもいいが、評論家にだけはなるな」といつも口を酸っぱくして伝えている。参考までにそうした当事者意識を喚起させる上で有効と思われる学術的視座を二点紹介したい。

最初に取り上げたいのは、スタンレー・ミルグラムが一九六三年に発表し世界を震撼させた有名な服従実験である。（類似のものとして、一九七一年にフィリップ・ジンバルドーが発表した監獄実験もある。）一見して平和な家庭に育った、温厚な性格の人間がなぜ血も涙もない残虐行為に手を染めてしまうのか。ナチスのホロコーストを念頭に、ミルグラムは一般のアメリカ人を被験者とする心理実験を行った。彼は地元紙に広告を出し、「記憶と学習に関する科学研究」という触れ込みで一般から被験者を数多く募った。何も知らずに実験室を訪れた被験者はミルグラムから先生役を与えられ、もう一人の被験者として紹介された生徒役の人間に記憶力を試す質問を次々投げかけるよう指示される。この生徒役の人間は電気椅子に縛り付けられている。生徒役が間違えるたびに、先生役は罰としてより高い電圧を加えていかなければならない。先生役の被験者には伝えられていない事実がある。実は電気椅子はまったくの偽物で、生徒役の被験者も事前にミルグラムが仕込んだ演技者であった。間違いを繰り返す生徒役が電流に悶絶する姿は徐々に見るに堪えないものになっていく。実験の結果は驚くべきものであった。全被験者の六割強が正当と思える権威（この場合はミルグラム）の指示とあれば良心の制約に囚われることなく、殺人に繋がりかねない最高電圧のスイッチを押してしまったのである。

ミルグラム実験の意義は、民族や立場に関係なく、特定の権力構造の中に置かれれば誰でも加害者になりうる可能性を示唆した点にある。（当時、彼の実験はアイヒマン裁判を傍聴したハンナ・アーレントが提起した「凡庸な悪」論を実証したと評された。）ミルグラムは「忠誠、規律、自己犠牲」といった価値観が戦争を生む「制度上のエンジン」になると説く。（ちなみに、これら価値観の受容が最も重視される組織は、どこの国でも軍隊である。）例えば、戦争をこのように個々人の生活信条のレベルまでに落とし込んで議論できれば、戦争に対するリアリティーは増すのかもしれない。彼によれば、教師が生徒に教えるという行為自体に権威への盲従を助長しかねない危険性が内包されているという。筆者も注意しなければならない。

次に紹介するのは、高橋哲哉の「犠牲のシステム」論である。彼は福島第一原発事故の悲劇を念頭に、日本の国策上、原発や米軍基地周辺に住む少数者の「犠牲が必要だと言う人は、自らを犠牲として差し出す覚悟がどこまであるか」と問いかけ、犠牲が必要という場合は、日本国憲法第一四条の平等原則に照らし全国民で犠牲を平等に負担するのが筋である、もしその犠牲を自ら引き受ける覚悟がなければ国策そのものを見直すしかないと主張した。

日本の主要メディアを通じて日々流される軍事・安全保障言説の多くが残念ながらこの視点を有していない。国際情勢や軍事に関する専門知識で固められた精緻な議論であっても、所詮、発言者は「自分の身に降りかかることがなければ」という本質的に他人まかせの前提条件のもとで話しているのではないか、と疑問に思うことが多い。発言者が提起した主張の妥当性を論じる以前に、発言者の立場性をまずは確認する。人の命や生活に直接的影響を与える軍事の議論はすべてそこから出発すべきではなかろうか。日米安保条約が国のために必要と考える人は、自宅周辺に米軍基地を敷設しても問題ないと思えるのかどうか。領土問題や歴史認識をめぐって中国や韓国に対し好戦的姿勢をとる人は、関係悪化の帰結として軍事衝突に至った際に自衛隊まかせではなく自ら国のために命を賭す覚悟があるのかどうか。日本の同盟国アメリカの対テロ戦争政策路線を支持する立場の人は、イラク、アフガニスタン戦争で亡くなった無辜の犠牲者の遺族の前にしてもなお戦争の大義名分を説くことができるのかどうか。さらに根源的な問いとして、戦争は人間の常態と諦める「現実主義者」はあらゆる戦争犠牲者を前にしてもそのようにいえるのかどうか。これらは戦争と平和の問題を、他者の犠牲の上に平穏を享受する生き方の是非に置き換えて個人の人間性に迫る問いである。仮にこれらの質問に対して肯定する立場であっても、うしろめたさを感じながら迷ったあげくの判断と、そうした気持ちも抱かずに当然視する立場とではまったく意味合いが異なる。前者には他者の犠牲を少しでも減らしていく努力に今後発展する可能性が秘められている。後者はいつまで経っても独善的なプロパガンダのままというのはいささか言い過ぎだろうか。

こうした当事者感覚が最も欠如しがちになるのがどこの国でも軍隊を管理する為政者である。かつて名古屋出身の作家・城山三郎（一九二七―二〇〇七）は小泉政権のイラク自衛隊派遣決定（二〇〇三年）をふりかえって、まず首相自らがイラクに行き、状況を自分の目で確かめた上で判断すべきであったという持論を展開したことがある。

もしも彼らが丸腰で歩いて安全だと判断すれば、自衛隊に武器を持たせずに派遣すればよい。逆に小泉さんが危ない目にあって危険だと判断したのなら、そういうところに自衛隊を送ることは『戦闘行為』になりますから、派遣を断念すればよかった。日本のリーダーが命懸けで現場に赴き判断すること、これが日本の国民にもイラクの国民にも最もわかりやすい方法です。平和国家を代表して意を尽くしても、テロリストに撃たれることがあるかもしれない。しかし、撃たれたとしても政治家として本懐ではないですか。

先の戦争で「皇国青年」として従軍を自ら志願したが、戦場の不条理に幻滅し国に裏切られた思いを強く抱いた城山による、個としての立場性が明確に表現された政府批判といえよう。

日常の見えない暴力にまなざしを向ける

戦後七〇年間、直接戦争に関わることがなかった日本においては、戦争よりも身近な暴力から平和をイメージすることの方が有効であるかもしれない。戦争がなくても、戦争を惹起しかねない、差別・偏見・貧困・飢餓といった行為者がはっきりしない「間接的暴力」が社会の中で放置され続けている限り、平和とはいえないのではないか。先に触れたガルトゥングが一九六九年に発表した「構造的暴力」論である。彼は「直接的暴力」の戦争がない状況を「消極的平和」、戦争の遠因となりかねない上記の「構造的暴力」までを含めた暴力全般の解消状況を「積極的平和」と定義付けた。（残念なことに、日本の現政権は「積極的平和」という言葉をまったく異なる意味合いで使用している。）彼の議論はその後発展し、そうした諸暴力を容認する意識やそれらに対する無関心をも「文化的暴力」として暴力の一環と位置づけた点は特に留意すべきである。

いつの時代においても、そしてどの国においても、日々の暮らしに関わる「構造的暴力」に苦しんでいる、あるいはいずれ苦しむかもしれないと怯えて生きている人は数多く存在する。先述したガルトゥングの論理を平易な日常会話の言葉に置き換えてみよう。要は「今、幸せですか」と尋ねられ、素直に「はい」と答えらなかった人は、平穏な日常生活を阻害する何かしらの社会暴力に苛まれていることの証ということである。

この質問に関連する深刻な社会問題として自殺がある。世界保健機関（ＷＨＯ）が発表した国際統計（二〇一二年）によれば、日本は上位五十か国のうち八番目に自殺が多い（一〇万人あたり

二四．四人人）自殺大国である。戦争国家のイメージが強いアメリカが第四二位（一〇万人あたり一一人）なのは意外な事実であろう。内閣府の自殺対策白書（二〇一四年）によれば、特に一五歳から三四歳までの若い世代の自殺が深刻で、先進国の中でこの世代の死因として自殺が一位となっているのは日本だけだという。戦争がなくても人が死ぬ。自ら命を絶つことを強いる社会は真の意味で平和な社会といえるのかどうか。いじめ、パワハラ、過労、生活苦など自殺の諸原因をひとつひとつ丹念に考察することより、誰もが「構造的暴力」の被害者もしくは加害者になりうるリアリティーを持つことができるであろう。

ガルトゥングの平和論は、一九七〇年代に登場しその後国連を通じ一般的に認知されるようになった「持続可能性」概念の中に発展的に包摂されたと見ることもできよう。一九九〇年代に入って、地球温暖化問題が国際的に認知されるようになった。特に先進国に定着していた大量生産・大量消費型のライフスタイルの再考が促され、人類滅亡という最悪の未来シナリオを回避するために何ができるのか、個人の関与と責任が問われるようになった。二〇一四年に発表された国連気候変動に関する政府間パネル（ＩＰＣＣ）の報告書によれば、現在のペースで温室効果ガスの排出が続けば三十年後に地球の許容量を超えると警告した。つまり早ければ約三十年後に人類が死滅する可能性があるという暗い予言が発せられたことを意味する。

この予言を回避する「持続可能な社会」を実現するために必要な行動課題は、環境保全、自然エネルギーの活用、貧困撲滅、人権擁護、異文化理解、福祉・教育の充実と多岐にわたる。これらの達成にとって戦争は最大の障害物である。これらは国籍・人種・性別・年齢・信条に関係なく人々が共助や博愛の精神を発揮して取り組むべきものばかりであるが、戦争はそれらの性格とは正反対の分断や憎悪を醸成するものである。もとより戦争は上記民生分野の地道な努力を一瞬にして破壊してしまうものである。戦争は回避可能な人災である。国家・民族・宗教間の対立・摩擦・誤解自体をなくすことは困難でも、少なくともそうした状況を暴力で解決しようとする短絡的な価値観（＝軍事主義 militarism）に対し、我々がそれぞれのやり方で抗うことは可能なはずである。

むすびにかえて

名古屋・愛知では、これまで市民によって様々な平和活動が活発に展開されてきた。それらは「直接的暴力」である戦争理解に主眼が置かれたものと、「間接的暴力」である差別・偏見・貧困の排除に主眼が置かれたものに大別できよう。前者には伝統的な「戦争をしない平和主義」が、そして後者には新しい「平和を創る平和主義」が反映されている。仮に前者を「非戦系活動」、後者を「共生系活動」と呼称するならば、筆者の目にはこの両者が同じ非暴力原理に立脚しているにもかかわらず、まだまだ別個に分かれて存在している印象が強い。

この断絶感は世代の溝ともおよそ符合している。筆者が観察する限りにおいて、若者が関心を持ちやすいのは「共生系活動」、具体的にはフェアトレード事業に代表される途上国支援活動や定住外国人支援活動などである。逆にこちらの活動には年長者の関心や参加がやや少ないように思われる。筆者が主として関わる「非戦系活動」の現場からは、慢性的な若者不足を嘆く声が漏れ聞こえるが、筆者は特段問題視していない。どちらも目指すべき理想の社会像はおよそ一致している。むしろ昨今の日本の現状を踏まえて考えるならば、入り口が何であれ、さらに多くの人が平和を自覚し、そのための行動を起こすことが何より重要であろう。

市民による「非戦系活動」と「共生系活動」はほんとうに平和な社会を実現するために必要な車の両輪の関係にある。本章で示したように、イデオロギーではなく個の立場にたった総体的な平和理解の視座を個々人が持つことができれば、「非戦」と「共生」を架橋する異世代間連帯がさらに促進され、より大きな未来志向の平和創造の力が育まれるものと筆者は信じている。

〔参考文献〕
ヨハン・ガルトゥング『構造的暴力と平和』（中央大学出版部、一九九一年）
最上敏樹『いま平和とは―「新しい戦争の時代」に考える』（NHK人間講座テキスト、二〇〇四年）
スタンレー・ミルグラム『服従の心理』（河出文庫、新訳版、二〇一二年）
高橋哲哉『犠牲のシステム―福島・沖縄』（集英社新書、二〇一二年）
佐高信編『城山三郎と久野収の平和論』（七つ森書館、二〇〇九年）

あとがき

本書の発端は二〇〇七年にさかのぼる。この年、名古屋市立大学の成玖美准教授（当時）のリーダーシップのもと同僚教員一六名で「名市大ＥＳＤ研究会」が立ち上げられた。持続可能な社会構築のために求められる大学教育のあり方を検討する共同研究プロジェクトであった。本書に携わっている平田、菊地、阪井、山本（明）の四名は、「平和教育プロジェクト」班のメンバーとして各自の授業・ゼミ・社会活動などを通じ、大学教育の新たな可能性を二年間模索することになる。特に阪井が企画責任者となり二度実施された沖縄スタディーツアー（ナゴヤ環境大学プログラム）は沖縄の現実を知るのみならず、生活者目線で平和を包括的に捉える重要性を再認識させられる貴重な経験となった。この二年間の思索の所産として、二〇〇九年、この四名を中心にそれまで勤務校に存在しなかった「平和」という言葉が入る教養科目「平和論」が新たに立ち上げられた。その後の講義経験から、科目の特徴をより明確にする教科書の必要性が意識され、二〇一三年春、平田の提案に基づいて本書の刊行プロジェクトがスタートした。

地域性、国際性、実践性、広義の平和概念に配慮した啓蒙的な性格の平和書籍を刊行する。「言うは易く行うは難し」とはよくいったもので、この目標を実現させるために当初の予想を超える多くの時間を費やさざるを得なかった。それは一重に不慣れな編者の責任である。しかしその一方で、本書刊行の時期が、敗戦・終戦・解放・戦後七十年と重なった事実は、偶然とはいえ運命的なものを感じているしだいである。加えてこの地域に宿る人々の叡智を掘り起こし、それらの点と点を繋げる具体的な作業を通じて、当初構想の中ではまったく意識されていなかった「まちおこし」「まちづくり」の意味合いを新たに見出すことができたことも嬉しい誤算であった。

昨今の日本社会を取り巻く困難な諸状況に鑑み、地域から平和を創造・発信する重要性が一層増していることを実感している。本書の読者が取り上げられたトピックの中から、どれか一つにでも関心を持って主体的に行動することを願ってやまない。

この場を借りて、本書の趣旨に賛同し、原稿を提供して下さったすべての執筆者に心より感謝申し上げたい。本書は終わりではなく始まりである。地域や世界の恒久平和を求める同志として今後も引き続き様々なかたちで協働できればと考えている。

最後に出版事情が非常に厳しい昨今、本書の価値を認め、刊行を後押しして下さった風媒社編集長の劉永昇さんに深謝申し上げたい。これまで五十年以上に亘ってこの地域の歴史・文化・社会に関係する書籍を地道に世に送り出してきた老舗の出版社から本書が刊行できたことは望外の喜びである。同社の既刊書の中で、この地域の偉大な先輩方による共著書『平和をつむぐ―平和憲法を守る9人の手記』（青木みか・森英樹編、二〇一一年）に込められた平和への思いを、本書は継承すると同時に新しい世代を意識して発展させていると考えている。もちろんその成否の判断は読者諸氏に委ねられていることはいうまでもない。

二〇一五年八月　　平田雅己

菊地夏野

【編者略歴】

平田 雅己（ひらた まさき）

1968年、北海道に生まれる。名古屋市立大学准教授。専門はアメリカ政治外交史。主な共著書として『グローバリゼーション国際関係論』（芦書房）、監訳書としてウォルター・ラフィーバー『アメリカVSロシア―冷戦時代とその遺産』（芦書房）など。

菊地 夏野（きくち なつの）

1973年、宮城県に生まれる。名古屋市立大学准教授。専門はジェンダー／セクシュアリティ研究。主な著書として『ポストコロニアリズムとジェンダー』（青弓社）、共著書として『私たちが戦後の責任を受けとめる30の視点』（合同出版）など。

【執筆者略歴】（原稿掲載順）

金子 力（かねこ つとむ）

1950年、大阪府に生まれる。春日井の戦争を記録する会。主な共著書として『原爆投下部隊―第509混成群団と原爆・パンプキン』（自費出版）など。

野間 美喜子（のま みきこ）

1939年、東京都に生まれる。弁護士。戦争と平和の資料館「ピースあいち」館長。主な共著書として『負けるな日本国憲法』（同時代社）、『平和をつむぐ―平和憲法を守る9人の手記』（風媒社）など。

森 正（もり ただし）

1942年、和歌山県に生まれる。名古屋市立大学名誉教授。専門は憲法学。主な著書として『評伝 布施辰治』（日本評論社）、編著書として『マルセ太郎 記憶は弱者にあり』（明石書店）など。

山本 明代（やまもと あきよ）
静岡県に生まれる。名古屋市立大学教授。専門は東欧とアメリカの移民史・社会史。主な著書として『大西洋を越えるハンガリー王国の移民』（彩流社）、翻訳書としてノーマン・M・ナイマーク『民族浄化のヨーロッパ史―憎しみの連鎖の20世紀』（刀水書房）など。

村瀬 史憲（むらせ ふみのり）
1970年、愛知県に生まれる。名古屋テレビ報道局ディレクター。『銀球のメッセージ―ピンポン外交と名古屋』、『英雄の妻・敦子―激動の日中関係を生きた女の人生』など日中関係を扱ったドキュメンタリー番組を数多く手掛ける。

坂東 弘美（ばんどう ひろみ）
1947年、愛知県に生まれる。フリーアナウンサー。主な著書として『とどけウクライナへ―私たちのチェルノブイリ救援日誌』（八月書館）、共著書として『海をこえて銃をこえて』（風媒社）など。

鈴木 桃子（すずき ももこ）
1992年、愛知県に生まれる。愛知県立高等学校教諭（英語）。名古屋市立大学人文社会学部卒業生。

塚田　薫（つかだ かおる）
1989年、愛知県に生まれる。法政大学文学部学生。主な著書として『日本国憲法を口語訳してみたら』（幻冬舎）。

阪井 芳貴（さかい よしき）
1957年、東京都に生まれる。名古屋市立大学教授。専門は沖縄学、日本民俗学、日本文学。主な共著書として『名古屋の観光力』（風媒社）、『酒読み』（社会評論社）、『折口信夫事典』（大修館書店）など。

沢田 昭二（さわだ しょうじ）
1931年、広島市に生まれる。被爆者。名古屋大学名誉教授。専門は素粒子物理学。原水爆禁止日本協議会代表理事・愛知県協議会理事長。主な著書として『核兵器はいらない！知っておきたい基礎知識』（新日本出版社）、共著書として『核時代の神話と虚像』（明石書店）など。

山本 かほり（やまもと かほり）
1965年、静岡県に生まれる。愛知県立大学教授。専門は民族関係の社会学、エスニシティ研究。主な共著書として『新版・ライフヒストリーを学ぶ人のために』（世界思想社）、『民族関係の結合と分離』（ミネルヴァ書房）など。

村井 忠政（むらい ただまさ）
1941年、東京都に生まれる。名古屋市立大学名誉教授。専門は社会学（多文化共生論）。主な著書として『日系カナダ人女性の生活史』（明石書店）、編著書として『トランスナショナル・アイデンティティと多文化共生』（明石書店）など。

名嶋 聰郎（なじま あきお）
1943年、東京都に生まれる。弁護士。愛知県弁護士会・難民審査参与員。主な共著書として『多文化共生政策へのアプローチ』（明石書店）など。

川口　創（かわぐち はじめ）
1972年、埼玉県に生まれる。弁護士。名古屋第一法律事務所所属。自衛隊イラク派兵差止訴訟名古屋弁護団事務局長。主な共著書として『「自衛隊のイラク派兵差止訴訟」判決文を読む』（角川書店）など。

小野 万里子（おの まりこ）
1954年、秋田県に生まれる。弁護士。セイブ・イラクチルドレン・名古屋代表。主な共著書として、『終わらないイラク戦争―フクシマから問い直す』（勉誠出版）など。

なか としお
1949年、山口県に生まれる。演出家・俳優・劇作家。元高校演劇部顧問。「劇団新生」「劇団再生」「創芝社」を経て、現在フリーで活躍する演劇人。日本演出者協会員。

神 直子（じん なおこ）
1978年、大阪府に生まれる。NPO法人ブリッジ・フォー・ピース代表。主な著書として『ビデオ・メッセージでむすぶアジアと日本―わたしがやってきた戦争のつたえ方』（梨の木舎）。

安間 優希（あんま ゆき）
1969年、愛知県に生まれる。NPO法人PROUD LIFE代表。名古屋市男女平等推進審議会委員を務めるなど、地域の性的少数者理解と行政による支援策充実のために尽力してきた。2015年春、名古屋市会議員選挙史上初の性的少数者候補として出馬した。

オリパク エサマン
1975年、愛知県に生まれる。活動家・ジャーナリスト。ユニオン愛知相談員。日雇い労働者としての経験を礎として労働問題の解決に尽力し、多様な社会問題をめぐって路上活動を積極的に展開している。

本書で取り上げたテーマに関係する団体・組織情報一覧

あいち・平和のための戦争展実行委員会（事務局団体・愛知県平和委員会）
〒461-0004 名古屋市東区葵1-22-26　愛知民主会館内
TEL：052-931-0070　FAX：052-933-3249

戦争と平和の資料館ピースあいち
〒465-0091 名古屋市名東区よもぎ台2丁目820
TEL/FAX：052-602-4222
HP：http://www.peace-aichi.com/

あいち平和映画祭実行委員会
〒450-0036 名古屋市中村区森田町3-2-29
TEL & FAX：052-471-3381　E-mail：ksspb996@yahoo.co.jp
HP：https://sites.google.com/site/aitiheiwaeigasai2006/

名古屋三菱・朝鮮女子勤労挺身隊訴訟を支援する会事務局
〒464-0016 愛知県名古屋市千種区希望ヶ丘1-5-37　高橋 信方
TEL&FAX：052-762-1528
HP：http://www.geocities.jp/teisintainagoya/

全国紫金草ネットワーク
HP：http://www.geocities.jp/shikinso/
e-mail：kinugawa0001@ybb.ne.jp（衣川洋一）
bdk@dp.u-netsurf.ne.jp（名古屋サポーター・坂東弘美）

第9条の会なごや
〒460-0003 名古屋市中区錦2丁目5-31　長者町相互ビル506
TEL：052-684-5873　FAX：052-684-5874

旧日本軍による性的被害女性を支える会
〒460-0004 名古屋市中区新栄町2-3　名古屋YWCA気付
TEL：052-961-7707

沖縄について考え連帯する「命どぅ宝あいち」の会（代表・小山初子）

HP：http://www.geocities.jp/nuchidouaichi/next.html
HP 内容に関する問い合わせ先：
〒 482-0043 愛知県岩倉市本町上郷 41-1　新城正男 方
TEL/FAX：0587-66-2049

原発事故被害者支え合いの会・あゆみ R.P.Net

〒 466-0053 名古屋市昭和区滝子町 28-10
司法書士法人よつ葉合同事務所内
TEL：080-3076-8005　FAX：052-883-2013

愛知県原水爆被災者の会（愛友会）

〒 462-0841 名古屋市北区黒川本通 2-11-1 コーポタニグチ 201
TEL：052-325-7901　FAX：052-325-7902

原水爆禁止愛知県協議会

〒 461-0004 名古屋市東区葵 1-22-26 愛知民主会館内
TEL：052-931-3219　FAX：052-931-2651
e-mail：gensuikyo@lime.ocn.ne.jp

朝鮮高校にも差別なく無償化適用を求めるネットワーク愛知

〒 470-1161 豊明市栄町南舘 55 番地　愛知朝鮮学園内
HP：http://mushouka.aichi.jp
e-mail：mushoukanet.aichi@gmail.com

NPO 法人東海外国人生活サポートセンター（通称：希望）

〒 454-0812 名古屋市中川区五月通 1-22-2
TEL：070-5338-1081（対応可能時間：水・木・日 13 時～ 16 時）
e-mail：kibou2013@outlook.jp　HP：http://kibou2013.web.fc2.com/

セイブ・イラクチルドレン・名古屋

〒 466-0015 名古屋市昭和区御器所通 3-18　エスティプラザ御器所 4A
小野万里子法律事務所内
TEL：052-852-1336
HP：http://www.iraq-c.gr.jp/

愛知・県民の手による平和を願う演劇の会（略称：平演会）
〒460-0007 名古屋市中区新栄1-49-10　愛知県教育会館内
名古屋市立高等学校教員組合（名高教）
TEL：052-261-1117
HP：http://www.cweb-shop.com/heienkai/index.html

NPO法人ブリッジ・フォー・ピース
〒107-0062 東京都港区南青山5-17-2-5F　表参道プラザ
TEL：080-4439-5500
HP：http://bridgeforpeace.jp

NPO法人 PROUD LIFE
TEL：080-2660-0526　　HP：http://www.proudlife.org/
※セクシュアル・マイノリティのための電話相談（レインボー・ホットライン）
0120-51-9181（フリーダイヤル）毎週月曜・夜7：00 ～ 10：00

アースデイあいち事務局
〒460-0002 名古屋市中区丸の内1丁目5-23 奥
TEL：070-5640-0219
e-mail：ed-aichi-net@hotmail.co.jp

LGBTIQA Mix Dining & Bar Queer+s（クィアーズ）
〒460-0008 名古屋市中区栄4丁目13-18 栄スパークビル5F
TEL：080-4542-4532
HP：http://queer-s.info
営業時間19：00－25：00（定休日　月木）

ユニオン愛知
〒457-0863 名古屋市南区豊1丁目3-8
TEL：052-332-2741 ／ 090-8556-7205
HP：http://gifu-scrum.net/union-aichi/
e-mail：union-aichi@gifu-scrum.net
※キャバクラユニオン愛知（ユニオンあいちキャバクラ担当）
TEL.070-5335-4532

装幀◎三矢　千穂

ナゴヤ・ピース・ストーリーズ　ほんとうの平和を地域から

2015年10月10日　第1刷発行　　（定価はカバーに表示してあります）

編　者　平田　雅己
　　　　菊地　夏野

発行者　山口　章

発行所　名古屋市中区上前津 2-9-14　久野ビル
振替 00880-5-5616 電話 052-331-0008　風媒社
http://www.fubaisha.com/

＊印刷・製本／モリモト印刷
ISBN978-4-8331-1112-6　乱丁本・落丁本はお取り替えいたします。